대한민국에서
안전하게
살아남기

안전에 관한
거의 모든 이야기

대한민국에서 안전하게 살아남기

강상구 지음

알마

들어가는 말

무엇보다 사람이 먼저다

이 책에는 두 사람이 나옵니다. 직장일과 집안일을 동시에 하느라 바쁘게 사는 주부와 안전문제를 전문적으로 다루는 활동가입니다. 주부는 자존심이 강하고, 아이와 고기를 무척 사랑하는 사람이며, 자주 엉뚱한 생각을 합니다. 활동가는 좀 고지식하면서도 착한 구석이 있는 그런 사람이고요. 이 책은 이 두 사람이 만나 한국 사회의 각종 안전문제에 대해 가상으로 나눈 이야기를 엮은 책입니다. 주부는 항상 엉뚱한 얘기를 하지만 때로는 매우 진지하고, 이해력도 높고, 사회에 대한 놀라운 통찰력을 보여줍니다. 활동가는 오직 설명에 집중합니다. 이 둘이 나누는 대화를 차분히 따라 읽다 보면 안전문제를 어떻게 바라봐야 할지, 안전한 사회를 만들기 위해서는 어떤 노력을 기울여야 할지 하나하나 확인할 수 있습니다.

사실 안전은 예방이 중요합니다. 그런데 예방은 개인이 알아서 할 수도 있지만 그렇지 못할 때도 있습니다. 개인이 아무리 사고를 당하지 않기 위해 주의한다 해도 안전사고는 발생합니다. 안전을 위협하는 것은 '사회'와 '구조'이기 때문입니다. 그래서 사회를 바꾸지 않고 안전하게 사는 것은 거의 불가능에 가깝습니다.

좀더 구체적으로 이야기해보겠습니다. 국가와 자본(대기업)은 한몸과도 같습니다. 자본의 성장은 곧 국가경제의 성장을 의미하죠. 경제성장을 위해서는 기업이 효율적으로 움직여야 합니다. 경쟁에서 승리하기 위해 어쩔 수 없습니다. 효율성을 키우기 위해서는 비용을 줄여야 합니다. 비정규직을 늘립니다. 업무를 아예 뭉텅이로 작은 회사에 맡깁니다. 그래도 아낄 수 있는 비용이 있다면 더 줄입니다.

결국 비정규직은 위험한 일에 내몰립니다. 안전교육이나 안전장비 지급은 말뿐입니다. 이 책 3부에서 다루고 있는 노동재해, 직업병, 독성물질 누출 문제는 모두 이런 과정을 통해 발생합니다. 감정노동은 매출 신장을 위해 서비스업 노동자들을 '고객의 갑질'에 무방비로 노출시켜 이제는 재해 수준이 됐습니다. 성장지상주의라는 뿌리가 효율성이라는 가지로 뻗어나갔고, 그 끝에 독이 든 사과가 열린 것이죠.

또다른 가지에는 다른 독사과가 맺혔습니다. 성장을 위해 자연을 인간의 구미, 사실은 자본의 구미에 맞게 조작해도 된다는 발상입니다. 정부는 굽이굽이 흐르던 강을 직선으로 바꾸고, 천변을 콘크리트로 덮었습니다. 초고층 빌딩숲은 '대도시'라는 독특한 공간을 낳았습니다. 거리를 메운 자동차, 소비사회를 지탱하는 온갖 공장들은 막대한 에너지를 소모합니다. 이 에너지를 공급하기 위해 국가는 '핵'에 손을 댔습니다.

이 일련의 과정은 곧 온갖 재해로 이어집니다. 직선으로 바뀐 강물은 본성대로 움직이며 인간에게 물난리를 가져다줍니다. 대도시에서는 싱크홀, 가스폭발 같은 도시형 재난이 끊이질 않습니다. 자동차와 공장은 기후를 변화시켜 대재앙을 예고하고 있으며, 핵발전소는 참사 그 자체입니다. 4부는 이런 내용을 다룹니다.

짧은 순간 눈에 띄는 형태로 발생하는 재해 말고도, 자본이 만든 위험요소는 생활 곳곳에 있습니다. 2부에서 다루는 미세먼지, 석면, 유해물질, 교통사고, 의료사고가 그렇습니다. 자동차와 공장은 미세먼지의 주범입니다. 저감 방안이 없는 건 아니지만 역시 비용이 문제입니다. 한때 꿈의 광물이었던 석면은 조금만 마셔도 석면암을 일으킵니다. 돈이 들기 때문에 한동안 완벽하게 제거되지는 않을 것으로 보입니다. 한숨 나오는 이야기입니다.

편의를 더해준다는 각종 생활용품 속 유해물질은 대체물질이 비싸기 때문에 그냥 사용되는 경우가 많습니다. 비용 절감의 희생양이 되어 거리로 나온 수많은 노동자는 과속과 신호위반을 해야 겨우 먹고삽니다. 그러다 교통사고 가해자나 피해자가 되기 일쑤입니다. 의료사고는 공장형 병원, 이윤 추구가 목적인 의료 현실이 빚어내었으며, 교통사고보다 두세 배 많은 사망자를 내는 것으로 추정됩니다.

이 책 1부는 '식품안전'을 다룹니다. 국가와 자본의 탐욕이 빚은 마지막 열매입니다. 먹거리는 애초 돈벌이 대상이 아니었지만 지금은 옛말입니다. 먹거리 생산 과정 자체에 공장시스템이 도입됐습니다. 공장형 축산이 대표적입니다. 뒤따르는 동물학대, 항생제, 성장호르몬 문제는 불가피합니다. 각종 식재료에는 식품첨가물이 꼭 필요합니다. 대량으로 만들어내고 많이 팔기 위해서는 만들기 좋고, 보기 좋고, 향기 좋고, 식감 좋은 제품을 생산해야 하기 때문입니다.

물길을 조작하고, 가축을 변형시키듯이 이제 사람은 곡물의 유전자를 변형시킵니다. 역시 대량생산이 목적입니다. GMO는 곧 전 세계 곡물시장을 완벽하게 장악할지도 모릅니다. 또 절대 안전하다는 핵발전소는 미국 스리마일, 러시아 체르노빌에 이어 2011년 후쿠시마에서 큰 사고를 일으켰습니다. 이로 인한 식품의 방사능 오염은 현재진행형입니다.

이쯤해서 세월호 참사를 일으킨 원인을 되짚어봐야 합니다. 세월호 참사는 오래된 여객선을 더 사용하기 위해 규제를 완화하고, 배를 불법개조해 층수를 늘리고, 승조원들을 계약직으로 고용하고, 허용된 양의 세 배 넘게 짐을 실어 발생한 인재입니다. 안전교육비는 54만 원에 불과했습니다. 선박의 관리 및 안전검사를 하는 해운조합이나 한국선급은 '게 편드는 가재'였고, 한 사람도 구하지 못한 구조업체는 수난 구호 비용으로 55억 원을 챙겼습니다.

모두 이윤을 추구하다 발생한 일이었습니다. 그러니까 세월호는 국가와 자본이 한 몸이 되어 구축한 '위험 한국'이라는 나무에 달린 또다른 열매였습니다. 같은 뿌리에서 난 수많은 열매가 지금도 무성하게 자라나고 있습니다.

이 책은 크게 4부 17챕터로 구성되어 있습니다. 각 챕터마다 우리가 맞닥뜨린 각종 위협들을 쉽게, 그러면서도 상세하게 설명하려 노력했습니다. 처음부터 순서대로 읽지 않아도 되고, 전체를 다 볼 필요도 없습니다. 한 번에 다 읽어야겠다고 덤벼들었다가 '세상엔 정말 너무 많은 사건사고가 있고, 위험요소가 곳곳에 있구나'라는 생각에 급격히 피곤해질 수도 있습니다. 그러니까 관심 있는 분야 중심으로 골라 보면 충분합니다.

독자들께 제안 드립니다.

일단, 몇 분야에서는 어려운 용어에 익숙해질 필요가 있습니다. 특히 식품첨가물과 유해물질에 대한 장에서는 딱 봐도 머리 아픈 용어들이 나옵니다. 몇 군데에는 법제도에 대한 설명도 있습니다. 역시 익숙하지 않은 내용들일 테지만, 심호흡하고 열심히 외워두면 그래도 쓸데가 있을 겁니다. 우리는 한때 광우병 전문가이기도 했고, 줄기세포에 통달하기도 했습니다. 그때의 경험을 살리면 됩니다.

한 가지 더 부탁드리고 싶은 것은 각 분야별로 과제들을 살펴보고, 관련 단체를 지원하고, 모임에 참여하라는 것입니다. 적극적으로 행동하는 만큼 나와 내가 사랑하는 사람의 안전이 보장된다는 것은 틀림없는 사실입니다. 각 부마다 해당 문제를 해결하기 위한 참여 방법들을 소개해놓았습니다

만약 이미 어느 영역에 관심을 갖고 참여하고 있는 분에게는 이 책이 다른 영역에 대해서도 관심을 갖는 계기가 됐으면 좋겠습니다. 그렇게 해야 유기농이나 천연세제 같은 것에 관심 많은 사람을 '유난 떤다'고 비난하지 않을 수 있습니다. 노동재해에 노출되어 있는 가족 역시 더 이해할 수 있을 겁니다.

끝으로 안전을 위해 각 분야에서 노력 중인 사회운동가들에게 깊은 존경을 보냅니다. 이 책은 제가 쓴 책이 아니라 수많은 사회운동가들의 성과를 단지 정리한 데 불과합니다. 그런 의미에서 돈보다 생명, 이윤보다 인간을 위해 최전선에서 고투하고 있는 그분들의 노력이 사람들에게 좀더 잘 전달될 수 있기를 바랍니다.

- 들어가는 말 005

✛ 1부 식품안전 ✛

chapter01 공장식 축산 019
공장식 축산의 현실 | 비인간적인 축산공장의 실태 | 각종 질병에 시달리는 동물들 | 항생제 사용이 일으키는 문제점 | 환경호르몬과 성장호르몬 | 새로운 전염병의 발생 | 그 밖의 심각한 문제들 | 공장식 축산을 없애는 방법

chapter02 GMO 041
자연의 경계를 넘는 GMO | GMO를 찬성하는 쪽의 논리 | GMO는 과연 안전할까? | 환경오염에 대한 논란 | 거대 기업의 식량지배 | 터미네이터 기술 | 식량주권이 중요하다 | GMO표시제를 강화하자

chapter03 방사능 오염 065
외부 피폭과 내부 피폭 | 방사능에 오염된 일본산 수산물 | 일본산만 아니면 안심할 수 있을까? | 위험한 가공식품 | 무책임한 일본 정부 | 안전기준치는 안전하지 않다 | 진짜 안전기준치는? | 방사능 오염 먹거리를 피하는 방법

chapter04 식품첨가물 087
식품첨가물이란? | 식품첨가물의 문제점 | 생활 속 식품첨가물 | 어디까지 안전한 걸까? | 식품첨가물 피하는 방법

✛ 식품안전을 위해 세상을 바꾸는 사람들 108

✦ 2부 생활안전 ✦

chapter05 미세먼지 115

미세먼지란? | 미세먼지의 성분은? | 미세먼지는 어디서 나올까? | 미세먼지가 건강에 미치는 영향 | 실제 피해는 얼마나 될까? | 미세먼지의 반은 중국에서 | 한국의 상황은? | 한국은 (초)미세먼지를 어떻게 관리할까? | 보다 적극적인 대책이 필요하다 | 개인은 어떻게 행동해야 할까?

chapter06 석면 137

석면은 무엇일까? | 석면이 주는 엄청난 피해 | 억울한 석면 피해자들 | 여전히 남아있는 석면 | 계속 사용되고 있는 석면 | 문제는 남아 있다 | 석면 제거만이 답이다

chapter07 유해물질 157

유해물질이란? | 유해물질은 스토커 | 트리클로산·중금속·프탈레이트·전자파 | 과불화합물·비스페놀A·파라벤 | 그 밖의 각종 유해물질 | 학교의 유해물질 | 유해물질을 피하려면 | 생활습관을 바꾸자

chapter08 교통사고 177

과속이 습관이 된 사람들 | 철도와 지하철의 규제완화 | 항공 분야의 규제완화 | 선박의 규제완화 | 안전을 위협하는 외주화와 비정규직 문제 | 공항의 비정규직 | 적당한 임금과 공공성을 확보하자 | 교통사고를 줄일 수 있는 간단한 몇 마디

chapter09 의료사고 199

의료사고 사망자 | 부족한 의료 인력 | 돈 버는 데만 혈안이 된 병원 | 과잉 진료를 줄이자 | 결국 소통이 문제다 | 인력 확대와 안전시스템 구축이 필요하다 | 환자안전법을 사수하자 | 무상의료를 확대하자 | 개별적으로 유의해야 할 것들

✦ 생활안전을 위해 세상을 바꾸는 사람들 221

3부 노동안전

chapter 10 노동사고 ... 227

위험한 건설현장과 공장 | 정신력이 문제가 아니라 구조가 문제 | 돈보다 생명이 먼저다 | 기업에는 솜방망이 처벌만 | 위험의 외주화 | 단기계약과 사내하청 | 사업주에게 엄중한 책임을 물어야 | 이윤에 혈안이 된 구조 없애기 | 노동조합의 중요성

chapter 11 직업병 ... 247

뇌·심혈관계 질환 | 근골격계 질환 | 암을 일으키는 독성물질 | 야간 교대근무 | 심야노동 폐지로 과로를 막자 | 쾌적한 작업환경은 회사의 의무이자 노동자의 권리

chapter 12 독성물질 누출 ... 269

공장 밖으로 지속적으로 넘어오는 물질 | 화학물질 대량 유출사고 | 안전 비용을 늘리자 | 정보 공유가 중요하다 | 규제완화와 낡은 설비의 위험 | '화평법'과 '화관법' | 지역사회알권리법 | 안전을 쟁취하자

chapter 13 감정노동 ... 293

감정노동을 하는 노동자들 | 고객 응대 서비스 노동자들 | 전화상담 노동자 | 감정노동이 일으키는 문제들 | 감정노동을 내면화한 사람들 | 문제의 원인은 기업의 요구와 감시 | 감정노동을 심화시키는 '갑의 횡포' | 지나친 노동강도 | 좋은 제도를 도입하고 활용하자

+ 노동안전을 위해 세상을 바꾸는 사람들 314

+ 4부 재난안전 +

chapter14 핵발전소 321

후쿠시마 핵발전소 폭발사고 | 핵발전의 천문학적 비용 | 철거는 더 문제다 | 안전하지 않은 핵발전소 | 계속 늘어나고 있는 핵발전소 | 핵발전소의 완전 폐기만이 답이다

chapter15 자연재해 341

자연재해인가 인재인가 | 철학이 문제다 | 4대강 사업의 결과 | 도시화와 집중호우의 관계 | 긴급한 조치들 | 대책은 있는 걸까?

chapter16 기후변화 359

기후변화가 가져올 위험 | 기후변화와 불평등 문제 | 적극적으로 온실가스를 줄이자 | 재생가능에너지에 집중하자 | 에너지를 적게 쓰자 | 식량주권과 식생활 개선 그리고 건물 난방 | 지역공동체의 역할 | '정의로운 전환'을 향해

chapter17 도시형 재난 383

싱크홀의 원인 | 싱크홀 대책은 있다 | 가스사고 | 줄어드는 안전점검원 | 붕괴사고 | 거대 시설물의 안전점검 | 화재사고 | 화재에 취약한 초고층 빌딩

+ 재난안전을 위해 세상을 바꾸는 사람들 404

- 나가는 말 405
- 주 407

chapter 01
공장식 축산

chapter 02
GMO

chapter 03
방사능 오염

chapter 04
식품첨가물

"조미료 너무 들어갔다." "좀 싱겁다." "오래된 쌀 썼나봐."

식당에서 밥 먹을 때 늘 품평을 하는 사람들이 있다. 먹거리에 관한 한 이런 깐깐한 태도는 필요한 일이다. 깐깐하지 않은 태도가 오히려 문제라면 문제다. 그런데 식당에서는 까다로운 왕처럼 행세하면서 먹거리가 생산되어 우리 식탁에 오르기까지의 과정에는 무심하다면, 그건 좀 곤란하다.

1부 '식품안전'에서는 공장식 축산, GMO, 방사능 오염 식품, 식품첨가물에 대해 다룬다. 먹거리를 만들어 먹는 과정에도 '경제논리'가 판을 치고 있다. 언제부터인지 효율성이 가장 중요한 가치가 되었다. 그러다 보니 '공장 스타일'이 인기를 얻고, 원래의 것에 편의적으로 조작을 가하는 일이 유행처럼 번졌다. 소·돼지·닭을 생명체가 아니라 부품처럼 다루고, 유전자를 조작하고, 식품첨가물을 집어넣는 일이 다 그런 일들이다.

공장식 효율성에는 인간성 같은 건 없다. 그저 거대한 공간에서 다량의 무언가를 만들어내면 그뿐이다. 심지어 후쿠시마 핵발전소 폭발 이후 그 인근에서 자란 양식 굴 수입이 대폭 늘어난 것도 일종의 공장식 효율성에 따른 것이다. 싼값에 필요한 물품을 대량으로 구할 수 있다면 그게 오염이 됐든 아니든 상관없다는 논리다.

이런 시스템 자체가 우리의 건강을 공격한다. 축산공장에서 사육한 가축은 병들어 있고, 항생제와 성장호르몬에 찌들어 있다. GMO의 위험성은 곳곳에서 확인되고 있다. 식품첨가물이 일으키는 위해 역시 속속 밝혀지고 있다. 방사능 오염 식품이 미치는 악영향은 끔찍하다.

특히 아이들에게 미치는 영향이 심각하다. 어린이는 독소를 몸 밖으로 빼내는 능력이 어른보다 덜하고 면역력도 약하다. 따라서 같은 식품첨가물을 먹어도 어른보다 아이가 더 영향을 받을 수밖에 없다. 방사능은 유전자를 손상시키는데, 세포분열이 활발하면 더욱 그렇다. 그래서 아이들이 더 위험한 것이다. GMO 역시 아이들에게 훨씬 위험하다는 지적이 있다. 공장식 축산으로 만들어진 고기에 들어간 성장호르몬은 성조숙증을 유발할 가능성이 있다. 1부에서는 이런 문제들을 깊이 있게 이야기해보고자 한다.

✦ 공장식 축산 ✦

아이들이 밥때만 되면 "고기, 고기" 그래요.
　고기 없으면 밥 안 먹는 애들도 있죠.

사실 저도 고기 좋아하거든요. 돼지랑 닭은 저의 반려동물이죠.
　돼지, 닭을 애완용으로 키우세요?

아니요. 치킨, 삼겹살을 좋아한다는 말이에요.
　반려동물은 그런 뜻이 아니잖아요.

제 수첩엔 그런 뜻으로 적혀 있어요. 아무튼 그래서요?
　뭐, 일단 계속 설명드리죠. 치킨, 삼겹살은 이제 국민 고기가 됐잖아요. 예전에는 특별한 날, 예를 들면 군대 면회 갈 때나 싸가는 음식이 치킨이었는데, 지금은 맥줏집 단골 메뉴로 자리 잡은 것 같아요.

스트레스 쌓일 때는 '치맥'이 딱이거든요.

직장인들 회식의 제왕은 삼겹살이죠. 소주와 삼겹살은 치맥 못지않은 한 쌍이잖아요.

소고기도 예전보다는 많이 먹는 것 같아요.

한국에서 한 사람이 일 년 동안 먹는 양이 10킬로그램 정도라니까 꽤 되죠.

그럼, 돼지고기, 닭고기는요?

한국 사람들이 일 년에 먹는 치킨이 7~8억 마리쯤 돼요. 인구가 약 5000만 명이니까 아이와 어른 구분 없이 한 사람당 16마리씩 먹는 거예요. 돼지는 한 사람당 19킬로그램가량 먹고요.

와, 닭을 7~8억 마리 먹어치운다고요? 그리고 돼지고기 19킬로그램이면 30근이 넘잖아요. 그런데 이 많은 돼지, 닭을 누가 다 키운대요?

정말 많죠? 이렇게 엄청난 양의 고기를 사람들이 먹기 때문에 요즘에는 닭이나 돼지, 소를 공장에서 물건 찍어내듯 만들어요. 이런 걸 '공장식 축산'이라 부르죠.

» 공장식 축산의 현실

공장식 축산이요? 들어본 적이 없어요.

가축도 사람처럼 움직이는 동물이기 때문에 여기저기 자유롭게 다니면서 소는 풀을 뜯고, 돼지는 땅에 코를 비비면서 풀뿌리나 벌레 같은 것을 좋아라 하면서 먹어요. 닭도 벌레 같은 걸 부리로 쪼아 먹으면서 자라고요. 이렇게 자기 생리에 맞게 자란 가축들이 건강하고 사람 몸에도 좋아요. 누구든 본성대로 자라는 게 최고죠. 그런데 공장식 축산은 이런 것을 완전히 무시해요. 어차피 돈 벌려는 게 목적이니까 최대한 빨리 키워서 많이 남기면 그걸로 끝이죠.

뭔가 비인간적인 냄새가 솔솔 풍겨요. 구체적으로 어떻게 키운다는 거죠?

"넌 대체 왜 맨날 방 안에 처박혀서 '뒹굴뒹굴'이냐? 그러니까 살만 찌지!"

훗! 깜짝 놀랐어요. 15년 전 엄마한테 듣던 얘기예요.

살다 보면 이런 식으로 구박받을 때가 한두 번은 있죠. 밖에 나가지 않고 먹고 자고 먹고 자고 하면 금방 살이 찌잖아요.

억울해요. 그런 사람들도 다 사정이 있어요.

그렇죠. 함부로 말할 일은 아니죠. 그런데 삶 전체가 이런 식인 동물들이 있어요. 공장식 축산은 좁은 공간에 동물들을 집어넣고 아예 움직이지 못하게 해서 살이 찌도록 만들어요. 동물들이 몸을 부지런히 움직이면 날씬해질 수 있기 때문에 충분한 공간을 주는 건 금물이죠.

그건 감옥이잖아요.

소는 보통 25년에서 길게는 40년까지 살아요. 하지만 가축공장에서는 2년을 채 못 살죠. 몸무게가 500~600킬로그램쯤 되면 상품 가치가 높기 때문이에요. 살아 있는 짧은 시간 동안 소는 한 마리당 두 평쯤 되는 협소한 곳에서 지내요. 교도소 독방 비슷한 크기죠.

전 답답한 게 제일 싫은데. 움직이지도 못하고 풀만 먹겠네요.

풀을 먹지도 못해요. 들판에서 풀 뜯어 먹는 게 소에게는 최고지만, 풀이 아니라 곡물을 먹이거든요. 좁은 공간에서 이렇게 지내면 근육 사이에 지방이 골고루 끼죠. 고기가 연하고 부드러워져요. 육즙도 많아지고요.

부드럽고 연한 고기, 최고죠! 그럼, 돼지는요?

돼지는 그냥 고기로 만들어지는 돼지와, 미친 듯이 새끼를 낳은 다음 고기로 만들어지는 돼지로 나뉘어요. 돼지는 10~15년 정도 사는 동물이지만 공장에서 돼지의 수명은 길어야 6개월입니다. 몸무게 110킬로그램이 가장 고기가 좋을 때거든요. 이때 도축돼요. 새끼를 낳는 역할을 하는 엄마 돼지는 3~4년 동안 집중적으로 새끼를 낳은 다음 역시 고기가 되고요. 고기용 돼지는 보통 '슬러리 돈사'라는 곳에서 자라는데요, 휴식 공간은 콘크리트 바닥이고, 배설 공간은 바닥이 땅에서 좀 올라와 격자로 되어 있는 구조죠. 돼지가 똥오줌을 싸면 격자 밑으로 떨어져요. 그런데 이런 곳에서 돼지는 단 한 번도 코로 땅을 못 파요. 본능대로 살 수가 없어요. 번식용 돼지는 가로 60센티미터, 세로 2미터 정도의 금속 틀 안에 아예 갇혀 지내죠. 이 속에서 그 큰 덩치의 돼지는 일어나거나 앉거나 둘 중에 하나만 할 수 있어요. 몸을 돌리지도 못해요.

너무 답답할 것 같아요. 듣기만 해도 이런데 당하는 돼지들은 얼마나 힘들까. 돼지야, 미안해….

닭도, 고기로 만들어지는 닭과 달걀만 낳다가 나중에 고기가 되는 닭, 이렇게 두 가지로 나뉘어요. 닭은 최대 30년까지 살지만 고기용 닭은 35일을 못 넘기죠.

수명이 그렇게 긴지 몰랐어요. 35일밖에 살지 못한다니, 정말 짧다.

보통 몇백 평방미터쯤 되는 작은 곳에 수만 마리가 빼곡히 모여 살아요. 닭 한 마리당 A4용지 반 장 정도의 공간이 보장돼요. 일생을 출근길 지하철에서 사는 셈이죠.

A4 반 장이요? 출근길 지하철은 정말 지옥인데, 평생 그렇게 살라면 죽고 싶을 거예요.

알을 낳는 닭은 가로세로 50센티미터 정도의 작은 철제 닭장 한 칸에 2~3마리씩 들어가 있어요. 이걸 '케이지'라고 부르는데요, 일렬로 쭉 늘어서 있는 이 케이지에서 닭은 사료를 먹고 알을 낳아요. 사료 주는 것, 낳은 알 모으는 것, 배설물 치우는 것들이 모두 자동으로 진행돼요.

정말 말이 동물이지 기계와 같네요. 아까 돼지, 닭을 반려동물이라고 한 말 완전 실수예요. 농담이었지만 반려동물이 애초에 그런 뜻도 아니고, 우리가 농담을 할 자격도 없는 것 같아요.

갑자기 폭풍 자책을 하시네요.

» 비인간적인 축산공장의 실태

동물도 살아 있는 생명인데…. 그렇게 하면 안 되죠.

동물을 단순히 돈벌이 대상 정도로만 취급하는 건 정말 문제예요. 게다가 공장에서 제품을 제조할 때 부품을 깎고, 갈고, 다듬듯이 실제로 동물의 몸을 조작하기도 하거든요.

조작한다고요? 국정원처럼?

아니, 그런 조작 말고요.

그럼, 어떻게요?

새끼 낳는 역할을 하는 엄마 돼지는 새끼에게 20일 정도 젖을 먹여야 해요. 하지만 그 전에 새끼를 떼어놓고, 강제로 발정시켜서 또 새끼를 갖게 해요. 엄마 돼지는 3년 정도 계속해서 강제 발정을 통해 임신과 출산을 반복해요. 새끼 앞에는 젖이 아니라 사료가 놓이죠. 이 때문에 스트레스를 받아 죽는 새끼들이 굉장히 많아요. 몸이 약한 새끼는 태어나자마자 그 자리에서 죽이기도 하고요.

아이고, 잔인해요.

닭도 비슷한 일을 겪어요. 알 낳는 닭은 여러 가지 요인의 영향을 받아요. 예를 들어 햇빛 받는 양이 줄어들면 알 낳는 능력이 떨어져요. 스트레스를 받아도 그렇고요. 알을 낳기 시작하고 처음 맞는 겨울에 닭은 알을 낳지 않고 털갈이를 하거든요. 겨울에 해가 떠 있는 시간이 짧아지면서 자연스럽게 그렇게 돼요. 깃털을 새롭게 하는

데 집중한 닭은 이때 알 낳는 몸속 기관도 정비하거든요. 그렇게 털갈이가 끝나면 다시 예전처럼 알을 낳을 수 있게 되는 거예요. 그런데 이런 자연스러운 과정이 공장에서는 완전히 무시돼요.

이런 과정도 조작을 해요? 겨울을 일 년에 두 번 불러올 수는 없을 테고, 무슨 방법으로요?

해는 8시간만 떠 있지만 조명은 하루 14~16시간씩 계속 켜놓을 수 있잖아요. 그렇게 하면 닭은 알을 계속 낳게 되죠. 일 년 정도 알을 낳고 나면 알 낳는 능력이 전만 못하게 되겠죠. 알 낳는 횟수도 줄고, 알도 부실해져요. 이때 하는 것이 '강제 털갈이'예요. 깃털이 새로 나는 경우 산란율이 높아지는 특성을 이용해서 억지로 털이 빠지게 만드는 거예요. 강제 털갈이 방법은 간단해요. 불을 끄고 15일 정도 내리 굶기면 스트레스를 받아 털이 다 빠져요.

사람이 스트레스 받을 때 머리 빠지는 것하고 같네요.

맞아요. 그런데 그렇게 해서 털갈이를 하고 나면 다시 알 낳는 횟수도 늘고, 알도 튼실해지거든요.

소도 비슷하겠죠?

젖소의 경우는 우유를 많이 생산하도록 만들기 위해 유전자조작 성장호르몬을 주사한답니다. 성장호르몬은 소를 빨리 자라게도 하고, 우유의 양을 늘려주기도 해요. 대신 성장호르몬은 소의 유방에 염증이 생기게 하고 불임에 이르게 하는 등 20가지가 넘는 부작용으로 이어질 수 있어요.[2]

살이든 알이든 젖이든 많이 생산하려고 안 좋은 일을 많이 하네요.

게다가 동물의 몸을 직접 깎고 다듬기도 한다니까요.

끔찍해라. 사람 손톱 깎는 정도 아닐까요?

아니요. 그보다는 공장에서 부품 깎는 것과 비슷해요. 아까 말씀드렸던 것처럼.

왜 그런 짓을 해요?

명절 연휴 때 고속도로에서 싸워본 적 있어요?

늘 싸우죠. 7~8시간씩 차 안에 갇혀 있으면 천사라도 못 참을걸요. 지난번에는 좀 편히 가려고 목베개 하나 챙겼다가 그것 때문에 저하고 아이하고 싸움이 났어요. "엄마 나 불편해, 목베개 좀 줘." "나도 불편해! 너는 지금까지 계속 썼잖아." "조용히 가자. 운전에 방해돼." "나 힘들다니까." "엄마도 정말 힘들어! 엄만 지금 쉬어야 가서 일할 수 있어!" "조용히 안 할 거야? 운전 방해된다니깐! 그리고 당신은 애한테 소리 좀 지르지 마." "지금 소리 안 지르게 생겼어? 왜 나한테 뭐라고 해?" "내가 뭘 뭐라 했다고 그래? 왜 그래 정말." 이런 식이었어요.

재연 배우 하셔도 될 것 같아요. 원래 가족끼리 사이가 나쁜 건 아니죠?

평소에는 좋아요.

평소에는 좋지만 좁은 공간에 오래 갇혀 있으면 스트레스가 늘어나니까 싸우는 거죠. 동물도 똑같아요. 돼지나 닭은 꽉 막힌 공간에서 스트레스가 극에 달하면 서로 물어뜯고 쪼아요.

저도 손톱으로 긁고 싶은 마음이 생기더라니까요.

누구를요? 남편? 아이?

계속 설명해주세요.

알았어요. 돼지나 닭들이 서로 물어뜯고 쪼는 일을 막기 위해 돼지의 이빨을 뽑거나 닭의 부리를 잘라요.

으악. 정말요?

네, 그리고 새끼 돼지 송곳니도 자르죠. 엄마 돼지 유방을 물지 못하게요. 자기들끼리 싸우다 다쳐서 상품성이 떨어지면 안 되니까 그렇기도 하고요. 게다가 돼지들은 스트레스를 받으면 꼬리를 물어뜯는데, 그걸 막기 위해 아예 꼬리도 잘라버려요. 닭 역시 병아리 때 부리를 자르고요. 싸우더라도 상처 나지 않게 하려고요.

무조건 다 잘라버리네요.

닭의 부리를 자르는 건 다른 이유도 있어요. 닭의 부리는 다른 새들처럼 뾰족해서 땅 속 벌레를 찾거나 어느 정도 덩어리가 진 먹이를 핀셋처럼 콕 집어 먹기에 적합하게 생겼죠. 하지만 공장에서는 가루로 된 사료를 먹이거든요. 이런 사료를 먹이기에 뾰족한 부리는 별로 좋지 않아요. 그래서 뾰족한 부분을 잘라 숟가락처럼 만드는 거죠. 흘리지 말고 숟가락으로 밥 퍼먹듯 사료를 먹으라는 뜻이에요.

동화가 생각나요. 여우랑 학이 서로의 집에 놀러 간 얘기. 이렇게 얘기가 달라질 것 같아요. "식탁에는 콩국이 담겨 있는 납작한 접시가 있었어요. '학아 어서 먹자!' '그래 맛있겠다.' 여우는 혓바닥으로 국을 먹었어요. 그러나 학은 접시에 부리를 쿡쿡 찍기만 하고 먹을 수가 없었지요. '부리가 길어서 먹기 힘들구나. 내가 도와줄게.' 여우는 학의 부리를 잘라줬어요. '이제 부리가 숟가락처럼 됐으니 편하게 국을 먹을 수 있을 거야.'"

엽기적이네요.

» 각종 질병에 시달리는 동물들

사람 같으면 정신이 이상해질 것 같아요.

동물도 그래요. 도저히 살 수 없는 환경에서 살다 보니 소나 돼지, 닭은 모두 극심한 스트레스에 시달려요. 그래서 정신질환에 많이 걸리죠. 의미 없는 행동을 끊임없이 반복하는 동물들이 있는데 모두 스트레스를 많이 받아 문제가 생긴 겁니다. 동물들은 몸도, 마음도 모두 '종합병원'이에요.

예전에 동물원에 갔는데, 코끼리가 계속 왼쪽으로 움직였다가 오른쪽으로 움직였다가 하더라고요. 아이랑 "코끼리 춤춘다" 하면서 좋아했는데….

그 코끼리도 좁은 공간에서 지내다 보니 스트레스를 받아 그런 행동을 했을 수 있어요.

몸도 많이 아플 것 같아요.

어떤 연구자는 출하 직전의 고기용 닭 가운데 90퍼센트가 암에 걸려 있다고 주장해요.[3] 또 90퍼센트의 닭이 다리를 절고, 25퍼센트가 뼈 관련 질환을 갖고 있다는 주장도 있고요.[4] 환기도 잘 안 되는 곳에서 한곳에 집단으로 모여 있기 때문에 호흡기 질환에 걸리기도 하고, 뇌·콩팥·눈 같은 곳에도 이상이 생겨요. 한 달 사이 병아리가 큰 닭이 되어야 하니, 급격히 자라는 몸을 심장이 받쳐주지 못해 심장마비로 죽는 닭도 많고요. 돼지도 좁은 공간에서 몰려 살다가 호흡기 질환, 설사병 등에 많이 시달리죠. 마찬가지로 10마리 중 1마리는 죽는답니다.[5]

대책을 세워야 하는 것 아닌가요?

기업에게는 가축의 건강이 고려 사항이 아니에요. 오래 함께 살 짐승이라면 주인이 건강에 신경을 쓰겠죠. 하지만 금방 키워 팔아치우면 그만인데다 곧 죽을 처지니 건강하게 살든 말든 문제될 게 없다고 생각해요. 돈 버는 입장에서는 매우 합리적이겠지요.

'합리적'이란 단어는 좋은 말인 줄 알았는데, 꼭 그런 건 아니군요.

대신 동물들이 너무 아파 잘 자라지 못하거나 아예 죽어버리면 그건 문제가 돼요. 팔 수 없으니까요. 그래서 공장에서 대책을 세우긴 하는데, 그 대책이라는 게 동물 본능대로 살 수 있도록 해주는 게 아니라 약을 처방하는 거예요.

"나 힘들어요. 좀 나가게 해주세요." "약 줄게." "몸이 아파요. 운동을 좀 하면 좋겠는데." "약 더 먹어." "산책하면 스트레스가 풀릴 것 같아요." "주사

맞아." 이렇게요?

그런 식이죠. 축산공장에서는 보통 질병에 걸린 동물을 치료하기 위해 항생제를 마구 주사해요. 소든 돼지든 닭이든 항생제 주사를 놓는 건 일상이에요. 끔찍한 '병 주고 약 주고'죠. 게다가 항생제는 특이하게도 가축들을 빨리 자라게 하는 효과가 있어요. 그래서 굳이 아픈 짐승이 아니더라도 사료에 항생제를 섞어 먹이는 축산공장도 많아요. 어떤 곳에서는 아예 성장촉진제를 놓기도 하죠. 어쨌거나 동물들은 태어나서 죽을 때까지 약물에 찌들어 살아요.

» 항생제 사용이 일으키는 문제점

항생제를 자꾸 놓으면 안 좋을 것 같아요.

항생제를 남용하는 것은 동물에게도, 사람에게도 안 좋아요. 자연에게도 나쁜 영향을 미치고요. 더럽고 비좁은 환경에서 동물들은 각종 병균에 노출될 수밖에 없는데요, 이런 병균을 죽이는 데 항생제가 필수예요. 항생제를 사용하지 않으면 공장식 축산 자체가 거의 불가능할 지경이니까요. 그런데 항생제를 계속해서 접하면 병균이 점차 진화해요. 항생제가 듣지 않는 병균이 생긴다는 얘기죠.

그래서 저도 아이 데리고 병원에 갈 때 될 수 있으면 항생제를 덜 처방하는 곳으로 가요. 전 똑똑한 엄마니까요.

그런 분들 꽤 있죠. 항생제가 듣지 않는 병균을 항생제내성균이라 해요. 요즘에는 다제내성균이라 해서 여러 항생제에 동시에 내성을 가진 병균들이 수두룩하게 등장했어요. 그야말로 멀티내성균이라 할 수 있죠. 항생제내성균이 생기는 건 확실히 항생제를 너무 많이 사용하기 때문이에요. 특히 문제가 되는 것은 동물들이 병에 걸리지 않았는데도 항생제를 먹이는 거예요. 적은 양을 습관처럼 꾸준히 주입하면 병균들이 내성균으로 진화하는 데 충분한 기회와 시간을 갖게 돼요.

뭐든, 조금씩 꾸준하게 해야 발전이 있는 거군요. 아이한테 공부도 그렇게 하는 거라고 얘기해줘야겠어요. 어떤 시험도 이겨내는 다제내성학생으로 진화하라고.

여기서 얻을 수 있는 교훈이 그게 아니잖아요! 아무튼, 이렇게 생긴 내성균은 당연히 고기 속에도 들어 있고, 동물의 똥으로도 섞여 나와 여기저기 막 퍼져요. 축산공장 주변의 물과 흙에도 들어가고요. 항생제를 사용하지 않는 농장 근처에서 내성균이 발견되기도 해요. 사람이 이런 고기를 먹으면 균이 몸속으로 들어가죠. 가족끼리는 국이나 반찬을 한 그릇에 담아 먹잖아요. 그렇게 해서 다른 사람 몸으로도 퍼져요. 가축공장에서 사용하는 항생제가 사람들에게 직접 영향을 끼치는 거죠.

그런 일이 실제 있었나요?

한 방송프로그램에 나온 사례가 있어요. 2006년 3월 보쌈을 먹고 147명이 집단 식중독에 걸렸는데, 이 가운데 10명이 일주일 넘게 입원 치료를 받았어요. 환자들 몸에 있던 균이 무려 7가지의 항생제, 특히 축산공장에서 동물들에게 많이 사용하는 항생제에 내성을 가진 박테리아였대요.[6] 아마도 돼지고기가 공장에서부터 항생제 내성균에 감염됨 채 식탁에 올랐던 모양이에요. 한국은 전 세계에서 항생제를 가장 많이 사용하는 나라예요. 그러니까 사람들은 항생제 범벅이 된 고기를 늘 먹는 셈이죠.

더 센 약을 개발하면 어떨까요? 눈에는 눈! 이에는 이!

실제로 그렇게 해요. 하지만 새로운 항생제를 개발하면 또다른 내성균이 생겨요. 이런 일이 반복되다가 어떤 항생제도 들지 않는 균이 등장하는데, 그게 슈퍼박테리아예요. 인간에게는 큰 공포죠. 병원에서 환자들에게 아무리 항생제를 적게 주려 해도 공장식 축산이 있는 한 슈퍼박테리아의 위협은 사라지지 않을 거예요.

» 환경호르몬과 성장호르몬

슈퍼박테리아는 정말 공포스러운 존재군요. 저 같은 슈퍼맘도 삶이 공포스러울 때가 있어요.

맥락에 안 맞는 말도 계속 들으니 내성이 생길 것 같아요. 그런데 왠지 공감 가는 말이에요.

그럼요. 전 결코 뜬금없는 말을 하진 않아요. 슈퍼박테리아 말고 다른 문제는 없나요?

있어요. 공장식 축산에서는 곡물사료를 주로 먹인다고 했잖아요. 이 때문에 생기는 문제가 또 있어요. 바로 환경호르몬 문제예요.

동물을 빠르게 성장시키기 위해 항생제 말고 성장호르몬을 주사하는 경우도 문제고요.

환경호르몬과 어떻게 관련이 있다는 거죠?

동물에게 먹이는 그 엄청난 양의 곡물을 키우기 위해 곡물 재배 회사는 제초제와 농약을 많이 사용해요. 제초제나 농약, 이런 것들은 모두 화학물질이잖아요. 이 물질들은 땅도 물도 오염시켜요. 곡물을 먹은 동물의 몸에도 쌓이고요. 그런 동물에서 나온 고기·우유·치즈 같은 식품에도 들어 있죠. 이 물질들이 인간의 몸에 들어오면 마치 호르몬처럼 행세하면서 몸 안의 생리작용에 문제를 일으켜요. 원래 우리 몸속에서 생긴 호르몬이 아니라 환경으로부터 들어왔는데 호르몬처럼 작용하는 거죠. 그래서 이름도 환경호르몬이에요. 화학물질에 오염된 먹거리를 섭취한 사람의 몸에는 환경호르몬이 쌓이게 돼요. 그걸 먹은 엄마의 모유에서도 환경호르몬이 검출되고요.

환경호르몬은 몸에 안 좋은 건가요?

환경호르몬은 생식기능을 떨어뜨리고, 사람이든 동물이든 성장에 장애를 일으켜요. 어떤 사람들은 환경호르몬 문제가 지구온난화, 오존층 파괴 문제와 함께 세계 3대 환경문제라 말하기도 해요.

성장호르몬 얘기도 해주세요.

성장호르몬을 맞은 소의 고기나 우유를 인간이 먹을 경우 암이나 말단비대증, 성조숙증 같은 병에 걸릴 수 있다는 주장이 계속 제기되고 있어요.[7]

» 새로운 전염병의 발생

그러니까 결국 제가 병든 닭과 돼지, 아픈 소를 먹고 있다는 말씀이시죠? 그것도 항생제와 호르몬제에 찌든 고기들을요. 이제 제 인생은 어떻게 되는 건가요.

공장식 축산은 사람의 건강을 야금야금 갉아먹을 뿐만 아니라 어떤 때는 아예 대놓고 목숨을 앗아가기도 해요. 광우병, 조류독감, 돼지독감 같은 새로운 전염병을 만들어서 말이죠.

제 걱정은 안 해주시고, 더 무서운 얘기를 하시는군요.

공장식 축산이라는 조건 자체가 새로운 세균이나 바이러스를 만들어내거나 이들이 창궐하기에 좋은 환경이죠. "젊은 사람에게 인간광우병이 발병한 것은 광우병 쇠고기 때문이다."[8] 인간광우병 환자가 가장 많이 나온 영국 정부는 1999년 이렇게 인정했어요. 광우병은 영국, 미국 같은 나라에서 시작됐어요. 소를 도축하고 판매하는 과정에서 나오는 고기나 뼈 쓰레기를 갈아 만든 사료를 소에게 먹이다가 발생한 거죠. 초식동물에게 엽기적이게도 육식을, 그것도 자기 고기를 갈아 먹였던 거예요. 신종플루는 돼지독감 바이러스에서 온 것인데 이 때문에 2009~2010년 사이 전 세계적으로 2만 명 가까운 사람이 죽었어요. 조류독감 역시 새만이 아니라 사람에게도 감염되어 많은 사람이 죽었죠.

이런 병들이 모두 공장식 축산과 관련되어 있다는 말씀이군요.

광우병은 공장식 축산 때문에 직접적으로 생긴 병이고, 신종플루나 조류독감도 그 과정에서 나타난 거예요. 워낙 동물들을 좁은 곳에 몰아넣어 키우고, 배설물과 한데 섞인 환경에서 생활하게 하는 데다 항생제를 지속적으로 투여하니 세균이나 바이러스 변종이 생길 가능성이 커진 거죠. 햇빛이 차단된 가축공장들이 상당히 많은데, 이런 곳에서는 세균·바이러스 등을 햇빛이 살균해주지도 못해요. 동물들은 이미 아픈 상태고 면역력도 급격히 떨어져 있어요.

축산공장이 아니라 세균공장인데요?

그뿐 아니라 축산공장에서는 소든 돼지든 닭이든 대개 짧은 시간 안에 빠르게 자라는 품종 한두 가지만 키워요. 이러니 병이 생기기도 쉽고, 한번 생긴 병이 퍼지기도 쉽죠.

한 마리가 병에 걸리면 다른 놈들도 죄다 병에 걸릴 거 아니에요. 품종이 다르면 어떤 닭은 병에 걸려도 어떤 닭은 멀쩡할 텐데….

그렇죠. 게다가 동물을 대량으로 도축공장으로 이동시키고, 도축된 고기를 전국 각지 시장으로 역시 대량으로 옮기기 때문에 한번 생긴 전염병 혹은 질병의 요인들은 아주 빠른 속도로 퍼져요. 이 때문에 동물 전염병은 일단 발생하면 쉽게 사라지지 않고 매우 빠르게 전파되죠. 이 과정에서 어떤 질병은 변신에 변신을 거듭해 급기야 사람에게 영향을 미치고요.

꼭 공포영화 같아요.

사실, 이렇게 동물에게서 나와 사람에게까지 영향을 미치는 전염병이 굉장히 많아요. 에이즈나 에볼라가 대표적이죠.

모두 '에' 자로 시작하는군요.

그 두 질병만 그래요! 지난 30년 동안 새로 나타난 병 가운데 75퍼센트가 동물로부터 온 것이라는 분석도 있어요.[9] 앞으로 또 어떤 병이 나와 사람을 괴롭힐지 알 수 없죠.

고기 좀 먹어보겠다고 했다가 사람이 아프거나 죽는다는 말씀이네요.

새로 생기는 질병들은 대개 치료약이 없는 경우가 다반사예요. 인류는 잊을 만하면 한 번씩 이런 질병 때문에 공포에 떨고 있어요.

» 그 밖의 심각한 문제들

공장식 축산이 이렇게 문제가 많은지 몰랐어요. 지칠 정도예요.

공장식 축산은 환경도 오염시켜요. 온난화의 주범 중 하나죠.

온난화까지요? 모든 길은 로마로 통한다더니 모든 문제는 공장식 축산으로 통하나요?

그 밖에도 공장식 축산은 땅과 물을 심하게 오염시켜요. 가축들을 먹이기 위해 거대한 규모로 곡물을 키우는데요, 화학비료와 제초제를 많이 쓰기 때문에 토양이 금세 오염돼요. 수질오염도 엄청나죠. 가축이 배출하는 똥오줌이 그야말로 막대하거든요. 소 한 마리가 사람 16명치 대변을 본답니다. 전 세계 10억 마리 소의 대변이 인류 전체의 대변보다 세 배쯤 많은 거죠.

와, 많이 싸는 줄은 알았지만 그 정도일 줄은…. 돼지는요? 먹는 게 다 살로 가니 똥은 좀 적지 않을까요?

돼지 한 마리는 사람 6명치의 대소변을 봐요. 한국에 현재 돼지가 900만 마리쯤 있으니 전체 인구만큼 배출하는 셈이죠.

그럼, 그 대소변은 다 어떻게 해요?

예전에 몇 마리씩 키우던 시절에야 모두 거름으로 썼지만, 지금은 양이 너무 많아 그렇게 못하죠. 처리되지 못한 대소변은 강이나 지하수로 흘러들어 물과 땅을 오염시켜요.

지구가 참 대단하네요. 그 많은 똥오줌을 죄다 받아주다니. 이걸로 공장식 축산의 문제점은 끝이죠?

또 있어요. 공장식 축산은 사람을 굶주리게 해요.

이건 또 무슨 소리예요? 사람이 먹으려고 가축을 키우는 건데 공장식 축산 때문에 사람이 굶주리다니.

지구에서 생산되는 곡물의 3분의 1은 사람이 아니라 가축이 먹어요.[10] 전 세계에서 늘 굶주림에 시달리는 사람이 9억 명이에요. 영양부족 상태인 사람들도 20억 명이고요.[11] 이 사람들에게는 곡식이 필요해요. 그런데 이들이 먹어야 할 곡식을 가축이 먹는 거죠. 소고기 1킬로그램이 나오려면 곡식 9킬로그램이 필요하거든요.[12]

그럼, 소는 9킬로그램의 곡식을 먹고 1킬로그램의 살을 만든다는 거네요? 나머지는 똥?

그러니까 굶주린 사람이 먹을 9킬로그램의 곡식이 배부른 자가 먹을 1킬로그램의 소고기로 바뀌는 거죠. 이 소고기는 하루 세 끼 내내 고기만 먹는 사람들, 간식으로 햄버거 사먹는 사람들, 주식이 아예 고깃덩어리인 사람들이 먹어요.

저는 소고기는 별로 못 먹어요.

게다가 소고기 단백질 1킬로그램을 만들려면 곡물 단백질 1킬로그램을 만드는 데 드는 물의 15배가 있어야 해요.[13] 곡물이 아니라 고기로 우리 몸에 필요한 단백질을 얻으려면 물이 엄청나게 낭비되는 거죠.

» 공장식 축산을 없애는 방법

제가 구국의 결단으로 고기를 안 먹어야겠네요.

공장식 축산을 없애는 게 중요해요. 소든 돼지든 닭이든 애초부터 적은 수만 태어나게 하고, 비좁은 공장이 아니라 넓은 목장이나 축사에서 건강하게 키우면 병에 걸릴 염려도 없고, 사람에게 위험하지도 않아요. 환경을 더럽힐 일도 없고, 배고픈 사람을 먹일 곡물이 모자랄 일도 없죠. 물 낭비도 줄일 수 있고요.

공장식 축산을 없애면 동물에게도 사람에게도 환경에게도 모두 좋은 일이네요. 일타삼피!

교양 있는 말로는 일석삼조라 하죠. 근데 쉬운 일은 아니에요.

전 세계적으로 축산공장에서 생산되어 유통되는 고기나 관련 제품들은 대부분 몬산토, 카길 같은 초국적 기업과 연결되어 있어요. 한국의 독점화된 육류기업들도 마찬가지고요. 공장식 축산을 막는다는 것은 이들과 싸워야 한다는 이야기예요.

싸우는 거 싫은데….

공장식 축산을 줄이기 위한 여러 시도가 전 세계에서 그리고 한국에서 최근 조금씩 생겨나고 있어요.

어딜 가나 좋은 사람들은 있기 마련이니까요.

유럽연합은 1999년부터 공장식 축산을 없애자는 논의를 오랫동안 해오면서 구체적으로 하나씩 실천하고 있어요. 2006년에는 성장촉진제, 항생제 사용을 금지했고, 2012년에는 케이지에서 닭을 사육하지 못하게 했어요. 또 2013년부터 돼지를 금속 틀에 가둬 키우는 짓도 금지시켰죠.[14]

한국은요?

한국에서는 2012년 동물복지축산농장인증제도가 시작되었는데요, 2015년부터 돼지, 닭, 소 농장에 대한 인증제가 시행돼요. 동물복지축산농장인증제는 정부가 정한 동물복지 기준을 잘 지키는 농장에 대해 정부가 인증마크를 붙여주는 제도예요. 정부가 정한 동물복지 기준이란, 예를 들면 알을 낳는 닭의 경우 강제 털갈이를 시키거나 꽉 막힌 닭장에서 키우면 안 된다는 등의 내용을 담고 있어요.

그런데 이런 제도를 축산공장들이 잘 따를 거라는 보장이 있나요?

돈만 많이 들어가고, 제품이 딱히 잘 팔리는 것 같지 않으면 예전 방식으로 돌아갈 공산이 크죠. 축산공장을 운영하는 분들의 70퍼센트 가까운 수가 동물복지에 아무 관심이 없다는 조사도 있거든요.[15] 그래서 소비자가 동물복지농장에서 나온 제품을 사는 것이 중요해요. 생활협동조합을 이용하면 더 좋고요. 소비자가 이런 제품을 외면하면 축산공장을 바꾸려는 노력은 실패할 수밖에 없어요. 더 나아가 육식 위주의 식생활을 바꿀 필요도 있어요.

저를 똑바로 쳐다보고 말씀하지 마세요! 고기를 줄이겠다고 말씀드렸어요!

사람들이 너도나도 육식만 좋아하면, 고기를 대량으로 공급하기 위해 공장식 축산이 필요악이 될 것이기 때문이에요. 당장 육식 위주의 식생활을 고치기 힘든 분들을 위해서는 '채식하는 월요일' 운동 같은 것도 있어요.

혼자 노력하는 건 그래도 쉽지 않아요.

물론 이와 관련한 제도적 노력도 필요해요. 단체 급식을 하는 학교, 회사, 군대에서 동물복지에 신경 쓴 식재료를 구입하도록 제도를 정비하는 것도 좋은 방안일 거예요.

GMO

GMO는 뭐예요?

서로 다른 생명체가 섞여 만들어진 새로운 생명체를 유전자조작생명체라 해요. 영어로는 GMO라 부르고요.

위는 사람, 아래는 말, 그런 거요?

GMO는 사람이 유전자를 조작해 세상에 없던 생명체를 새롭게 만들어낸 것이긴 하지만 그 정도는 아니에요. 예를 들면 옥수수에 해충을 죽이는 기능을 첨가하고 싶으면, 옥수수 유전자 안에 살충 미생물의 유전자를 주입시켜 살충력을 가진 옥수수를 만든다거나 하는 수준이죠.

예전부터 그런 일은 있지 않았나요? 품종 개량 같은 건 다 사람 손을 빌리는 거잖아요.

그런 게 '육종'이에요. 육종은 '새로운 품종을 육성'한다는 뜻인데요, 사람이 진화를 돕는 방법이죠. 지금 지구상에 있는 모든 생물은 예전에는 없었지만 진화의 결과 만들어진 것들이에요. 벼나 밀, 옥수수 같이 인간이 주식으로 먹는 곡물들도 마찬가지고요. 이들은 지금도 끊임없이 진화하고 있어요. 스스로 진화하기도 하고, 사람이 직접 그 진화를 돕기도 하죠.

육종과 유전자조작이 다르다는 거죠?

사람도 그렇지만 가축이나 작물 역시 부모가 같아도 성질은 다 다르죠. 만약 좋은 성질을 가진 것들로만 자식을 만든다면 당연히 좋은 품종을 얻을 수 있겠죠. 밥맛이 좋은 벼이삭 암술에, 튼튼한 벼이삭 꽃가루를 떨어뜨려 생긴 씨앗을 몇 년 고르고 고르면 좋은 종자를 얻게 되는데요, 이런 걸 육종이라 해요. 방울토마토나 씨 없는 수박도 육종을 통해 생긴 것들이고요. 육종은 자연이 허락한 범위 안에서만 이뤄지는 데 비해, GMO는 그 경계를 넘어요. GMO가 육종과 결정적으로 다른 점이죠. 학창 시절 생물시간에 '종속과목강문계'라는 생물분류체계를 외우느라 고생 많이 했잖아요.

기억이 아예 안 나는 사람도 있을 것 같아요. 저는 아니지만.

기억하신다니, 여쭤볼게요. '종속과목강문계'에서 '계'에는 뭐가 있죠?

식물계나 동물계, 이런 거요. 제가 모를 줄 알았죠?

역시 지식이 넘치시네요. 이 가운데 같은 종만이 아니라 같은 속에 있는 생물끼리 서로 교배해 새로운 생명체를 탄생시키는 경우가 많아요. 흑인과 백인이 만나 아이를 낳는 것은 자연스럽죠. 사람이라는 같은 '종'끼리 만났기 때문이에요. 말과 당나귀가 낳은 노새라든가, 아빠 사자와 엄마 호랑이 사이에 태어난 라이거는 이 동물들이 서로 같은 '속'에 속하기에 교배가 가능해요. 유전자가 섞여 새로운 생명체를 만들 수 있다는 것이죠. 자연은 여기까지 서로 섞이는 걸 인정하고 있는 셈입니다.

같은 학교, 같은 학년끼리는 자리를 좀 바꿔놔도 지내는 데 지장이 없는 것처럼 말이죠?

그렇지요. 하지만 더이상은 곤란해요. 예를 들어 사람과 침팬지 사이에는 새끼가 나올 수 없어요.

당연하죠. 징그러워요.

사람과 침팬지는 DNA가 99퍼센트 이상 일치한다지만 같은 '속'이 아니기 때문이에요. 전통적인 육종은 종과 속의 경계 안에서만 이뤄져요.

» 자연의 경계를 넘는 GMO

GMO는 이 한도를 넘는다는 거죠?

가볍게 넘죠.

그럼, 이런 일이 벌어지겠네요. "아빠가 누군가요?" "거미요." "그럼 당신이 스파이더맨?"

아직까지 이런 일이 벌어지기는 힘들겠죠. 그래도 자연에서 도저히 서로 교배될 수 없는 것들, 유전자가 절대 섞일 수 없는 것들을 섞어놓은 것이 GMO이긴 해요. '종속과목강문계'에서 가장 최초의 분류가 '계'잖아요. 아까 말씀하셨던 것처럼 식물계, 동물계, 미생물계 하는 식으로요. 보통 종, 속 정도만 뛰어넘어도 자연교배가 안 되죠. 그러나 GMO를 만들 때는 '계'를 뛰어넘기도 해요. 동물과 식물, 동물과 미생물, 식물과 미생물의 유전자를 섞어버리는 것이죠.

그러면 GMO에는 주로 어떤 것들이 있죠?

주로 농작물을 GMO로 만들어요. 가장 많이 재배되고 있는 GMO는 옥수수, 콩, 면화, 카놀라(유채), 이렇게 네 가지예요. 그 밖에도 토마토, 사탕무, 파파야, 쌀, 파프리카 등도 재배되죠. 전 세계 콩의 4분의 3이 GMO이고, 면화는 절반 정도가 GMO예요. 옥수수는 25퍼센트, 카놀라는 20퍼센트 정도고요. 비중이 점점 높아지고 있기 때문에 이 네 작물은 어쩌면 몇 년 안에 GMO 아닌 걸 찾아볼 수 없을지도 몰라요.[1]

저 옥수수하고 콩을 굉장히 좋아해요. 혹시 제가 먹는 것도 GMO일까요?

한국은 옥수수를 주로 미국에서 수입하는데, 사람이 먹는 옥수수 가운데 절반 정도가 GMO라고 알려져 있어요. 가축사료용 수입 옥수수는 100퍼센트가 GMO고요. 우리가 사용하는 콩은 92퍼센트가 수입산인데 대부분 콩기름을 만드는 데 사용되죠. 그런데 이 중

4분의 3이 GMO랍니다.[2] 요즘 식용유계의 대세인 카놀라유는 원료가 유채인데요, 대부분 캐나다에서 수입해요. 그런데 캐나다에서 재배하고 있는 유채 역시 93퍼센트가 GMO죠.

옥수수도 그렇고, 콩도 그렇고…. 나도 모르는 사이에 GMO 식품을 꽤 먹었겠어요. 대체 이런 걸 누가 수입해요?

GMO 농산물을 가장 많이 수입하는 곳은 CJ제일제당, 사조해표, 삼양제넥스, 대상 등 네 업체예요. CJ제일제당은 식용유를, 사조해표는 식용유, 고추장, 된장을, 삼양제넥스는 물엿, 과당 등을 GMO로 만들어요.[3] 2014년에 시민단체 경실련이 조사했더니, 삼양 큐원, 대상 청정원 등이 판매하는 식용유도 유전자조작 콩과 옥수수로 만들어진 것으로 확인되기도 했고, 롯데마트에서 파는 '통큰팝콘'도 그렇고요.[4]

» GMO를 찬성하는 쪽의 논리

그런데 GMO는 왜 만들죠? 그냥 자연스러운 게 좋은 것 아닌가요? 굳이 유전자조작까지 할 필요가 있는 건지 잘 모르겠어요.

GMO를 찬성하는 쪽에서는 GMO가 기아문제를 해결할 것이라고 주장해요. 현재 이용되고 있는 GMO는 크게 두 가지예요. 하나는 제초제에도 죽지 않는 작물이고, 다른 하나는 자기가 직접 해충을 죽이는 작물이죠.

하나는 불사신 작물이고, 또 하나는 살충작물이네요.

GMO를 찬성하는 사람들은 잡초나 해충으로 인해 작물이 죽거나 자라지 못하는 일이 없으면, 그만큼 식량 생산이 늘어난다고 주장해요. 그러면 기아문제도 해결할 수 있다고 말이죠.

하기야 농사지을 때는 잡초가 문제예요. 시골에 계신 우리 아버님은 항상 "뽑아도 뽑아도 끝이 없어. 농사는 풀 뽑는 게 반이야." 이러세요.

농사짓는 분들이 많이 하는 얘기죠. 작물 주변에 잡초가 많으면 작물이 자라지 못해요. 잡초는 작물이 가져가야 할 수분과 양분을 빼앗아가기도 하고, 큰 키로 햇빛을 막아버리기도 하죠. 물, 양분, 햇빛을 놓고 잡초와 경쟁하다 보면, 잘 자라지 못하거나 열매가 줄어들거나 혹은 아예 죽어버리기도 해요.

농부들은 잡초를 없애기 위해 여름 내내 풀 뽑는 데 시간을 보내는 것 같아요. 제가 하는 텃밭도 그렇거든요.

바로 그런 농부들의 일손을 덜어준다는 명분으로 개발된 게 제초제에도 죽지 않는 GMO예요.

꽤 쓸 만할 것 같은데요?

GMO 업계의 최강자는 '몬산토'라는 회사인데요, 이 회사는 잡초란 잡초는 다 죽이는 제초제를 개발하고, 동시에 이 제초제에도 끄떡 않고 살아남는 GMO를 만들었어요.

'강력한 농약과 그 농약에 절대 안 죽는 작물'을 한 세트로 개발한 거네요.

이런 세트 메뉴는 처음이에요. 이름을 '창과 방패'로 지어주고 싶은데요?

몬산토가 개발한 제초제의 이름은 '라운드업'이에요. '일망타진'이라는 뜻이죠. 이 라운드업에도 끄떡 않고 살아남는 작물 이름은 '라운드업-레디'고요. 라운드업이라는 제초제에 맞설 준비가 되어 있다는 뜻이죠. 몬산토는 콩, 옥수수, 면화 등을 라운드업 레디로 만들었어요.

그런 생각을 하다니 참 기발해요. 해충 잡는 작물도 일손을 많이 덜어줄 것 같아요.

나방, 노린재, 진드기 같은 다양한 해충들은 작물들을 새까맣게 죽여 농사를 망쳐놓죠. 작은 텃밭에서도 토마토, 배추 이런 데 구멍이 뻥뻥 뚫리잖아요. 그러니 제대로 농사짓는 농부들에게는 해충이 얼마나 골칫거리겠어요. 만약 작물 자체가 해충을 몰아내는 능력을 갖고 있다면 살충제 뿌리는 수고를 덜 수 있을 테니 확실히 좋겠죠? 몬산토가 바로 이런 작물도 개발한 거예요.

알아서 척척 스스로 살충하는 작물! 괜찮은 아이디어 같아요. 다른 GMO도 더 많이 만들면 좋겠다.

앞으로는 추위나 가뭄, 홍수에도 끄떡하지 않는 GMO가 나오게 될 텐데, 그러면 식량 생산은 더욱 획기적으로 늘어날 것이라는 게 GMO를 찬성하는 측의 주장이에요. 현재 세계 인구가 70억 명이지만 앞으로 몇 십 년 내에 80억 명이 될 거라는 예상이 있고, 어쩌면 더 빠른 속도로 인구가 늘어날 수도 있는데, 이 많은 인구를 먹여 살리는 방법은 GMO밖에 없다는 것이죠.

굉장히 설득력이 있어요. 그렇게 해서 굶는 사람이 사라진다면 얼마나 좋을까요. 또 좋은 점은 없나요?

둘째로 환경오염을 줄일 수 있다고 해요. GMO를 사용하면 제초제나 살충제 사용이 줄기 때문에 환경을 지킬 수 있다는 논리죠. 예를 들어 잡초를 없애려면 제초제를 4~5가지 뿌려야 하지만 제초제에 견디는 작물을 심어놓으면, 라운드업을 두 번 정도만 뿌리면 되거든요.[5] 특히 해충을 잡기 위해 살충제 뿌리는 일은 확실히 줄일 수 있겠죠. 하지만 GMO가 정말 안전한지는 아직 확인이 되지 않았어요.

» GMO는 과연 안전할까?

GMO가 안전하지 않다면 다른 장점은 다 소용 없는 것 아닌가요?

GMO가 건강에 좋지 않을 수 있다는 주장은 GMO가 만들어지고 유통된 지난 20년 동안 끊임없이 제기되었어요. 1998년 영국의 푸스타이 박사는 유전자조작 감자를 쥐에게 먹였더니 면역력이 떨어져 온갖 병에 걸리고, 간과 고환이 쪼그라들었으며, 뇌 발달 정도가 더뎠다는 실험 결과를 발표했어요. 푸스타이 박사는 110일간 쥐를 관찰했는데, 이는 사람으로 치면 열 살쯤 되는 청소년기에 해당해요.[6]

헉, 우리 아이도 십 대예요. GMO랑 친하게 지내면 안 되겠어요.

또 있어요. 2007년에는 프랑스의 셀라리니 박사 연구팀이 유전자조작 옥수수를 쥐에게 먹이고 평균수명인 2년 내내 관찰하는 실험을 했는데요, 쥐의 간과 신장 등이 크게 손상되는 것으로 나타났어요. 특히 암컷 쥐 가운데 70퍼센트는 평균수명보다 일찍 죽는 것으로 확인되기도 했고요.[7] 셀라리니 박사가 사용한 옥수수는 2002년부터 한국에도 수입되고 있는 품종이에요.

여자가 일찍 죽는다고요? 전 죽기 싫어요!

쥐를 놓고 한 실험이긴 해도 신경 쓰이는 결과죠. 그래도 너무 화들짝 놀라진 마세요.

사람이 직접 피해를 입은 사례는 그럼 없나요?

사람이 직접 피해를 입었다는 주장도 있어요. 1989년 미국에서는 'L-트립토판' 사건이라는 게 있었어요. 트립토판은 필수 아미노산 중 하나의 이름이에요. 당시 건강식품으로 인기가 있었는데요, 일본의 쇼와전공이라는 회사에서 이 트립토판을 대량생산하기 위해 고초균을 집어넣었다고 해요.

청국장 만들 때 들어가는 그 고초균이요? 지난번에 청국장 직접 만들려다 고초를 겪은 뒤로 고초균을 알게 됐어요.

말씀을 재밌게 하시네요. 별로 와닿진 않아요. 사실 고초균을 아는 사람은 드물어요. 알고 계시다는 게 신기하네요. 보통 볏짚에 많이 사는데 청국장 같은 것을 만들 때 사용되죠. 콩 단백질을 분해해 아미노산을 만들어주는 균이에요. 문제는 이 회사가 집어넣은 고초균이 유전자조작 균이었다는 거예요. 이 제품이 미국에 수출됐는데, 이걸 먹은 사람들이 아프거나 죽는 사건이 벌어졌어요. 호흡곤란이 오고, 팔다리가 붓는 등의 증상이 나타나는 등 피해를 입은 사람이 약 6,000명에 달했고, 그 가운데 38명은 사망했어요.[8]

좀 놀라운 일이네요.

이 사건은 원인이 GMO 때문이다, 그렇지 않다, 논란이 있지만 어쨌든 그냥 지나칠 사안은 아니죠.

아니 땐 굴뚝에 연기 나는 일은 없잖아요. 실험 결과도 있고 의심되는 사례도 있는데 GMO가 계속 유통되는 이유는 뭐예요?

안전성에 논란이 있는 식품은 유통시키지 않는 게 옳죠. 최종적으로 안전하다는 결론이 난 뒤에 먹어야 해요. 그런데 현실은 별로 그렇지 않아요. GMO가 본격적으로 재배되기 시작한 1990년대 후반으로부터 20년 가까이가 흘렀어요. 마치 DDT가 위험성이 알려지기 전까지 널리 쓰이고, 고엽제가 그 맹독성이 확인되기 전에 마구 뿌려졌던 것처럼 GMO도 그동안 그렇게 이용된 거죠. 게다가 이렇게 널리 이용되고 있다는 사실 자체가 GMO가 안전하다는 것을 증명하는 논리로 이용되기도 해요. "이렇게 많은 사람이 먹고 있는데 대체 뭐가 위험하다는 거냐?" 이런 거죠.

"이렇게 많은 사람이 신호위반을 해도 지금까지 사고가 안 났는데, 신호위반이 뭐가 문제냐?"로 들려요.

놀라운 이해력이시네요!

» 환경오염에 대한 논란

안전하지 않으면 그걸로 기아문제를 해결할 수 있다고 주장하지 말아야 할 것 같아요. 신선한 공기가 필요한 사람에게 매연을 줄 수는 없잖아요.

사실 GMO가 안전하다 하더라도 기아문제를 해결할 수는 없어요. '농약을 적게 사용해 환경을 지킨다'는 주장도 사실은 잘못되었고요. 일단 식량 생산이 늘지 않았어요. GMO를 주로 키우는 미국이나 캐나다와 GMO를 키우지 않는 서유럽을 비교하면, 같은 면적에서 미국과 캐나다가 옥수수와 유채씨 등을 더 적게 생산하는 것으로 확인됐어요.[9] 게다가 상당량의 GMO 작물은 소 같은 가축 사료용으로 쓰이거나 바이오연료로 가공되어 자동차를 굴리는 데 이용되죠.[10] 가공식품 원료로도 많이 쓰여요. 소고기를 먹거나 자동차를 굴리거나 각종 가공식품을 먹는 사람들은 애초 기아에 시달리는 사람들이 아니잖아요?

식량 생산이 늘지 않는다면 굳이 GMO를 사용할 이유가 없겠네요. GMO가 환경에 이로운 것도 아니라는 말은 무슨 뜻이죠?

농약 사용이 오히려 늘어났거든요. 예를 들어 프랑스는 1995년보다 2007년에 제초제를 적게 사용하고 있지만, 미국은 오히려 더 많이 사용하고 있거든요.

살충제는요? 스스로 살충하는 작물 때문에 덜 사용했을 것 같은데요.

살충제의 경우 미국은 1995년보다 2007년에 약 10퍼센트 정도 적게 사용한 것으로 나타났어요. 살충 작물이 해충을 죽이기 때문에 확실히 다른 살충제를 쓰지 않아도 되는 것 같긴 해요. 그런데 같은 기간 프랑스는 살충제 사용을 75퍼센트나 줄였답니다.

GMO를 재배하는 나라가 그렇지 않은 나라보다 제초제나 살충제를 더 많이 사용한 거네요. 제초제 사용이 늘어난 이유는 뭔가요?

제초제 사용이 늘어난 것은 슈퍼잡초 때문이에요. GMO 작물을 제외한 나머지 잡초는 죄다 죽이는 강력 제초제에 내성을 가진 잡초가 생겨난 것이죠. 몬산토의 라운드업-레디 콩을 3년 이상 키운 곳에서 슈퍼잡초가 등장했어요.

슈퍼잡초 피해가 큰가요?

최소한 미국 농장의 절반이 이들로 인해 피해를 보고 있어요.[11] 농민들은 슈퍼잡초를 죽이기 위해 그동안 사용하던 것보다 훨씬 강력한 농약을 사용해야 했어요. 당연히 환경에도 나쁜 영향을 끼치게 되었죠.

되로 주고 말로 받은 거네요.

그렇죠. 게다가 슈퍼잡초만 문제가 되는 것은 아니에요. 해충을 죽이는 살충 GMO 때문에 해충만이 아니라 나비 유충, 잠자리, 무당벌레 같은 작물에 좋은 영향을 끼치는 곤충까지 죽는다는 게 밝혀졌거든요. 돌연변이가 생겨 더이상 살충 GMO로 해결되지 않는 해충이 생기기도 했고요.[12]

되로 주고 두 말을 받았네요.

그뿐 아니라 GMO 자체가 기존 생태계를 비집고 들어와 교란시킬 가능성도 많아요.

황소개구리처럼요?

맞아요. 씨앗은 사람이 뿌리는 것 말고도 바람에 날리기도 하고 곤충이나 새가 나르기도 하잖아요. 차로 운반하다가 떨어지기도 하죠. GMO 역시 이런 과정을 통해 퍼져나가요. 한국은 GMO 재배가 아예 금지되어 있지만 매년 전국 곳곳에서 GMO가 발견돼요. 유전자조작 옥수수, 면화, 유채, 콩 등이죠. 모두 수입 GMO를 운반하는 과정에서 생긴 것 같아요. 그런데 바로 눈앞에 보이는 이런 문제들 말고 더 큰 문제가 있어요.

» 거대 기업의 식량지배

더 큰 문제라뇨?

전 세계 식량 공급을 채 열 개도 안 되는 거대한 기업이 거의 지배하고 있다는 점이에요. GMO가 많아질수록 그 지배체제가 더욱 강화될 것이라는 점이 더 문제고요.

밉보이면 먹을 것 안 줄 수도 있겠다. 저도 우리 아이가 미우면 "밥 먹지마!" 이럴 때 있거든요.

지구 위의 모든 인류가 단 몇 개 기업에 먹는 문제를 의존하고 있다니 매우 끔찍한 일이죠.

그런데 그게 GMO랑 무슨 관계죠? GMO가 많아질수록 식량기업들의 지배체제가 강화된다는 건 무슨 말인지 더 모르겠어요.

어차피 사람이 식량을 만들어 먹는 과정은 똑같아요. 동물이나 작물을 키워 나누는 식이죠. 이런 과정들을 지금은 모두 기업들이 장악하고 있어요. 예를 들어 씨앗과 농약은 몬산토, 듀폰, 신젠타처럼 거대 회사들의 무대가 되었어요. 이들 곡물을 모아 전 세계에 판매하는 건 카길, 콘티넨탈 같은 회사들이고요. 한국도 이런 거대 곡물기업으로부터 옥수수, 콩 등을 절반 혹은 그 이상 수입하고 있죠.[13] 카길은 곡물을 가공하는 일, 사료를 만들어 가축을 키워 고기 만드는 일을 독점하다시피 해요. 이런 재료로 음식을 만들어 파는 외식산업체가 맥도널드, TGI프라이데이 같은 곳이죠.

무슨 얘기인지 알겠는데, GMO와 무슨 관계인지 여전히 모르겠어요.

당연하죠. 제가 아직 설명드리지 않았으니까요. 우선 GMO계의 선두주자인 몬산토 얘기를 조금 할게요. 몬산토는 예전부터 악명이 높았던 회사예요. 처음에는 코카콜라 회사에 사카린을 팔던 기업이었는데, 나중에는 다양한 화학제품을 만들어 전 세계에 팔았어요. 몬산토에 많은 돈을 가져다준 화학제품으로는 '에이전트 오렌지'가 있죠.

에이전트 오렌지? 주스는 아니죠?

우리에게 알려진 유명한 독성물질 가운데 '다이옥신'이라는 게 있어요. 다이옥신은 청산가리 1만 배의 독성을 지닌 그야말로 맹독 물질이에요. 1그램만 있으면 2만 명을 죽일 수 있다고 하죠. 베트남

전에 사용되고 한국전쟁과 휴전 이후 비무장지대에 대량으로 살포됐던 '고엽제'라고 들어봤어요?

고엽제는 알아요. 고엽제전우회, 이런 단체도 있잖아요.

그 안에 들어가는 게 바로 다이옥신이에요. 당시 독성이 있는 줄 몰랐던 군인들은 비행기에서 뿌리는 고엽제를 더운 날씨에 시원하다고 일부러 맞고, 모기약이라 생각하고 몸에 발랐대요. 그 군인들은 각종 암, 면역기능 손상, 불임, 기형 출산 등으로 끔찍한 고통을 겪고 있어요. 어느 고엽제 피해자는 언론에서 이렇게 증언했어요.

> 첫아들이 항문이 없는 기형아로 태어났다. (중략) 발육도 늦고 지능도 2~3세 수준밖에 안 됐다. (나는) 만성 골수성 백혈병이라는 진단을 받았다. (중략) 허혈성 심장병으로 심장 수술을 두 번이나 받았다.[14]

이 정도로 고통을 겪고 있는지 몰랐네요. 그런데 그게 에이전트 오렌지와 연관이 있나 보죠?

몬산토가 바로 이 고엽제를 '에이선드 오렌지'라는 제품으로 만들어 팔아 엄청난 돈을 벌었거든요. 이런 화학물질을 팔던 몬산토가 새롭게 뛰어든 분야가 바로 유전자조작 사업이죠. 현재 전 세계에서 재배되고 있는 GMO 특허권 중 90퍼센트를 몬산토가 가지고 있어요. GMO산업이 잘 되면 될수록 몬산토는 막대한 이익을 얻죠.

» 터미네이터 기술

GMO 제품이 많이 팔려 몬산토가 돈을 벌면 더 승승장구할 테니 전 세계 식량에 대한 지배력도 커질 거라는 논리인가요? 정리하려니까 머리에 쥐가 나요.

잘 정리하셨어요. 조금만 더 설명을 드릴게요. 몬산토가 개발한 기술들을 보면 이들이 말 그대로 농업을 '지배'하려는 게 아닌가 하는 생각이 들어요. 예를 들어 몬산토는 '터미네이터 기술'이라는 것을 개발했어요.

몬산토가 터미네이터를 개발했다고요? 그 무서운 로봇을?

아니요. '터미네이터 기술'이요. 터미네이터 기술로 만든 씨앗을 뿌려 곡물을 키운 다음, 그 가운데 일부를 다시 씨앗으로 삼아 뿌리면 다음 해에는 더이상 곡물이 자라지 않아요.

세상에! 그런 기술이 다 있어요?

그러니까요. '터미네이트'는 '끝내다'라는 뜻이에요. 터미네이터 기술은 자손이 생기지 않도록 만든 기술이죠.

그럼, 작년에 씨앗을 산 사람들이 올해 또 씨앗을 사야 하잖아요.

바로 그거예요. 그동안 농민들은 한 번 씨앗을 사면 다음 해에는 사지 않아도 되었는데, 몬산토의 씨앗을 산 다음부터는 터미네이터 기술 때문에 매년 새로운 씨앗을 사야만 하죠. 당연히 몬산토는 큰돈을 벌게 됐고요.

너무 비인간적인 것 같아요. 이름도 터미네이터가 뭐야, 무섭게.

그래서 이 기술은 전 세계적으로 많은 비판을 받았고, 현재 터미네이터 기술이 들어간 씨앗은 더이상 팔지 못하고 있는 상태예요.

다행이네요. 영화에서는 'I'll be back'이라고 했는데, 돌아오지 못하게 막아야겠어요.

그런데 몬산토는 포기하지 않고 또다른 기술을 개발해냈어요. 바로 '트레이터 기술'이라는 건데요. 트레이터는 '유혹자, 내통자'라는 뜻이죠. 트레이터 기술로 개발된 작물은 특정한 화학물질과 만나야 싹이 트고, 또 해충이나 질병을 이겨낼 수 있는 성질을 비로소 갖게 돼요. 그 특정한 화학물질이란 바로 몬산토가 만든 비료나 제초제를 말하는 것이고요. 앞서 설명한 라운드업이나 라운드업-레디를 포함해 터미네이터 기술, 트레이터 기술 같은 것들을 통해 몬산토는 자신들의 씨앗과 농약을 반드시 함께 구입하고, 한 번 구입한 뒤에는 계속 구입할 수밖에 없도록 만들었죠. 그리고 이렇게 해서 파는 GMO에는 당연히 특허료가 들어 있어요. 그래서 GMO 가격이 보통 농작물보다 비싸요.

정말 무섭도록 치밀한 전략이네요. 그런 식으로 GMO가 확산되면, 정말 몬산토 같은 큰 기업들이 세계 농업을 지배하겠어요. 농민들 부담은 늘어날 테고요.

실제로 이 비싼 가격 때문에 가난한 나라 농민들이 고통받는 경우가 생기고 있어요. 인도가 대표적이에요. 인도는 다른 나라와 마찬가지로 원래 전통적으로 발전된 고유의 농사법이 있었어요. 그런데 점차 몬산토 씨앗이 인도 농업을 지배하기 시작했어요. 면화, 콩 등이죠. 그 결과 인도 농민들은 몬산토 씨앗을 비싼 값을 주고 구입하게 됐어요. 게다가 애초 기대와 달리 농약을 점점 더 많이 써야 하는 상황이 되면서 비용이 더 들어가게 됐죠. 그 돈을 마련하기 위해 대출을 많이 받아 큰 빚을 지게 된 농민들이 많았는데, 결국 빚을 갚지 못해 인도 전역에서 수천 명의 농민들이 연쇄적으로 자살하는 일이 벌어졌죠.

자살까지요? 한쪽은 돈을 벌고, 한쪽은 죽고? 뭔가 크게 잘못됐어요.

인도 같은 나라의 농민들만 고통에 빠진 건 아니에요. 몬산토는 미국이나 캐나다처럼 이른바 선진국이라 불리는 나라의 농민들도 괴롭혔어요. GMO가 아니라 일반 작물을 키우는 농민들 가운데는 근처 농장에서 날아온 GMO 씨앗이 자기 농장에서 자라는 바람에 몬산토로부터 고소당하는 경우가 비일비재해요. 몬산토는 이른바 유전자 감시원을 곳곳에 보내 자기들 씨앗을 '허락 없이 심은' 농민들을 찾아 고발해서 이익을 챙겨왔지요. 이런 식으로 몬산토가 진행하고 있는 소송은 미국 내에서만 늘 100건 정도는 된다고 해요.[15] 이런 식으로 몬산토는 농업에 대한 지배력을 더욱 늘리고 있어요.

» 식량주권이 중요하다

못된 놀부 같아요. 아무래도 씨앗 독립이 필요해요. 어떻게 하면 될까요?

'식량주권'을 확보하는 게 중요해요. 식량주권의 핵심은 '선택권을 당사자들이 갖는 것'이에요. 어떤 씨앗을 채집하고, 어떤 씨앗을 뿌릴지 농민들이 스스로 결정할 수 있어야 해요. 사회와 국가 역시 사람들이 먹을 음식을 어떤 방식으로 만들어 어떻게 공급할 것인지 자기 의지대로, 그러니까 국민들이 민주주의를 통해 결정한 의지대로 정할 수 있어야 해요.

식량 자기결정권 같은 거네요. 구체적으로 조금 더 말씀해주세요.

수입하기 싫은 건 수입하지 않아야 해요. 국제 질서에 밀려 무조건 곡물을 수입하는 건 식량주권을 침해하는 일이죠. 기업이 종자를 독점하고 특허료를 받는 것도 막아야 해요. 토종 씨앗을 찾아내고 나누는 운동을 하고 있는 분들이 있는데, 이런 운동이 더 힘을 받아야 하죠. 시민들이 믿을 수 있는 안전한 자기 지역 음식(로컬 푸드)을 먹을 수 있도록 시스템을 갖추는 것도 매우 중요하고요. 또 유기농업에 대한 관심이 높아져야 해요. GMO가 재배되어 씨가 퍼지기 시작하면 유기농업은 불가능해지니까요.

GMO 제도와 관련해 고쳐야 할 것들도 많다면서요.

현재 한국에서는 GMO를 연구하고 개발할 수는 있지만 재배할 수는 없어요. 그런데 이제는 GMO에 본격적으로 뛰어들어야 한다고 주장하는 사람들이 꽤 있어요. 대기업에서 씨앗산업에 뛰어들어야 한다는 주장도 있고요. 철학도 없고 성찰도 하지 않는 사람들은 먹고사는 문제를 기업에 맡겨도 아무렇지 않아 해요.

대기업이 만들면 다르지 않을까요?

대기업이 한다고 달라질까요? 똑같이 돈 버는 게 목적인 조직이잖아요.

정부의 입장은 어떤가요?

한국 정부 역시 GMO를 개발해 새로운 분야에서 이익을 창출해야 한다고 생각하고 있어요. 정부는 이미 벼, 고추 등의 GMO를 개발 중이거나 끝냈어요.

정부는 우리보다 기업을 더 좋아하는 것 같아요. 그런데 만약 한국에서 GMO가 재배된다면 그 유전자가 들판으로 퍼질 것이고 한국 농업이 몽땅 바뀌는 것 아닐까요?

맞아요. 그러니까 GMO 재배는 절대 허용해서는 안 되죠. 그래서 참고할 만한 운동이 있어요. 'GMO 없는 지역GMO-Free Zone' 운동이에요. 외국에서는 이 운동이 상당히 활발한데요, GMO를 키우지도, 유통시키지도, 사먹지도 않겠다고 선언하는 운동이죠. 한국도 이런 운동이 있었으면 좋겠어요.

기업에게 GMO를 사용하지 말라고 요구할 수도 있지 않을까요?

그럼요. 실제로 몇 년 전에는 시민단체들의 노력으로 여러 식품업체가 유전자조작 옥수수를 사용하지 않겠다고 선언하기도 했어요.

» GMO표시제를 강화하자

GMO표시제는 뭔가요?

미리 공부하고 오신 것 같은데요? GMO표시제라는 말도 아시고.

요즘 식품안전에 점점 관심이 커지고 있거든요.

GMO표시제는 식품에 GMO가 들어갔는지 들어가지 않았는지 소비자에게 정보를 정확히 전달하기 위해 마련된 제도예요. 한국은 2001년부터 GMO표시제를 시행하고 있죠. 다른 나라와 비교하면 사실 매우 일찍 시작했어요.

그런데 시장에서 식료품을 살 때 GMO표시를 본 적이 없는 것 같아요.

맞아요. GMO표시제에 허점이 많기 때문이에요. 일단 GMO가 들어갔지만 표시하지 않아도 되는 경우들이 꽤 많아요. 예를 들어 식당에서 GMO를 사용해 음식을 만들 때는 따로 표시하지 않아도 돼요. 유전자조작 감자로 감자볶음을 만들었다면 GMO표시가 없어도 괜찮은 거죠. 식품첨가물 가운데에도 GMO가 들어간 것들이 많지만, 이것도 표시하지 않아도 되고요. 가축 키우는 사료는 거의 다 GMO지만 그걸 먹고 자란 가축의 고기나 우유, 계란에 GMO 사료를 먹여 키웠다는 표시는 아예 없어요.

무용지물이네요.

거의 그렇죠. 둘째로 어떤 식품에 GMO가 들어 있더라도 그 양이 그 식품에서 여섯 째를 차지하면 표시하지 않아도 돼요. 주요 원

재료 다섯 가지 안에 GMO가 들어가야만 표시하도록 제도가 되어 있거든요.

2등은 아무도 기억하지 않는다더니, 6등부터는 표시하지 않는다는 거죠?

그렇죠. 셋째로 GMO가 원료로 들어갔지만 제품을 다 만들고 보니 GMO유전자나 단백질이 없어진 경우에도 표시하지 않아도 돼요. 아마 가공하는 과정에서 분해되어 사라진 것일 텐데요, 그래서 식용유나 간장 같은 것들은 유전자조작 옥수수, 콩이 들어가지만 GMO표시가 없는 거예요.[16]

그럼, 콩 100퍼센트로 만든 콩기름도 GMO표시를 안 하나요?

네, 콩 단백질이 남아 있지 않잖아요.

GMO유전자가 없어졌는데 표시하는 건 좀 지나친 것 같아요.

좀 애매한 문제죠. 최종 제품에 GMO 단백질이 남아 있지 않으면 괜찮은게 아닐까 하는 생각도 들어요. 하지만 '표시제'는 소비자들이 스스로 먹을지 먹지 않을지 판단하는 데 도움을 주는 제도예요. 따라서 GMO를 원료로 사용한 제품을 먹을지 말지 소비자들이 결정하는 데 도움을 주기 위해서는 그런 사실을 표기하는 게 더 타당하지 않을까요? 실제로 유럽에서는 그렇게 하고 있어요.

듣고 보니 그러네요. GMO표시제 하나에도 이런 복잡한 문제가 있다니, 세상은 참 심오해요.

마지막으로 비의도적 혼입율도 문제예요.

비의도적 혼입율이요? 무슨 말이 이렇게 어려워요?

낯선 용어인데요, 말 그대로 의도하지 않았는데 섞여 들어온 비율을 말해요. "저는 GMO 키우지 않았어요." "키운 작물에 유전자조작 유채가 들어 있는데요?" "옆 밭에서 키우는 GMO 꽃가루가 날아왔나 봐요." 이런 경우가 있을 수 있는 거죠. 꼭 이런 경우가 아니더라도 콩 같은 걸 수확해 팔다 보면 다른 콩들이 섞여 들어오기도 하는데, 그게 하필 GMO 콩일 수 있어요. 이런 일들 때문에 농산물을 수출하는 나라에서는 자신들이 일부러 그런 건 아니지만 의도하지 않게 GMO가 섞일 수 있으니 어느 선까지는 이해해달라고 요구하죠. 수입하는 나라에서는 어디까지 봐줄 것인지 기준을 정해놓고요. 이 기준이 바로 비의도적 혼입율이라는 거예요.

이게 뭐가 문제인데요?

유럽은 비의도적 혼입율이 0.9퍼센트예요, 한국은 3퍼센트, 일본은 5퍼센트죠. 한국 정부는 처음에 GMO표시제를 만들면서 일단 3퍼센트로 시작하지만 1퍼센트까지 낮추겠다고 했어요. 그런데 10년이 지났지만 3퍼센트에서 더 낮출 생각을 안 해요.

안전한 기준이 몇 퍼센트인데요?

정해진 기준 같은 건 없어요. 다만 국가가 국민의 건강과 안전을 심각하게 생각한다면 유럽처럼 기준을 강화할 것이고, 그렇지 않다면 기준을 낮추겠죠.

그렇군요. 그런데 제도를 강화하면 몬산토가 화내지 않을까요? 정말 센 분

들 같은데….

그래서 GMO를 막는 일은 쉽지 않은 싸움이죠. GMO를 수출하는 땅 덩어리가 큰 정부들과 한국 정부, 거대 식품기업 등이 모두 반대편이거든요. 심지어 GMO 회사들은 GMO표시제를 더 강화하는 것조차 반대해요. 표시하면 뭔가 문제가 있는 것처럼 보여서 사람들이 구입하지 않을 수 있다, 이건 자신들에 대한 차별이다, 이런 논리죠. 하지만 우리에게는 원하지 않는 것은 안 먹을 권리가 있잖아요? GMO표시제는 너무 당연하며, 가능하면 더욱 강화하는 것이 좋겠죠.

+ 방사능 오염 +

방사능 오염 식품에 대해서도 걱정이 많아요.

2011년 후쿠시마 핵발전소 폭발사고 이후 방사능 오염 식품에 대한 걱정이 많아졌죠. 방사능은 사람과 동식물에 치명적인 영향을 미쳐요. 적은 양이라도 지속적으로 노출되면 세포와 DNA가 파괴되거든요. 방사성물질이 몸속으로 들어오면 피해는 더 커져요. 어떤 물질은 심장근육에 달라붙어 심근경색을 일으키고, 어떤 물질은 뼈에 쌓여 골수암, 백혈병 등을 유발하죠. 이 밖에도 방사성물질은 신장염, 폐렴, 백내장, 중추신경계 질환 등을 가져오기도 하고, 심하면 갑상선암, 유방암 같은 각종 암을 발생시켜요.

오늘은 처음부터 오싹하네요.

세포분열이 활발한 경우 방사선은 더 쉽게 유전자를 손상시켜요. 생식기세포, 골수세포가 방사선에 약하죠. 그래서 여성과 어린이가 방사선에 더 민감해요.

우리 남편도 민감한 성격인데.

성격 말고, 몸이 그렇다고요.

방사성물질 중에 세슘은 알아요. 언론에서 많이 들었어요.

잘 아시네요. 방사성물질은 세슘 말고도 요오드, 스트론튬, 플루토늄 등 그 종류가 무척 많아요. 자연에 존재하는 방사성물질은 30~40가지 정도고, 원래 자연에는 없는데 사람이 만들어 낸 건 약 1,000가지가 돼요.

사람이 만들어낸 게 훨씬 많네요. 놀랍다.

이 가운데 언론을 통해 많이 들어봤을 세슘137은 반감기가 30년, 스트론튬은 28년이에요.

반감기가 뭔데요?

방사능이 반으로 줄어드는 기간인데, 물질마다 달라요.

그럼, 세슘137은 30년이 지나야 절반이 없어진다는 얘기네요?

그렇죠. 보통 반감기가 30년이라 하면 다 없어지는 데 30년이 걸린다고 생각하는 분들이 많은데, 절반으로 줄어드는 데 필요한 시간이 30년이라는 이야기예요. 단어 뜻이 그래요. 그 절반, 그러니까 처음의 4분의 1이 되는 데 다시 30년이 걸려요.

그럼, 또 그 절반인 처음의 8분의 1로 줄어드는 데 30년, 16분의 1이 되는 데 또 30년이 걸리겠네요?

맞아요. 99퍼센트가 사라지려면 반감기의 7배의 시간이 걸려요. 그러니까 세슘137이 세상 밖으로 나오면 210년이 지나야 거의 다 사라지는 거죠.

세슘137이 우리 몸속으로 들어와도 210년 동안 있는 건가요?

그런 건 아니에요. 이런 물질이 우리 몸속에 들어오면 한동안 몸 안에 머물러 있다가 밖으로 배출돼요. 그냥 반감기와 몸속에서의 반감기는 달라요. 몸속 반감기는 세슘의 경우 100일이 좀 넘는데요, 완전히 다 빠져나가려면 2년 정도가 걸리죠.

뱃살에는 반감기가 없는데, 그보단 낫네요.

세슘과 달리 스트론튬은 반감기가 세슘보다 짧은 28년이지만 몸속에는 180년 동안 남아 있어요. 다 제각각이죠.

몸속 반감기는 다 짧은 줄 알았는데, 아니군요. 좋다 말았네.

호랑이는 죽어서 가죽을 남기고 사람은 죽어서 스트론튬을 남길 수도 있어요.

» 외부 피폭과 내부 피폭

엑스레이 촬영도 방사선을 쬐는 것 아닌가요? 임신 줄 모르고 엑스레이

찍었다가 걱정 많이 했던 기억이 있어요.

맞아요. 엑스레이, CT촬영 모두 방사선을 쬐죠. 이렇게 몸 밖 방사성물질에 의해 방사선을 쬐는 경우를 '외부 피폭'이라 해요.

그럼, 내부 피폭이라는 말도 있겠네요.

센스 있으시네요. 내부 피폭도 있어요. 외부 피폭은 방사선을 몸 밖에서 쬐는 건데 내부 피폭은 방사성물질이 아예 몸 안으로 들어오는 거죠. 내부 피폭이 외부 피폭보다 훨씬 강력해요.

아이한테 가끔 "너, 밖에서 맞고 다니지 마"라고 하는데, 이런 게 외부 피폭이겠네요. 근데 요즘도 집에서 남편에게 맞는 아내들이 있는 것 같더라고요. 밖에서 맞는 거야 피할 수 있지만, 집안에서 때리는 건 어디 도망갈 데도 없잖아요. 이게 내부 피폭인 것 같아요.

특이한 비유지만 대충 비슷해요. 외부 피폭은 그때뿐이지만 내부 피폭은 아주 오랫동안 지속되죠. 피해도 훨씬 심각하고요.

그럴 것 같아요. 나쁜 놈들!

방사성물질은 우리 몸에 가까워질수록 곱절로 영향을 미쳐요. 10배 가까워지면 피폭은 그 곱절인 100배가 되는 식이죠. 방사성물질이 1미터 떨어져 있을 때 피폭량은 10미터 떨어져 있을 때의 100배예요.

그럼, 같은 물질이 10센티미터 앞에 있으면 피폭량은 1만 배가 되겠네요.

그렇죠. 그러니까 방사성물질이 몸속으로 들어오는 내부 피폭은 완전히 차원이 다른 문제가 돼요. 방사성물질과 사람 사이에 아예 거리가 없어지는 거니까요. 외부 피폭의 경우에는 엑스레이를 찍더라도 딱 그때 한 번 피폭되고 말아요. 내부 피폭의 경우에는 방사성물질이 몸 밖으로 빠져나갈 때까지 장기간 찰싹 붙어서 방사선을 뿜어대죠.

스토커네요, 스토커!

체르노빌 핵발전소 사고 후에 피폭당한 사람들의 80퍼센트는 외부 피폭이 아니라 내부 피폭을 당한 것이라는 조사가 있어요.[1] 내부 피폭의 영향은 굉장히 심각해요. 그만큼 먹거리를 방사능으로부터 안전하게 지키는 것은 더욱 중요한 일이죠.

외부 피폭보다 내부 피폭에 더 신경 써야겠네요.

그렇다고 외부 피폭이 위험하지 않다는 이야기는 아니에요. 핵폭탄이나 핵발전소 폭발로 방사선을 직접 쬐는 것만큼 치명적인 일은 없어요.

그거야 그렇죠.

보통 외부 피폭은 병원에서 엑스레이나 CT를 찍을 때 흔히 발생해요. 환자도 그렇지만 병원 간호사, 방사선과 노동자들이 자주 노출돼요. 비행기를 타도 외부 피폭을 당해요. 우주에서 날아오는 방사능 때문인데요, 실제로 방사능에 가장 많이 노출되는 직업 가운데 하나가 항공기 기장이나 승무원이에요. 이 밖에 자연에서 늘 나오는 방사선도 피폭에 한몫해요.

자연에서 늘 나온다고요?

지구가 생긴 최초의 시간부터 지금까지 방사능은 계속 존재해 왔거든요. 인간은 적은 양이지만 방사능에 계속 노출돼 있어요.

그럼, 피할 데가 없잖아요. 방사능 막는 노란 우주복을 하루 종일 입고 있어야 되나요?

그러니까 외부 피폭이든 내부 피폭이든 평생 방사능에 노출되는 양을 최대한 줄이기 위해 노력해야 해요.

» 방사능에 오염된 일본산 수산물

방사능에 오염된 음식을 먹으면 안 되는 이유가 내부 피폭 때문이었군요.

맞아요.

예전에는 일본에서 들어오는 수산물에 대해 걱정이 많았는데 지금은 다 잊었어요. 후쿠시마 사고가 난 일어난 지 한참 됐잖아요.

시간이 꽤 흘렀죠. 그런데 후쿠시마 핵발전소에서는 2011년 3월 폭발사고가 난 이후 몇 년 동안 방사능에 오염된 물이 계속해서 바다로 흘러들어갔어요. 앞으로 수십 년 동안 방사능 오염수가 나올 것이라는 예측도 있고요.

그래요? 전혀 몰랐네요. 그럼, 일본 옆 바다는 계속 오염되고 있는 것 아닌가요?

그렇죠. 이런 상황이니 정부는 무엇보다 일본에서 수입되는 먹거리에 대한 감시를 적극적으로 해야 해요.

정부가 알아서 딱딱 막아주지 않을까요? 딴것도 아니고 방사능 문젠데.

사고 이후에도 일본산 수산물이 한국에 계속 들어왔어요.

수입을 금지했다는 뉴스를 본 것 같은데요?

사고 후 2년 동안 정부는 후쿠시마와 그 주변 지역에서 나온 수산물 중 50가지에 대해 금지했다고 말했는데요, 거짓말에 가까웠어요. 50가지 수산물을 한국이 들여올 수 없었던 것은 정부가 수입을 금지해서가 아니라 후쿠시마 현을 비롯한 인근 8개 현이 50가지 수산물을 출하하지 않았기 때문이에요. 당연히 한국에 수입될 수 없었죠.

바람이 멈췄는데, 바람을 막았다고 하는 식이네요.

게다가 후쿠시마 인근 8개 현 전체에서 50가지 수산물이 출하되지 않은 것도 아니에요. 후쿠시마 현에서는 까나리, 대구 같은 물고기 49종을 출하하지 않았지만, 또다른 현인 치바 현에서는 붕어, 잉어 등 2종류만 팔지 않았어요. 이렇게 현마다 금지 품목이 달랐죠. 대부분의 현에서는 1~9종 정도의 수산물이 금지됐는데, 이걸 뭉뚱그려 '후쿠시마 인근 현의 50가지 수산물 수입금지'라고 이야기한 겁니다.

실제로 일본산 수산물이 수입된 거잖아요.

결국 이 제도 아래서 한국은 후쿠시마 인근 8개 현으로부터 2년 동안 약 8,000톤의 수산물을 수입했어요.[2] 그 수산물들은 시중에서 팔렸죠.

"지금 홍수가 나서 물이 넘치고 있어요!" "그럼, 어서 1차로를 막아요." 이런 꼴이네요. 다행히 저는 수산물 반찬은 별로 안 해요. 수산물보다 고기!

안심하긴 일러요. 일본에서 수입된 수산물이 학교 급식에 쓰였거든요. 연어, 갈치, 명태, 임연수, 코다리 같은 것들이 주로 서울과 경기도 지역 학교에 많이 공급됐어요. 전국적으로 약 600곳이 넘는 학교에서 일본산 수산물을 사용했고요.[3]

이런! 정말 그래요? 아이들이 특히 방사능에 약하다면서요.

그러게 말이에요. 그러다가 2013년 9월 한국 정부는 뒤늦게 일본산 수산물 가운데 후쿠시마 인근 8개 현에서 나는 수산물 '전체'를 수입 금지하기로 했어요. 후쿠시마 핵발전소에서 방사능에 오염된 물이 바다로 흘러들어가고 있다는 사실이 드러났기 때문이에요.

그래도 일본 수산물 전체는 아니잖아요.

그렇죠. 후쿠시마 인근 8개 현에서 나는 수산물이라고 해봐야 한국이 일본에서 수입하는 수산물 전체의 15퍼센트 정도밖에 되지 않아요. 일본에서는 후쿠시마 근처 8개 만이 아니라 전국에 걸쳐 방사능에 오염된 수산물들이 발견되고 있거든요. 특히 후쿠시마에서 좀 떨어진 훗카이도에서도 방사능에 오염된 수산물이 꽤 발견되었고, 도쿄에서도 방사능 오염 수산물이 확인되었죠. 그런데도 한국 정부는 후쿠시마 근처 8개 현에서만 수입을 금지했어요.

» 일본산만 아니면 안심할 수 있을까?

정부가 제대로 못하면 우리가 알아서 피해야 하는데, 피곤해요. 원산지를 일일이 따져야 하잖아요.

소비자 입장에서는 수산물의 원산지를 잘 따져보는 것이 중요할 텐데요, 그렇다 하더라도 문제는 있어요. 2013년 6월 원산지 표시제도가 조금 바뀌었거든요. 원래 대구나 명태, 갈치는 원산지 표시를 하지 않아도 됐는데, 표시를 하도록 바뀐 거죠.

그건 잘한 일이네요.

일본에서 대구나 명태 같은 것들이 굉장히 많이 수입되고 있기 때문이에요. 그런데도 여전히 문제가 남아요. 명태의 경우 '건제품은 제외'하도록 했거든요.

건제품이요? 북어·황태·코다리 같은 것들 말하는 건가요?

맞아요. 그런 것들은 원산지 표시를 안 해도 된다는 거예요.

북어나 황태로 국물을 내는 경우가 얼마나 많은데, 원산지 표시를 안 해도 상관없다고요?

네, 지금 제도가 그래요. 그리고 어묵 같은 경우에는 워낙 이런저런 물고기를 섞어 만들기 때문에 원산지 표시가 의미가 없어요. 한국은 베트남이나 중국에서 어묵을 많이 수입하는데요, 어묵을 만들 때 들어가는 수산물이 안전한지 알기가 힘들어요.[4]

듣고 보니 정말 그러네요. 우리 아이가 어묵 정말 좋아하는데…. 아예 정확히 원산지 표시가 된 것들로만, 일본산은 피해 골라야겠어요.

일본산 수산물이 아니라고 안심할 수 없다는 점도 문제예요. 우선, 일본산 수산물이 국산으로 둔갑하는 사례가 많거든요.[5]

이런 양심 없는 사람들!

일 년에 적발되는 건수만 100~200건이에요. 적발되지 않은 것까지 포함하면 원산지를 속이는 경우가 몇 배 더 많을 거고요.

원산지를 속이지 않는 가게를 찾아야겠다! 다행히 잘 아는 사람이 생선가게를 해요. 앞으로 거기만 가야지.

그런데 수산물 원산지를 표시하는 기준에도 문제가 있어요. 일본 바다 바깥으로 나가면 누구든 물고기를 잡아도 되는 바다가 나오는데요, 이런 공동어로수역에서는 러시아 배가 잡은 물고기는 러시아산, 노르웨이 배가 잡은 물고기는 노르웨이산으로 표시돼요.

정말이요? '노르웨이산'이 노르웨이 부근에서 잡힌 게 아니었어요?

일본 북동쪽 바다에서 잡힌 것이 있을 수 있다는 얘기예요.

그러면 일본산이 아니라고 무조건 안심할 수도 없네요.

그렇죠. 실제로 시민방사능감시센터에서 검사한 것을 보면, 러시아산 수산물에서 오히려 일본산보다 방사능이 더 높게 검출되기도 했어요.

그럼, 정부가 모든 수산물을 철저히 검사하는 수밖에 없겠어요.

한국 정부는 일본산은 품목별로 검사하고 있지만 다른 나라 배가 잡은 물고기들은 명태, 고등어, 꽁치, 다랑어, 상어, 가자미 등 딱 6가지에 대해 일주일에 두 번씩만 검사하고 있어요.[6] 또 일본산 수산물은 조금이라도 세슘이 나오면 다른 방사능 물질들, 예를 들어 스트론튬 같은 것을 검사했는지 증명서를 달라고 일본에 요구하고 수산물을 돌려보내는데, 다른 나라의 경우에는 그런 요구를 하지 않아 방사능이 검출된 대만산 냉동상어, 캐나다산 냉동뱀장어, 러시아산 마른명태 같은 것들이 그냥 시중에 유통되고 있는 실정이죠.[7]

» 위험한 가공식품

그럼, 앞으로 수산물은 아예 먹지 말아야 하나요? 고민되네요.

수산물 말고 다른 건 더 심각해요. 농산물, 가공식품, 식품첨가물 등 다른 먹거리에 대해서는 거의 방어장치가 없거든요. 일본은 후쿠시마 핵발전소 폭발이 일어난 직후부터 농산물에 대해서도 후쿠시마 인근 현을 중심으로 26개 품목의 출하를 제한했는데요, 한국 정부는 이런 농산물에 대해서만 수입을 중단한 상태예요.

역시 멈춘 바람만 막고 있군요.

그렇죠. 대신 가공식품 수입은 오히려 더 늘어나고 있어요. 수산물은 수입을 금지했는데, 정작 그 수산물로 만든 식품은 그대로 들여오고 있는 거죠. 예를 들어 물고기를 건조해 만든 건어포, 각종 젓갈류 같은 것들이 수입되고 있어요. 합성착향료 같은 식품첨가물도 여전히 상당량 수입되고 있고요. 후쿠시마산 쌀 역시 수입이 금지되어 있는 상태인데, 그 쌀로 만든 술의 일종인 '사케'는 매년 많은 양이 들어오고 있죠.[8]

사케요? 술은 역시 소주인데!

이 광고 한번 보세요.

> 홍대, 강남역, 청담동에는 요즘 사케를 즐겨 찾는 젊은이들이 늘고 있다. 일본식 청주를 가리키는 사케는 달콤하고 부드러운 것부터, 깨끗하고 경쾌한 맛을 자랑하는 것, 청명하면서도 목 넘김이 거친 것까지 그 종류가 와인만큼이나 다양하다.

사케 소개 글이네요.

네, 그런데 와인만큼 다양한 가짓수를 자랑하는 사케에 새로운 종류가 하나 더 추가된 거예요.

새로운 종류? '방사능에 오염됐을 가능성이 있는 사케' 말인가요?

맞아요. 이런 일이 벌어지는 것은 정부 탓이 제일 크지만 기업도 책임이 작지 않아요. 먹거리에 대한 사람들의 불안감이 커지고 있는 상황인데도 기업들은 별 거리낌 없이 가공식품 원료나 가공식품 자체를 들여오고 있거든요.

기업은 정말 돈 욕심이 대단한 것 같아요. 원래 돈 버는 게 목적이긴 해도

말이에요. 대체 어떤 기업들이 그래요?

2011년부터 2013년까지 후쿠시마 인근에서 가공식품과 원료 식품을 가장 많이 수입한 회사는 한국네슬레예요. 2위는 코스트코 코리아, 3위는 롯데고요. 수입한 양도 적지 않아서 2011~2013년 사이 4~7만 톤을 들여왔는데요, 이는 비슷한 기간 동안 수입된 수산물의 5~10배 되는 양이에요.[9]

수산물만 신경 쓸 일이 아니네요.

신경 쓸 일이 하나둘이 아니죠. 게다가 먹거리와 관련되어 있지만 한국 정부가 식품이라 보지 않는 것들은 별다른 검사 없이 곧바로 수입되기도 해요.

그런 일도 있나요? 예를 들면요?

후쿠시마 인근에서 가리비 껍데기가 굉장히 많이 수입됐어요. 가리비 껍질은 굴 양식을 할 때 주로 사용돼요. 원래 굴은 바위 같은데 붙어 살지만, 굴 양식장에서는 조개껍데기를 줄로 겹겹이 연결해 굴이 이 조개껍데기에 붙어 자라도록 만들거든요. 여기서 쓰는 조개껍데기가 바로 가리비 껍데기인데 이 가리비 껍데기의 상당량이 일본에서 수입되었다는 것이죠.[10]

굴은 바다의 소고기잖아요.

굴은 바다의 우유라고 하지 않나요? 뭐, 중요한 건 아니에요. 아무튼 일본 가리비가 가장 많이 나는 곳 가운데는 미야기 현, 이와테 현이 포함돼요. 모두 후쿠시마 인근이어서 2011년 당시 쓰나미로 큰 피해를 입은 곳이기도 하고, 방사능에 오염되었을 가능성도 큰 지역이에요. 일본은 폐기물로 여기기 때문에 한국 업체들은 가리비 껍데기를 큰돈 들이지 않고 구해올 수 있어요. 한국 정부는 이를 따로 검사하지 않아요.

그럼, 우리가 먹는 굴이 방사능에 오염된 가리비 껍데기에서 자란 것일 수도 있겠네요?

아무래도 그렇겠죠. 게다가 2008~2010년 사이에는 가리비 껍데기가 매년 많아야 91톤, 적으면 9톤 정도 수입됐는데, 후쿠시마 사고가 터졌던 2011년에는 무려 3,238톤이 수입됐어요.

» 무책임한 일본 정부

그런 것도 일본 정부가 팔지 못하도록 막아야 하는 것 아닌가요.

일본 정부도 무책임해요. 핵발전소 폭발 이후 후쿠시마 핵발전소를 운영하는 도쿄전력은 무려 2년 넘게 방사능에 오염된 물이 바다로 들어가고 있다는 사실을 감추었다가 들통이 났어요. 일본 아베 총리는 바다로 들어간 방사능 오염수가 항구 바로 앞바다에서 먼 바다로 나가지 못하도록 완전히 차단했다고 말했죠.

거짓말쟁이!

거짓말이었죠. 그런 일들이 벌어지는 사이 후쿠시마 앞바다에서는 핵발전소 폭발 이후 일 년이 좀 지난 시점부터 다시 어민들이 물고기를 잡기 시작했는데요, 방사능 오염수가 바다로 흘러들어간다는 사실이 드러나고 나서 잠깐 중단했다가 곧 다시 조업을 재개했어요. 잡힌 물고기들은 일본 전역에서 팔리고 있어요. 아베 총리는 후쿠시마 현의 한 어촌에 가서 문어, 오징어 같은 것들을 시식하기도 했고, 후쿠시마산 쌀을 매일 먹고 있다고 국회에서 말하기도 했어요.

후쿠시마산 수산물과 농산물이 팔리지 않도록 막는 게 아니라 오히려 열심히 판매하고 있네요.

그렇죠. 후쿠시마산 쌀은 방사능 검사를 할 경우 대부분 1킬로그램당 50베크렐 이상 세슘이 검출되지만, 그런 쌀을 그냥 내다 팔고 있는 거예요. 후쿠시마산 농산물로 만든 가공식품 역시 적극적으로 판매되고 있고요.[11]

그럼, 일본 국민들 건강에도 안 좋잖아요.

그 결과인지는 모르겠지만, 한 조사에서는 일본 수도권에 사는 아이들 70퍼센트의 소변에서 세슘이 나오는 걸로 확인됐어요.[12] 후쿠시마 핵발전소 폭발 때 터져나오거나 수증기에 묻어나온 방사성 물질이 공기 중으로 퍼지고, 비가 내리면 비를 타고 땅으로 스며들고, 그래서 물을 오염시키고 땅을 오염시켰을 텐데요, 그런 환경에서 자란 아이들은 같은 환경에서 자란 채소나 고기 들을 주로 먹었을 테죠. 후쿠시마 앞바다에서 잡힌 수산물과 농산물 가공식품들이 계속 팔리고 있으니 아이들 소변에서 세슘이 검출되는 게 이해가 안 가는 일은 아니에요.

» 안전기준치는 안전하지 않다

일본 수산물 전체가 수입 금지된 것도 아니고, 후쿠시마 근처의 농산물, 가공식품, 식품첨가물들은 계속 수입되고, 다른 나라 수산물에서 방사능이 검출되는 상황에서 우린 뭘 믿어야 하죠? 방사능 안전기준치라는 게 있던데 그걸 믿으면 되나요?

안전기준치는 매우 중요해요. 왜냐하면 이 기준을 중심으로 먹거리를 시중에 유통시킬지 말지 결정하기 때문이에요.

안전기준치를 초과한 식품은 유통시키지 않을 테니 안심해도 된다는 건가요?

한국 정부는 2013년 9월 이전까지 세슘의 안전기준치가 1킬로그램당 370베크렐이라고 설명했어요. 그러다 후쿠시마 핵발전소에서 여전히 방사능에 오염된 물이 태평양으로 흘러들어가고 있다는 소식이 전해지고 나서 국민들이 불안해 하니까 안전기준치를 1킬로그램당 100베크렐로 낮췄죠. 그리고 100베크렐보다 낮은 방사능이 검출된 식품에 대해서는 '기준치보다 낮으니 안전하다'면서 유통시키고 있어요.

그렇게 하루아침에 안전기준치를 낮추는 게 가능한가요? 그럼 370베크렐은 어제까지 안전수치였는데 오늘부터는 위험수치라는 거예요? 아니면 사람들이 느닷없이 방사능 허약체질로 변했나?

정부가 말하는 '안전기준치'는 단순히 행정적 혹은 정치적 판단으로 관리의 편의성을 위해 만든 것이에요. 사람 몸에 안전한 허용한도가 아니라 정부가 관리를 위해 설정한 가이드라인에 불과하다는 거죠. 기준 베크렐을 넘지 않으면 유통을 허용하고, 넘으면 허용하지 않는 행정적 관리의 기준선 같은 것이라는 의미예요.

그럼 '안전기준'이라는 말을 붙이면 안 되잖아요. 치사하네.

그렇죠. 실제로 사람 몸은 똑같은데, 방사능의 안전기준치는 나라마다 상황마다 천차만별이에요. 세슘의 경우 미국은 모든 음식에 대해 1,200베크렐이 기준이고, 유럽은 우유나 유제품은 200베크렐, 채소나 수산물은 500베크렐이에요. 일본은 음료수는 10베크렐, 고기나 채소는 100베크렐이 기준이죠.[13] 우크라이나는 체르노빌 핵발전소 사고 이후 먹는 물의 안전기준치가 3,000베크렐이었던 적도 있었어요. 일본은 후쿠시마 폭발 사고 직후 세슘 안전기준치가 500베크렐이었는데 나중에 100베크렐로 낮췄죠. 일본의 지방자치단체들은 자체적으로 기준치를 정하는데 1베크렐인 곳도 있어요.[14]

뭐가 이렇게 복잡해요? 정신이 하나도 없어요.

노벨평화상을 수상한 핵전쟁방지를위한의사회라는 단체가 있는데요, 이 단체의 권고를 받아들여 독일 방사선방호위원회는 세슘 기준치를 어른은 8베크렐, 아이는 4베크렐로 적용하고 있어요. 이 사례를 따라 한국의 생활협동조합들 역시 비슷한 수준으로 기준치를 잡고 있죠.

» 진짜 안전기준치는?

진짜 '안전기준치'는 얼마예요?

핵산업에 종사하는 전문가들이나 정부 관계자들은 모두 정부가 정해놓은 안전기준치 이하는 안전하다고 말하지만, 의사들은 다르게 얘기해요. 의학교과서에는 방사능에 노출되는 것에 정비례해 암 발생 비율이 높아진다고 나와 있어요.

아주 적은 양이라도 방사능에 노출될 경우 위험할 수 있다는 거네요?

그렇죠. 또 사람마다 몸의 특징이 달라 똑같은 방사능을 접하더라도 영향을 다르게 받아요. 세슘이 사람 몸속에 들어가면, 몸은 세슘을 칼륨이라고 착각해요.

몸속에 칼륨이 적은 사람은 같은 세슘이 들어가도 몸속에 칼륨이 많은 사람보다 세슘을 훨씬 쭉쭉 흡수하겠네요.

그럴 수 있죠. 스트론튬도 마찬가지예요. 스트론튬은 사람 몸이 칼슘이라고 생각해서 뼈 속에 쌓아놓게 되는데요, 원래부터 몸에 칼슘이 많은 사람은 스트론튬이 들어와도 덜 쌓일 가능성이 높아요.[15]

먹는 습관도 영향을 미칠 것 같아요.

당연하죠. 한두 달에 한 번쯤 방사능에 오염된 수산물을 먹는 사람과 매일 회나 생선찌개, 생선국이 같은 걸 즐기는 사람은 방사능에 노출되는 수준이 달라요. 그러니까 먹거리 1킬로그램마다 100베크렐이 안전기준치라고 얘기하는 건 정말 의미가 없죠. 이는 마치 "썩은 음식 한 숟갈 정도는 괜찮다"라는 소리처럼 이상해요.

나라마다 기준치가 다르던데, 다 자기들 관리하기 편하라고 만든 건가요?

각 나라 정부들은 자기들 상황과 처지에 따라 기준치를 다르게 정해놓죠. 예를 들어 일본 정부가 핵발전소 사고 직후 기준치를 500베크렐로 높인 것은 그렇게 하지 않으면 먹을 수 있는 게 별로 없었기 때문이에요. 웬만한 먹거리에서는 몇 백 베크렐씩 방사능이 검출되는데 기준을 높여 잡지 않으면 전부 유통을 금지시켜야 하고, 그렇게 되면 농산물, 축산물, 수산물 등을 판매하는 기업들이 죄다 망할 테니까요. 우크라이나에서 먹는 물의 기준치가 3,000베크렐이었던 것도 그렇게 정하지 않으면 마실 수 있는 물이 없었기 때문이에요. 반대로 방사능에 덜 오염되어 있는 나라인데 기준치가 높은 경우도 있어요. 어차피 오염된 먹거리가 별로 없으니까 기준치를 높게 잡아도 지장이 없다는 논리죠. 이와 달리 일본의 지방자치단체 같은 데서 기준치를 아주 낮춰 잡는 경우도 있는데, 주변이 온통 방사능에 오염되어 있어서 아무래도 오염된 식품을 먹을 확률이 높고, 따라서 음식물 각각의 기준치를 낮춰 잡지 않으면 방사능 피해를 볼 사람들이 늘어나기 때문이에요.

'안전기준치'라고 부르는 게 확실히 '관리기준치'네요.

심지어 후쿠시마에서는 기준치에 따라 정부가 주민을 피신시킬지 그냥 살게 할지 결정해요. 이런 걸 보면 확실히 안전기준치는 정부가 어느 정도 책임을 다할지 결정하는 관리기준치라는 점이 더 분명해지죠.

알겠어요. 그런데 검사는 잘 되고 있겠죠?

요오드와 세슘의 경우 나름 검사하는 시스템이 갖춰져 있어요. 물론 이것도 충분하지 않다는 지적이 많지만요. 게다가 안전기준치와 관련해 또 문제가 되는 게 있어요.

뭔데요?

요오드와 세슘 말고 다른 방사성물질은 어느 곳에서도 검사를 하지 않고 있다는 거예요. 수백 가지에 이르는 방사성물질 가운데 요오드, 세슘만 거론되는 것은 이 두 물질이 검사하기가 쉽기 때문이에요.

스트론튬도 검사를 안 하나요? 180년 지나야 몸에서 나간다면서요.

후쿠시마에서 바다로 나가는 오염수에는 세슘 말고도 스트론튬이 엄청나게 많이 들어 있어요. 그런데 수산물에 스트론튬이 들어있는지 검사하려면 현재 기술로 약 한 달이 넘게 걸린다고 해요.

그럼, 검사를 어떻게 해요?

검사가 불가능하다는 이야기예요. 물고기를 잡아 당장 유통시켜야 하는 상황에서 한 달씩 수산물을 가둬놓고 스트론튬 검사를 할 수는 없는 노릇이니까요.

"스트론튬 검사하는 데 얼마 걸려요?" "한 달이요." "세슘은?" "3시간이요." "그럼 세슘만 검사합시다." 이런 거네요.

맞아요. 그리고 요오드는 몸속에 들어오면 80일 정도만 있으면 빠져나가요. 위험성이 세슘에 비하면 좀 덜하다고 할 수 있죠. 그래서 결국 위험하면서도 검사하기에 적당한 세슘만 주로 얘기하는 거예요. 사정이 이렇다 보니 한국 정부는 요오드와 세슘에 관해서만 안전기준치를 만들어놨을 뿐이에요. 미국, 일본, 유럽 같은 나라들은 스트론튬, 플루토늄 같은 물질에 대해서도 기준치를 만들어놓긴 했는데, 한국은 아예 없죠.[16]

» 방사능 오염 먹거리를 피하는 방법

방사능에 오염된 먹거리를 피하려면 어떻게 해야 할까요?

방사능 오염으로부터 그나마 안전한 것으로 보이는 먹거리를 찾아 먹는 습관이 필요해요. 또 생활 속에서 피폭량을 낮춰야 해요. 특히 병원에서 엑스레이나 CT검사 등을 할 때 그런 검사가 꼭 필요한 것인지 알아보는 노력도 중요하죠.

정부한테 할 말도 많아요.

정부에 여러 가지를 요구해야 해요. 지금이라도 일본산 수산물을 전면 수입 금지하자는 주장이 있는데, 정부는 이런 주장을 흘려들어서는 안 돼요. 수산물만이 아니라 농축산물, 가공식품, 식품첨가물에 대해서도 수입을 금지해야 해요.

안전기준치는요?

정부가 정한 '안전기준치'를 낮추는 운동이 필요해요. 일본산 먹거리만 수입을 중단한다 해서 방사능으로부터 완전히 안전해졌다고 볼 수 없기 때문에 안전기준치를 낮춰 방사능에 오염된 먹거리를 완전히 차단해야 해요. 현재 정부가 정해놓은 것처럼 1킬로그램당 세슘 100베크렐이 아니라 생활협동조합처럼 어른은 8베크렐, 아이는 4베크렐 정도로 기준을 낮춰 잡는 게 옳을 것 같아요. 또 세슘 외에도 스트론튬, 플루토늄에 대한 기준치도 마련해야 해요. 아울러 이런 방사성물질들을 검사하는 시스템을 갖추도록 끊임없이 문제를 제기해야 하고요.

+ 식품첨가물 +

이 기사 한번 읽어보세요.

<blockquote>색소를 빼면 아무 색도 안 나는데, 그러면 식품산업 쪽에서, 식품을 개발하는 쪽에서 문제가 된다.</blockquote>

이게 무슨 말인가요?

　식품첨가물 중에 타르색소라는 게 있어요. 몇 년 전 식품의약품안전처가 이 색소와 관련해 대학에 연구를 의뢰했어요. 연구 결과 청색 1호와 황색 4호를 함께 먹으면 신경에 독성이 생기고, 세포에도 이상이 나타나는 등 문제가 발생한다고 나왔어요. 그런데 식약처가 그 보고서를 일 년 동안 감추고 있다가 들통이 났죠. 이에 대해 기자가 식약처 관계자에게 묻자 그들이 기자에게 한 말이에요.[1]

색소를 빼면 식품산업에 문제가 생긴다니요? 색소를 넣으면 건강이 문제잖아요. 우리 건강보다 기업이 돈 버는 게 중요하다는 얘긴가요?

그런 얘기가 맞아요.

정부가 그럴 줄 몰랐네요. 식품의약품안전처가 아니라 '식품의약품후려쳐'예요.

'식품의약품후려쳐'요? 흠….

식품첨가물을 빼면 무슨 큰일이 난다고 보고서를 감추고 변명까지 한대요?

식품첨가물은 말 그대로 식품에 첨가하는 물질을 말해요. 원래 재료에는 없지만 집어넣으면 맛이나 향, 색깔이 좋아진다는 이유로 기업들은 식품첨가물을 사용해요. 더 예쁘고, 더 향이 나고, 더 달짝지근할수록 손이 가는 법이잖아요. 식품기업 입장에서는 아무래도 장사가 잘 되니 좋겠죠. 게다가 식품첨가물은 식품을 만드는 과정을 간편하게 해줘서 기업이 시간과 비용을 아낄 수 있어요.

그래도 몸에 안 좋은 건 쓰지 말아야죠. 그리고 정부는 국민을 지켜야지 왜 기업을 지켜요? 이제 가공식품은 안 먹어야겠어요. 내 몸은 내가 지켜야지.

가공식품 중에서 나쁜 식품첨가물이 들어간 것만 먹지 않으면 되죠. 음식 중에 천연재료를 곧바로 요리해 먹는 것도 있지만, 가공해 먹는 것도 진짜 많아요. '가공'은 아시는 것처럼 인공적인 요소를 더했다는 뜻이잖아요. 이런 식품은 옛날부터 있었어요.

오징어포, 간고등어, 굴비, 이런 것들이요? 제가 좋아하는 육포도?

맞아요. 고기나 생선, 곡식을 오래 두고 먹기 위해 다양한 방법들이 동원됐는데, 이런 것도 다 사람이 가공한 거죠. 오징어는 햇볕과 바람에 말려 오징어포로 만들면 두고두고 먹을 수 있고, 고기에 연기를 쐬면 오래 갈 뿐 아니라 향이 독특해지죠. 소금에 절인 간고등어는 바닷가에서 멀리 떨어진 마을 사람들도 생선 맛을 볼 수 있게 해주고요. 소금에 절이고 바닷바람에 말리는 굴비도 마찬가지예요.

생각해보니 젓갈이나 된장, 고추장 같은 발효식품들도 그러네요.

그렇죠. 또 파나 마늘, 생강, 후추, 계피, 겨자 같은 천연 향신료들도 식품 가공을 위한 일종의 첨가물이에요. 향을 좋게 하고 잡냄새를 없애거나 색깔을 입히는 등 여러 기능을 하잖아요.

» 식품첨가물이란?

처음에 말했던 식품첨가물과는 어떻게 다른 거예요?

과거에 햇볕이나 바람의 힘을 빌리거나 천연 향신료를 사용해 만들던 음식을 요즘에는 화학물질로 제조한 첨가물을 사용해 뚝딱 만드는 거죠.

화학물질로 만들었다는 점이 다르군요. 어떤 것들이 있죠?

일단 식품을 치장하는 데 사용하는 첨가물들이 있어요.

치장이요? 환경미화처럼 식품미화?

네, 식품의 색이 가공하는 과정에서 변하는 경우가 있죠?

맞아요. 생고기는 조금만 지나면 색깔이 변해요. 갈색인지 거무스름한 색인지 모르겠지만…. 다른 건 몰라도 고기 변하는 건 못 참아요. 어떻게 고기가 변하니….

생고기는 공기와 만나면 그렇게 색이 변해요. 당연히 햄이나 소시지를 만드는 과정에서도 고기 색이 변하겠죠? 이런 걸 막기 위해 개발된 첨가물을 발색제라고 해요.

발색제? '원래 색깔을 그대로 발휘하게 해주는 물질' 이런 건가요? 인생에도 발색제가 있었으면 좋겠다.

그렇게 외우면 편하겠네요. 그리고 식품 색을 좋게 꾸며주는 첨가물을 착색제라 불러요. 식품 위에 새로운 색깔을 입히는 거죠. 재료의 색깔을 빼서 식품을 하얗게 만드는 첨가물은 탈색제라 하고요. 그리고 착향료라는 것도 있는데, 좋은 냄새가 나도록 새로운 향을 입히는 첨가물이에요.

착향료는 향수 같은 거네요. 사람을 끌어당기는 매혹적인 향기! 고기 냄새 나는 착향료가 있으면 좀 구해주세요.

고기를 참 좋아하시는군요. 공장식 축산을 공부하신 이후에도 변함없이….

느낀 건 많은데 아직 습관은 못 바꿨어요. 담배 끊기 어려운 거랑 비슷하죠. 또다른 식품첨가물은 없나요? 맛을 좋게 해준다든지.

식품의 맛이나 식감을 좋게 하는 첨가물들도 있어요. 감미료가 대표적이죠.

감미료는 단맛이 나게 해주잖아요. 멋진 가수의 감미로운 목소리처럼!

맞아요. 글자 그대로 맛을 감미롭게 만들어주는 재료예요. 설탕이 몸에 안 좋다고 하자 설탕 대신 많이 쓰이고 있어요. 또 팽창제라는 게 있어요. 밀가루에 팽창제를 섞으면 빵이나 과자 같은 것들이 적당히 부풀어 오르고, 속도 스펀지처럼 부드러워져 보기도 좋고 먹기도 좋죠.

그렇군요. 종류가 참 많네요. 아까 식품을 만드는 과정을 편리하게 만들어주는 식품첨가물도 있다고 했잖아요.

원료 가운데는 서로 섞이지 않는 것들이 있어요. 물과 기름이 대표적이죠. 식품을 만들다 보면 이런 것들을 잘 섞어야 할 때가 있어요. 이때 유화제라는 첨가물을 사용해요. 보통 물과 기름을 억지로 섞어놓으면 우유처럼 뿌연 상태가 되는데요, '유화'는 이렇게 우유처럼 만든다는 뜻이에요.

제 화장품 중에도 뿌연 게 있어요. 무슨 '에멀전' 이렇게 적혀 있는 것들.

우유처럼 뿌연 상태를 영어로 '에멀전emulsion'이라 해요. 그 말이 그 말이죠.

모양 잡아주는 첨가물도 있나요?

그럼요. 예를 들어 두부는 콩물에 첨가물을 넣어 만들어요. 이

때 넣는 첨가물을 '응고제'라 해요. 액체를 응고시키는 첨가물이죠.

식품첨가물계의 코르셋이라 할 수 있겠네요. 아니면 월급통장? 몸을 굳어버리게 만드니까.

모양을 만들어주는 것 말고, 만드는 시간을 최대한 줄이기 위해 첨가물이 이용되기도 해요. 방금 두부 얘기를 했는데, 콩물을 삶을 때 보통 거품이 생겨요. 이 거품을 없애야 두부 맛이 좋아지죠. 이때도 거품을 제거하기 위해 말 그대로 기포를 소멸시킨다는 뜻을 가진 '소포제'라는 첨가물을 넣어요. 이게 없으면 일일이 건져줘야 하거든요. 시간이 많이 걸리죠.

첨가물로 안 되는 일이 없네요.

어떤 첨가물은 다른 첨가물들이 식품 안에서 자리를 잘 잡도록 도와주는 역할을 하기도 해요. 예를 들어 식품에 착색제를 넣었는데 이게 자꾸 다른 성분과 분리되면 문제가 될 수 있잖아요. 음료수에 넣은 착색제가 골고루 섞이지 않고 둥둥 떠 있어도 그렇고요. 이럴 경우 사용하는 게 안정제예요. 이름 그대로 착색제가 왔다갔다 하지 않도록 차분히 안정시키는 첨가물이에요.

비정규직에게 필요한 첨가물이군요. 일자리 안정이 필요하잖아요.

그런 첨가물이 있으면 정말 좋겠어요. 아무튼 이 밖에도 식품을 오래 보관하기 위해서도 식품첨가물이 동원돼요. 예전에 썼던 전통적인 방법들은 잘 쓰이지 않죠. 시간이 많이 걸리니까. 식품을 오래 보관하는 원리는 간단해요. 식품이 썩는 것은 식품 속에 세균 같은 미생물이 번식해 단백질을 분해하기 때문이에요. 특히 날씨가 따뜻하고 수분이 적당하면 미생물이 아주 살기 좋거든요.

저도 날씨가 따뜻하고 공기가 촉촉하면 기분이 좋아져요. 제가 미생물인가요?

그런 환경은 다른 사람들도 다 좋아해요. 그런데 식품이 썩지 않게 하려면 이 미생물이 자라지 못하게 하면 돼요. 예전에는 이들이 번식할 수 없도록 수분을 없앴던 거죠. 말리거나 연기를 쐬거나 소금을 뿌렸던 게 다 수분을 제거하기 위해서였어요. 그런데 요즘은 합성보존료라는 식품첨가물을 사용해요. 합성보존료는 수분을 없애는 게 아니라 미생물을 직접 공격해 세균이나 곰팡이가 아예 자라거나 번식하지 못하도록 막아요.

오호, 그러니까 옛날에는 성장이나 번식을 막기 위해 '햇볕정책' 같은 것을 썼다면, 요즘은 대놓고 직접 공격하는군요.

바로 그거예요. 보통 부패를 막는다는 뜻의 '방부제'라는 이름으로 더 많이 알고 있는 것이 바로 합성보존료죠. 또 어떤 식품첨가물은 아예 균을 죽이는데요, 이런 첨가물은 살균제라 불러요.

첨가물 종류가 이렇게 많은 줄 몰랐어요.

마지막으로 한 가지 더 설명드릴게요. 단백질 말고 지방, 보통 우리는 이걸 기름이라고 부르는데, 기름이 상하는 것을 막기 위해 첨가물이 사용되기도 해요. 이런 건 산화방지제라 불러요. 기름이 산소와 만나 변하는 걸 막는다는 뜻이죠. 이렇게 식품첨가물은 여러 가지 이유로 온갖 분야에서 굉장히 많이 사용되고 있어요. 2014년 기준으로 한국에서 사용되는 화학합성식품첨가물은 무려 441가지랍니다.[2]

» 식품첨가물의 문제점

식품첨가물이 건강에 안 좋다는 거죠?

안 좋은 영향을 주는 것들이 많아요. 대표적으로 몇 가지 살펴볼 텐데요, 식품첨가물 이름이 다 낯선 화학약품 이름이라 그 전에 마음의 준비가 필요해요.

외워야 할 게 있나요? 외우는 거 싫은데….

'소금'은 염화나트륨이 주성분이지만 화학물질 같은 개념이 없었던 아주 오래전부터 사용되어서 그냥 '소금'이라는 친숙한 이름이 있죠.

그거야 알죠. '세상의 소금이 되어라.' 이렇게 얘기하지, '세상의 염화나트륨이 되어라.' 이렇게 얘기하진 않잖아요.

하지만 인위적으로 발명된 데다 공장 밖에서 직접 접할 일이 별로 없는 대부분의 합성첨가물은 '소금' 같은 친근한 별명이 없어요. 이름이 낯설고 어렵죠. 그래도 몇 가지 이름에는 익숙해져야 할 필요가 있어요. 시중에서 판매하는 가공식품 포장지에 실제 첨가물 이름이 그대로 적혀 있으니까요.

걱정 말아요. 전 언제나 준비되어 있어요. 외우는 거 싫다는 건 엄살이었어요. 긴 이름도 잘 외워요. 에이핑크, 브라운아이드걸스, 인피니트H….

긴 이름에 강하시군요. 그럼 타르계 색소, 아질산나트륨, 안식향산나트륨, 아황산염 이렇게 네 가지만 설명드릴게요.

타르계 색소는 처음 말씀하셨던 그 색소죠? 근데 타르계가 무슨 말이에요?

'한국계' '일본계' 하는 것처럼 타르 계통이라는 뜻이에요. 이 색소들은 어떤 색깔을 내는지에 따라 적색 2호·3호, 녹색 1호·2호, 황색 4호 등으로 불러요.

무슨 로봇 이름 같아요.

그런가요? 이 색소들은 석탄에서 뽑은 원료로 만들다가 요즘에는 석유에서 뽑은 원료로 만들어요.

석탄에서 원료를 뽑았다고요?

석탄을 뜨겁게 가열하면 거기서 끈적끈적한 액체가 나오는데요, 그 액체 이름이 타르예요. 여기서 추출한 원료로 색소를 만들기 때문에 이름도 타르계 색소라 붙인 거죠.

입으로 들어가는 건데 그래도 되나요?

원래 타르계 색소는 옷을 염색하기 위해 만든 것이었는데, 그 가운데 독성이 적은 것들을 식용으로 허가한 거죠. 이런 합성착색료는 아이스크림, 과자, 사탕, 음료수 등에 다양하게 사용돼요. 형형색색의 알록달록한 색깔은 모두 이들 덕분이에요.

몸에 안 좋을 것 같아요.

타르계 색소 가운데는 간에 문제를 일으키거나 천식, 암을 유발하는 것들이 있어요. 녹색 3호는 아이들에게 주의력결핍과잉행동장애ADHD와 아토피를 발생시킬 위험이 높아서 유럽에서는 사용이 금지되었어요. 황색 4호도 과잉행동장애와 심장 질환을 일으킬 가능성이 있죠. 심지어 적색 2호는 암을 일으킬 가능성이 있어서 미국에서는 40년 전부터 사용이 금지되었어요.

한국은요?

한국에서는 2008년부터 과자, 아이스크림 같은 아이들이 먹는 식품을 비롯해 다양한 식품에 들어가지 못하도록 한 상태지만 일부 기업이 여전히 사용하다 적발되는 경우가 있었죠.

그렇구나. 우리 아이는 아이스크림 정말 좋아하는데. 혀가 파래지는 색깔 아이스크림요.

애들이 다 그렇죠. 또 발색제도 문제예요.

고기의 원래 색으로 만들어준다는 첨가물이요?

네, 발색제 가운데 대표적인 것은 소시지나 햄, 베이컨에 많이 들어가는 아질산나트륨이에요. 아질산나트륨은 그 자체로 독성이 강해서 우울증을 일으키거나 뇌를 손상시키는 문제가 있어요. 사람에 따라 아질산나트륨을 먹으면 토하거나 호흡곤란을 겪거나 땀이 많이 나기도 해요. 어린이, 임산부, 빈혈 환자 등은 가능한 한 먹지 않는 게 좋아요.[3] 또 아질산나트륨은 고기 속에 있는 물질과 만나 발암물질을 만들어내기도 해요.

아질산나트륨 자체도 안 좋은데, 고기와 만나 발암물질을 만드니 그 점에서 더 안 좋다 이거죠?

독일에서는 1970년대 후반 이미 아질산나트륨을 사용하지 못하도록 했어요. 독일 사람들이 평소 소시지를 거의 주식처럼 많이 먹어서 그런지 아질산나트륨에 더욱 민감했던 게 아닌가 싶은데요. 한국은 그로부터 40년 가까이 흐른 지금도 아질산나트륨을 사용하고 있어요.

어쩐지 요즘 숨도 가빠지고 몸에 땀도 많이 나는 것 같더니만, 아질산나트륨 탓인가봐요. 오늘도 헉헉거리면서 들어왔잖아요.

그건 그냥 운동부족이에요. 두 가지만 더 설명드릴게요. 합성보존료 가운데 대표적인 건 안식향산나트륨이에요. 그런데 안식향산나트륨은 여러모로 몸에 안 좋다는 연구 결과들이 있어요. 눈을 자극한다는 연구, 두드러기 같은 피부 염증을 일으킨다는 연구, 간에 손상을 준다는 연구 등이죠. 또 비타민C와 만나면 벤젠이 만들어진다는 사실이 확인되기도 했어요. 벤젠은 대표적인 발암물질이죠.[4]

이름은 안식향산나트륨인데 안식을 주지 못하네요. 마지막으로 설명하실 첨가물이 뭐였죠?

아황산염이에요. 아황산염은 다양한 목적으로 사용되는 식품첨가물이에요. 세균이 자라지 못하게 하고, 식품이 갈색으로 변하는 걸 막아줘요. 또 식품의 색깔을 하얗게 만드는 표백효과도 있어요.

그런데 아황산염은 물에 녹으면 산성을 띠어요. 이름에 '황산'이 들어가는 데서 알 수 있듯이 꽤 강한 산성을 나타내게 되는데요, 이 때문에 음식물이 지나가는 식도나 위를 자극할 가능성이 있어요. 또 아황산염은 천식, 기관지염 등 호흡기 계통에도 문제를 일으켜요. 1980년대에 미국에서는 천식환자 중 아황산염 때문에 발작을 일으켜 죽은 경우가 생겨서 아황산염에 대한 규제를 강화했어요.[5]

이렇게 문제가 많은 줄 몰랐어요. 조심해야겠다. 일단 이 네 가지만 조심하면 되는 거죠?

그렇진 않아요. 이 밖에도 감미료, 팽창제, 화학조미료, 살균제 등의 용도로 사용하는 각종 식품첨가물이 있어요. 이들의 위험성은 지금까지 알려진 것도 있고 그렇지 않은 것도 있죠. 또 앞서 들었던 몇몇 사례처럼 처음에는 안전하다고 여겨 광범위하게 사용하다가 나중에 위험하다는 사실이 밝혀지는 경우도 적지 않아요.

» 생활 속 식품첨가물

우리 애가 걱정이에요.

아이들이 먹는 것 중에 식품첨가물이 들어가지 않은 식품은 찾기 어려울걸요?

오늘 아침도 치즈·햄 샌드위치하고 오렌지 주스를 줬어요. 학교에서도 매점에서 군것질하는 게 유일한 기쁨이래요.

우리도 학교 다닐 때 그랬잖아요. 빵도 사먹고 과자나 초콜릿도 먹고.

저는 매점에서 군것질하는 게 유일한 기쁨이 아니었어요.

　　　정말요?

학교 끝나고 분식집에서 떡볶이하고 어묵 먹는 더 큰 기쁨이 있었으니까요. 음료수도 하나 마시고.

　　　우열을 가릴 수 없는 기쁨이죠. 근데 요즘 아이들은 학교 앞 가게에서 파는 슬러시를 좋아하더라고요. 우리 때는 슬러시 같은 건 없었는데 말이에요.

전 슬러시보다 아이스크림!

　　　주로 자기 좋아하는 걸 말씀하시는군요. 저녁에는 주로 어떤 반찬을 차려줘요?

소시지죠. 그게 빠지면 밥이 맛이 없대요. 그래도 전 채소 몇 가지로 샐러드를 꼭 만들어줘요. 마요네즈 담뿍 뿌려서. 건강에 좋잖아요. 아, 두부 요리도 많이 해주고요.

　　　그렇군요. 매일 밥 차려주는 것도 일이죠. 직장 다니느라 힘들 텐데 채소, 두부 같은 걸 꼬박꼬박 챙겨주신다니 훌륭하네요. 그런데 아이가 먹었던 식품에는 정말 하나같이 식품첨가물이 들어가요. 아침에 차려줬다는 샌드위치 식빵에는 팽창제가 들어가죠. 원래 빵을 부풀리는 데 효모를 사용하지만, 그러면 시간이 오래 걸리기 때문에 요즘에는 황산알루미늄암모늄, 탄산수소나트륨 같은 팽창제를 흔히 사용하죠.

발음하기도 어렵네요. 치즈에도 뭐가 들어가나요?

식빵 사이에 넣어 먹는 치즈에는 소르빈산이라는 합성보존료가 들어가요. 소르빈산은 미생물이 자라지 못하도록 막는 역할을 하는데 우리 몸속 유익한 세균마저도 그렇게 만들어요. 햄에는 아질산나트륨이 들어가고 어떤 햄에는 합성보존료도 들어가요. 식빵 먹을 때 마신 오렌지 주스에는 과일향을 내는 착향료와 오렌지 색을 내는 착색제, 그리고 감미료, 보존료 같은 첨가물이 들어가죠.

오렌지 주스에는 오렌지가 들어가는 것 아니었어요?

오렌지 향과 오렌지 색을 내는 첨가물이 주로 들어가죠.

붕어빵에 붕어가 없는 것보다 더 충격적이네요. 그런데 학교 매점이나 학교 앞 가게에서 사먹는 군것질거리들에는 제가 생각해도 식품첨가물이 가득 들어 있을 것 같아요. 비스킷, 사탕, 초콜릿, 젤리 등 무궁무진하잖아요.

군것질거리에는 착색제, 착향료, 유화제, 산화방지제 등 수없이 많은 첨가물들이 들어가죠. 알록달록한 색깔, 좋은 향, 촉감 등은 모두 식품첨가물 덕이에요. 비스킷 종류의 과자들은 대부분 기름에 튀긴 다음 감미료를 첨가해요. 상하지 말라고 산화방지제도 넣고요.

음료수, 아이스크림, 슬러시도 다를 게 없겠죠?

탄산음료나 아이스크림, 슬러시 같은 것들은 그야말로 첨가물

덩어리라 할 수 있어요.

갈수록 탄산, 아니 태산이군요.

    탄산음료에는 황색 4호, 5호, 청색 1호 등 타르계 색소는 기본이에요. 안식향산나트륨이 들어간 음료도 상당히 많고요.[6] 과일주스도 마찬가지죠. 아이스크림은 유지방이 잘 섞이도록 유화제가 들어가고요. 당연히 각종 착향료, 착색료도 들어가겠죠? 단맛이 나도록 만드는 감미료도요.

정신이 하나도 없어요. 아이를 생각하면 저녁밥은 첨가물 없는 음식을 주고 싶은데, 우리 애는 늘 소시지만 찾아요. 그래도 샐러드랑 두부라도 해먹이니 다행이죠.

    샐러드를 만드는 마요네즈에도 식품첨가물은 빠지지 않아요. 마요네즈에는 기름이 들어가니 당연히 산화방지제가 포함되어 있고요. 물과 섞어 만드니 유화제도 들어가겠죠. 건강에 좋다는 두부에는 응고제와 소포제가 들어간다고 했었죠? 집에서 두부를 만들 때는 콩물을 굳히기 위해 '간수'를 사용하는데요, 실제 바닷물에 들어 있는 염화마그네슘이라는 성분을 사용하는 거예요. 그런데 공장에서 만들어내는 두부에는 그 대신 염산칼슘, 글로코노델타락톤이라 부르는 응고제를 사용해요. 두부를 만드는 과정에서 생기는 거품은 집에서라면 그냥 걷어내겠지만, 공장에서는 실리콘수지, 글리세린지방산에스텔 등의 이름을 가진 소포제로 제거하죠.

이름이 너무 어려워요. 발음 연습할 때 쓰면 좋겠다. 글로코노델타락톤, 글

리세린지방산에스텔, 글로코노델타락톤, 글리세린지방산에스텔⋯. 그런데 건강에 도움이 되라고 샐러드며 두부를 주는 건데 이런 것들에도 식품첨가물이 들어 있다니, 대체 뭘 먹여야 하죠? 이렇게 좋지 않은 식품들은 애초에 팔면 안 되는 것 아닌가요?

식품첨가물을 사용하는 기업들은 식품첨가물을 기준치 이내에서 사용하고 있기 때문에 위험하지 않다고 말해요.

» 어디까지 안전한 걸까?

그럼, 괜찮은 것 아닌가요? 미리 다 검증한 거잖아요.

식품첨가물은 보통 동물실험을 통해 안전성을 판단해요.

사람을 놓고 실험할 수는 없겠죠.

당연하죠. 예를 들어 어떤 식품첨가물이 안전한지 판단하기 위해 실험용 쥐에게 한 달, 세 달, 일 년 정도의 기간을 두고 한 가지 식품첨가물을 지속적으로 투여해요. 기간만 다양하게 하는 건 아니고 먹이는 양도 많게 하거나 적게 하는 등 변화를 줘요. 이런 과정을 통해 세포의 유전자 같은 데 나쁜 영향을 미치는지, 알레르기를 일으키는지, 혹은 암을 발생시키지 않는지 등을 살펴보죠. 자식 세대에는 또 어떤 영향을 미치는지 보기 위해 임신 상태에서 엄마 동물에게 투여해 배 안에서 새끼가 만들어지고 자라는 데 미치는 영향을 관찰하고, 실제 태어난 새끼에게도 줘서 역시 그 영향을 살펴본답니다.

굉장히 여러 가지 실험을 하네요. 기간도 다양하고.

이렇듯 다양한 방법으로 긴 기간 동안 식품첨가물의 안전성을 확인한 다음 실험쥐가 평생 얼마를 먹었을 경우 안전한지, 그리고 하루에 먹어도 되는 양은 어느 정도인지 계산하죠. 그다음 그것의 100분의 1에 해당하는 만큼을 정해 사람이 하루 먹어도 되는 양을 결정하는 식이에요.

이 정도로 치밀하게 실험하고 꼼꼼하게 계산하면 안전하겠네요.

관련자들도 그렇게 주장해요. 그런데 이런 주장에도 불구하고 풀리지 않는 의문점들이 있어요. 실험실 실험은 한 가지 식품첨가물이 안전한지 여부만 판단해요. 사람은 하루에도 수십 가지의 식품첨가물을 먹잖아요. 음료수 하나를 마시더라도 거기에 최소한 5~6가지의 식품첨가물이 들어가요. 보통 한 사람당 매일 70~80가지의 식품첨가물을 먹는 것으로 추정하거든요.[7]

그렇게나 많아요? 그것들이 마구 섞일 텐데, 그럼 어떻게 되는 거죠?

그게 바로 제가 하고 싶은 말이에요. 하나의 첨가물이 또다른 첨가물을 만났을 때 어떤 화학반응을 일으키고 사람에게는 어떤 영향을 미치는지에 대해서는 알려진 게 많지 않아요. 첨가물끼리 섞이면서 안 좋은 일이 벌어질 가능성을 걱정하는 것이죠.

음식끼리도 궁합이 안 맞아 같이 먹지 말라는 것들이 있잖아요. 식품첨가물이라고 그런 일이 없으리란 법이 없죠.

처음에 식품의약품안전처가 일 년 동안 감췄다 들통이 났다고 말씀드렸던 연구가 바로 그런 내용이었어요. 타르계 색소인 황색 4호와 청색 1호가 함께 섞이면 세포에 이상이 생기고 세포수도 줄어든다는 연구예요.[8] 이처럼 식품첨가물이 서로 만났을 때 어떤 문제가 생길지는 누구도 알 수 없습니다.

하루에 70~80가지 식품첨가물이 섞이면 몇 쌍이 생기죠? 이거 짝짓기 프로그램을 떠올리면 생각하기 쉬울 것 같아요. 성인 70~80명을 모아놓고 무조건 두 명씩 짝지으라고 하면 대체 몇 커플이 생길까?

이 경우에는 두 가지가 만나는 경우만 있는 게 아니라 세 가지, 네 가지가 만나 무슨 문제가 생길 수도 있고, 다섯 가지가 만나 예상하지 못한 반응이 나올 수도 있어요. 수도 없이 많은 조합이 가능하단 얘기죠. 이처럼 식품첨가물의 종류가 매우 다양하고 이 많은 식품첨가물들이 각각 서로 만나는 경우의 수가 너무나 많아서 인간이 다 확인하기란 불가능에 가까워요.

제가 중학교 다닐 때 우리 반이 70명이었는데요, 하루도 바람 잘 날이 없었어요. 어느 날은 이 친구와 저 친구가 싸우고, 어느 날은 저 친구가 또다른 친구와 다투고….

식품첨가물이 섞이는 것도 비슷하게 생각하면 돼요. 게다가 사람마다 몸에 들어간 식품첨가물에 반응하는 정도가 다르기 때문에 기준치라고 제시된 게 무조건 옳다고 볼 수 없어요.

맞아요. 똑같은 과자를 먹어도 어떤 아이는 아토피가 심해지고 어떤 아이는 아무렇지도 않잖아요.

그럼요. 게다가 아주 심각한 문제를 초래하는 경우도 있습니다. 감미료로 많이 사용되는 아스파탐이라는 첨가물을 페닐케톤뇨증을 앓고 있는 사람이 먹으면 매우 위험해요.

페닐케톤뇨증이요? 처음 들어보는 병이에요.

유전적 병의 일종인데요, 태어난 지 한 달 이내에 치료를 받으면 큰 문제가 없는 병이지만 치료가 늦어지면 여러 가지 문제를 일으켜요. 한 살이 되었을 때까지도 치료하지 않을 경우 뇌가 손상되어 잘 걷지 못하고, 손을 떨거나 경련을 일으키죠. 발달장애가 생기기도 하고요. 일찍 치료해서 나쁜 증상이 나타나지 않도록 먹는 것을 계속 관리해야 하는데, 그렇지 않으면 학습 장애 등이 발생할 수 있는 병이죠.[9]

이 병을 가진 사람은 절대 아스파탐이 들어간 음식은 먹으면 안 되겠어요.

절대적으로 조심해야 하죠.

» 식품첨가물 피하는 방법

식품첨가물을 하루에 70~80가지씩 먹는다고 하셨는데, 양이 많지 않으면 괜찮지 않을까요? 고기도 한 점만 먹으면 간에 기별도 안 가는 것처럼.

요즘 사람들은 화학첨가물을 일 년에 4킬로그램씩 먹는다고 해요.[10] 그리고 식품첨가물은 몸속에 들어가면 50~80퍼센트만 몸 밖으로 나오고 나머지는 쌓여요.

최소한 일 년에 4킬로그램의 20퍼센트가 쌓이면…. 800그램이네요. 고기 한 근보다 많아요.

그 정도 양이 몸에 붙어 있다고 생각해보세요.

그럼, 식품첨가물 들어간 식품을 먹지 않으려면 어떻게 해야 해요?

식품첨가물을 꼼꼼히 살피는 습관을 길러야죠. 아이들은 될 수 있으면 군것질을 하지 않는 게 좋아요. 색깔이 화려하고 알록달록한 것들, 향이 강한 것들은 웬만하면 피해야 할 테고요.

오늘 집에 가서 단단히 얘기해야겠다.

어른들도 조심해야 해요. 직장인들이 자주 마시는 커피 믹스나 가끔 씹는 껌에도 첨가물이 들어 있거든요. 집에서 음식을 만들 때 쓰는 재료에도 식품첨가물이 많이 들어 있어요. 온갖 곳에 들어가는 장류에도 식품첨가물이 들어 있다니까요? 그러니 결국 모든 식품을 꼼꼼하게 살피는 수밖에 없어요.

그래도 어쩔 수 없이 식품첨가물이 들어 있는 음식을 먹게 되는 경우가 있 잖아요.

어묵이나 햄·소시지 같은 건 뜨겁거나 끓는 물에 데쳐 사용하면 식품첨가물을 많이 줄일 수 있어요. 라면도 면 끓인 물을 한 번 버리고 다시 끓이면 좋고요. 빵 같은 것도 굽거나 쪄먹으면 식품첨가물을 상당히 없앨 수 있어요. 또 몸속에 들어온 첨가물을 쉽게 몸 밖으로 내보내기 위해 영양분을 골고루 섭취하고, 물을 많이 마시고, 수면·목욕·운동을 적절히 취하면 도움이 된다고 해요.[11]

그렇군요. 이런 방법이 있어 다행이에요.

그런데 진짜 중요한 건 처음부터 이런 식품첨가물을 가능하면 사용하지 못하도록 만드는 것이죠. 특히 정부는 다른 나라에서 건강에 해를 끼친다는 사실이 확인되어 더이상 사용하지 않는 식품첨가물, 예를 들어 몇 가지 타르계 색소들은 사용을 금지하는 게 옳아요. 허용되는 식품첨가물의 경우에도 하루 섭취 허용량의 기준을 다시 고민해야 해요. 하루에도 수십 가지 식품첨가물이 몸속에 들어와 섞인다는 점을 고려해 기준을 전반적으로 낮춰 잡으면 좋겠죠.

오늘 식품첨가물에 대해 몰랐던 걸 많이 알게 됐어요. 이런 좋은 지식들은 저를 건강하게 해주는 인생의 첨가물 같은 존재예요.

안녕히 가세요.

✚ 식품안전을 위해 세상을 바꾸는 사람들

» 소비자생활협동조합
'쾌적한 환경에서 자란 축산물 사용하기' 'GMO와 식품첨가물 피하기' '방사능으로부터 안전한 먹거리 사용하기' 모두 꼼꼼하게 신경 써야 할 수 있는 일들이지만, 소비자생활협동조합을 이용하면 쉽게 실천할 수 있다. 소비자생활협동조합은 농약, 화학비료, 항생제나 성장호르몬, GMO, 식품첨가물이 들어가지 않은 건강한 먹거리를 공급하고, 방사능 검사 기준도 매우 까다롭게 운영한다. 동시에 지역과 환경을 살리기 위해 노력한다. 농업과 농촌 공동체가 건강하게 유지되도록 하기 위해 다방면으로 돕고 있다. 예를 들어, GMO완전표시제 촉구, 식량주권을 지키기 위한 투쟁에 적극 동참한다. 조합원이 되면 나와 가족의 건강을 지킬 수 있고, 다양한 모임과 활동에도 참여할 수 있다.

- icoop생협사업연합회 www.icoop.or.kr
- 한살림 www.hansalim.or.kr
- 두레생협연합 dure-coop.or.kr
- 행복중심생협연합회 www.happycoop.or.kr
- 인드라망생협 www.indramangcoop.or.kr

» 슬로푸드 운동
슬로푸드 운동은 맛있고 풍미 있으며 신선한 '좋은' 음식을 지구의 자원을 축내지 않고, 생태계와 환경을 파괴하지 않으며 인간의 건강을 위협하지 않는 '깨끗한' 방식으로 생산해야 한다고 주장한다. 또 생산만이 아니라 상품화나 소비 단계에서 공정한 임금을 지급하는 사회적 정의를 실현해야 한다고 말한다. 이를 위해 음식시민모임, 미각교육, 생물종다양성보호, 음식공동체 같은 활동을 전개하고 있다.

» 환경정의 eco.or.kr
어린이가 먹어서는 안 되는 먹거리들을 추방하기 위해 애쓰고 있는 시민단체다. 어린이가 먹지 말아야 할 식품첨가물 다섯 가지를 선정하고, 시중에서 흔히 판매하는 음료수 수십 종을 조사해 '어린이가 절대 마셔서는 안 되는 음료 6가지'를 발표하는 등 각종 사업을 벌였다. 시민들에게는 아이들이 먹는 음료수나 과자, 각종 음식에 적혀 있는 '라벨을 열심히 읽을 것'과 인터넷을 통해 기업에 더 안전한 식품을 생산하도록 요구할 것을 제안한다. 이 밖에도 안티패스트푸드 운동, 노 슈거 캠페인, 학교 텃밭 운동, 식생활교육 등 다양한 활동을 벌이고 있다.

» 시민방사능감시센터 www.facebook.com/korearadiationwatch
시민방사능감시센터는 정부가 일본산 수산물 등에 대한 방사능 검사를 부실하게 하자 민간단체들이 힘을 모아 검사기기를 직접 구입해 방사능 검사 업무를 하는 곳이다. 시민방사능감시센터에서는 시민들이 의뢰하는 식품에 대한 방사능 검사를 실시해 방사능 여부를 확인해주기도 하고, 직접 시중에 유통 중인 수산물을 검사하거나 핵발전소 주변 수산물이나 땅속, 바다를 조사하기도 한다. 또 의료방사선에 노출되어 피해를 입은 사람들의 실태도 조사하고, 시민들에 대한 교육을 활발히 전개하고 있다.

» GMO반대 생명운동연대 www.facebook.com/antigmonet.korea
GMO에 반대하고 농업을 살리는 데 뜻을 같이한 농민단체, 환경단체, 생활협동조합, 연구소 등이 함께 참여해 GMO몰아내기 운동, 토종종자 보전 운동, 거대 기업 감시 활동, GMO없는 지역GMO-Free zone 운동을 벌이고 있다.

» 동물자유연대 www.animals.or.kr
공장식 축산의 실태를 알리고, 동물복지에 대한 인식을 확산시키는 캠페인이다. 관련 정책을 만들고 법으로 발전시키기 위한 활동을 벌이고 있다. 반려동물 복지, 유기동물 구조, 화장품동물실험 반내 같은 동물의 권리와 관련한 다양한 활동을 전개 중이다.

2부
생활안전

chapter 05
미세먼지

chapter 06
석면

chapter 07
유해물질

chapter 08
교통사고

chapter 09
의료사고

생활 속에서 맞닥뜨리는 위험요소는 많다. 그 가운데 2부에서는 미세먼지, 석면, 그 밖의 각종 유해물질에 대해 이야기하고자 한다. 교통사고와 의료사고 역시 일상 속에서 불현듯 만나는 사건이어서 함께 다루겠다.

미세먼지, 석면, 유해물질, 교통사고, 의료사고는 모두 자본주의가 점차 강화되면서 발생한 위험요소들이다. 미세먼지를 많이 발생시키는 것은 자동차, 발전소, 공장 등이다. 석면은 본격적으로 자본주의가 시작된 이후 산업 및 건축에 대량으로 사용되었다. 각종 발암물질 및 환경호르몬 같은 유해물질은 그야말로 산업화 과정에서 동원되는 온갖 화학물질로부터 나온 것들이다.

교통사고 역시 마찬가지다. 자동차산업은 20세기 자본주의의 상징이었다. 동시에 교통사고는 과속과 신호위반을 하지 않으면 먹고 살 수 없는 수많은 가난한 노동자들과도 관련이 있다. 안전을 위한 각종 규제가 점차 완화된 것과도 연관된다. 의료사고는 전적으로 의사나 간호사의 실수 때문이 아니라 돈벌이에 여념이 없는 병원이 만들어낸 지극히 자본주의적인 사건이다.

이런 문제를 해결하는 데 가장 큰 걸림돌은 역시 '비용'이다. 연료값이 저렴하다는 이유로 미세먼지를 다량으로 내뿜는 경유택시가 허용되고, 석탄화력발전소는 계속 늘어나고 있다. 전국 곳곳에 아직도 널리 퍼져 있는 석면은 '비용' 때문에 전면적인 철거가 불가능하다. 노동자에게 적당한 임금과 휴식을 주고, 철도·지하철·비행기·배와 관련된 규제를 강화하면 사고는 획기적으로 줄겠지만, 그러기 위해서는 그러기 위해서는 모두 돈이 들어가야만 한다. 병원이 적절한 수의 의사와 간호사를 확보하고, 그들을 실적 경쟁으로 내몰지 않으면 의료사고로 억울하게 죽는 사람도 줄어들 것이다.

결국 미세먼지, 석면, 유해물질, 교통사고, 의료사고로부터 자유롭기 위해서는 시민들의 적극적인 '참여'가 필요하다. 각각의 위험요소를 없애기 위해 노력하는 단체들을 후원하고, 소박한 실천법을 부지런히 찾아봐야 한다. 완화된 규제를 다시 강화하겠다는 정당을 지지하는 것도 중요한 행동일 것이다.

✦ 미세먼지 ✦

» 미세먼지란?

비가 올 것 같지도 않는데 뿌연 날이 있잖아요. 약간 회색빛의 짙은 안개 같은 게 낀 날…. 그런 날이 미세먼지가 많은 날이죠?

    네, 맞아요.

저는 추운 날을 싫어해서 봄이 오는 게 삶의 낙이었는데, 미세먼지 때문에 기분이 별로예요.

    나무에 연두색 새순 돋는 걸 보면 기분이 참 좋죠. 그런데 요즘 봄은 미세먼지의 계절이 되었어요.

미세먼지가 미세한 먼지라는 건 알겠는데요. 얼마나 작은 거죠?

    머리카락 굵기의 10분의 1 정도 돼요. 어떤 것은 더 작고요. 이런 건 아주 작은 먼지라 해서 '초미세먼지'라고 불러요. 초미세먼지는 머리카락 굵기의 40분의 1 정도밖에 되지 않아요. 전문가들은 미세먼지를 'PM10'이라 하고, 초미세먼지는 'PM2.5'라 부르죠.

PM이요? 무슨 무좀약 아니에요?

PM은 미세먼지를 표현하는 영어 단어 가운데 하나고, 10과 2.5는 굵기를 말해요. 미세먼지를 PM10이라고 부르는 것은 실제 굵기가 10마이크로미터보다 작기 때문이죠. 초미세먼지 PM2.5는 2.5마이크로미터보다 작은 굵기라는 뜻이고요.

쉽지 않군요. 마이크로미터는 뭔데요?

마이크로미터는 1,000분의 1밀리미터예요. 밀리미터를 1,000번 쪼갠 것.

밀리미터를 1,000번이요? 정말 보이지도 않겠네요. 요즘 노안이라 안 그래도 초점이 안 맞는데, 이건 뭐, 너무 작네요. 마이크로미터, 이런 말들 너무 복잡하니까 그냥 심하게 미세한 먼지라고만 기억해야겠어요.

그래도 되긴 하지만, 정부가 미세먼지 농도를 거리 전광판이나 인터넷을 통해 표시할 때 실제로 'PM10' 같은 용어를 사용하니 외워두시면 좋아요.

알겠습니다. 그런데 갑자기 허를 찌르는 질문을 하고 싶어졌어요. 먼지가 대체 뭐죠? 집안에 천지가 먼지라 먼지에 대해서는 좀 안다 싶었는데, 이제는 모르겠네요.

먼지는 모래보다도 더 작은 고체물질을 통틀어 부르는 말이에요. 아주 작은 고체의 티끌이 공중에 떠다니는 게 먼지죠. 먼지를 분진이라고도 부르는데, 한자말 그대로 가루 티끌이라는 뜻입니다.

그럼 '티끌 모아 태산'이라고 할 때의 그 티끌이 먼지군요. 우리 집 돈은 아무리 모아도 태산이 안 되던데.

크기가 좀 큰 먼지들은 공중에 떴다가도 어느새 바닥에 가라앉아요. 물론 중력 때문이죠. 서로 엉겨 붙기도 하고요. 하지만 미세먼지는 워낙 작아서 공중에 오래 떠 있어요. 바닥에 잘 가라앉지도 않고, 서로 붙어서 큰 덩어리가 되지도 않아요. 그래서 공기 중에 둥둥 떠다니면서 사람이 숨을 쉴 때 몸속으로 쉽게 들어가죠.

» 미세먼지의 성분은?

미세먼지의 성분이 뭐예요. 이름만으로는 전혀 모르겠어요.

이름은 그냥 작은 크기를 표현하기 위해 붙인 거라 그래요. 아이들이 20~30명씩 어디를 가고 있으면 "우와, 얘네들 누구래?" 하고 궁금해 하잖아요.

아니요. 안 궁금해요. 그냥 어린이집 애들이겠죠.

그러니까요. 그 정도 나이 또래의 아이들이 손잡고 줄지어 가고 있으면 어린이집에 다니는 아이들이겠죠. 그런데 그걸로는 아이들 한 명 한 명이 누구인지 알 수 없어요. 이름과 얼굴을 하나하나 살펴봐야죠. 미세먼지도 마찬가지예요. 티끌의 크기가 어떤 일정한 범위 안에 들어오면 미세먼지라 불러요. 대신 미세먼지가 구체적으로 어떤 성분인지는 하나하나 살펴봐야 해요. 이름만 같지 다 다르거든요. 모양도 천차만별이고요. 눈싸움할 때 눈덩이를 뭉치면 같은 모양이 하나도 없는 것처럼 미세먼지도 그래요.

보통 어떤 성분으로 되어 있는데요?

우선 탄소가 많아요. 불에 그을린 '그을음' 부분이요. 보통 검댕이라 부르는 건데요, 이게 대표 발암물질이에요.

고기 구울 때 탄 부분 먹으면 암에 걸린다고 하던데, 그게 그건가요?

맞아요. 검게 탄 부분이 탄소죠. 탄소는 불에 탄 부분에만 붙어 있는 게 아니라, 불이 났을 때 나오는 연기에도 가득 들어 있어요. 여기서 문제 하나. 연기는 고체일까요? 기체일까요? 액체일까요?

갑자기 문제를 다 내시고…. 액체는 아니잖아요.

연기를 기체라 생각하시는 분이 많을 텐데요, 사실 연기의 대부분이 먼지 입자, 그러니까 고체 티끌이에요. 이 경우 티끌 형태로 나오는 게 탄소예요.

그렇군요. '이산화탄소' 할 때 그 탄소 말인 거죠?

네, 탄소는 연필심으로 쓰이는 흑연이나 다이아몬드의 주성분이고, 석탄과 석유에도 잔뜩 들어 있어요. 연기는 탄소가루와 다른 물질들의 가루가 섞인 고체 티끌이고요.

탄소 말고 미세먼지에는 다른 성분도 있겠죠?

몸에 해로운 납이 포함되어 있는 경우도 있어요. 아연이나 구리 같은 중금속이 섞여 있기도 하죠. 농약 원료로도 쓰이고 맹독성으로 유명한 비소가 들어 있는 경우도 꽤 돼요. 옛날에 독약으로 사용하던 것 중에 '비상'이라는 게 있었는데 이게 비소의 일종이죠. 특정한 가스가 공기 중에서 미세먼지로 변하는 경우도 있어요. 석유를 태우면 석유 속 유황 성분이 산소와 만나면서 황산화물질이 공기 중에 배출돼요. 황산화물질이란 말 그대로 황이 산화되어(산소와 만나서) 생긴 물질이라는 뜻입니다. 아황산가스가 대표적이죠. 이런 물질이 대기로 나왔다가 황산염이라는 물질로 변하는데요, 이 황산염이 바로 미세먼지의 주요 성분이에요. 연료가 타면서 배출되는 질소산화물은 질소와 산소가 만나 생기는 건데 공기 중에서 질산염 같은 물질로 변하죠. 역시 미세먼지의 주요 성분이에요.

숨 좀 쉬고 말씀하세요. 쉽게 설명하느라 고생하시네요. 근데 황산화물, 질소산화물은 자동차 매연에서 많이 나오지 않나요? 텔레비전에서 봤던 것 같아요.

대기오염의 주범들이죠. 그러니까 대기가 많이 오염되어 있으면 그만큼 미세먼지가 나올 확률도 높아져요. 특히 초미세먼지의 경우에는 원래부터 초미세먼지로 나오는 게 50퍼센트 정도고, 나머지 50퍼센트는 황산화물, 질소산화물 같은 대기오염물질이 공기 중에서 변해 만들어져요.

결국 미세먼지는 탄소 같은 발암물질에 각종 독성 중금속들, 몸에 안 좋은

황산염, 질산염 같은 것들로 이뤄져 있네요. 말이 먼지일 뿐이지 미세 그을음, 미세 납 티끌, 미세 비소 티끌, 미세 황산염, 미세 질산염이라 봐도 되는 건가요? 무서워요.

잘 이해하셨어요. 혹은 그런 것들이 마구 뒤섞여 있는 가루 반죽이기도 하겠죠.

» 미세먼지는 어디서 나올까?

대체 미세먼지는 누가 만들죠?

미세먼지는 자연에서 나오는 것도 있고, 사람이 만들어낸 것도 있어요. 땅에서 올라오는 입자 가운데에도 아주 미세한 것들이 있고, 바다에서는 해염입자, 그러니까 바닷물 속 미세한 소금입자가 공기 중으로 나오기도 하고요. 화산이 폭발하는 경우에도 미세먼지는 만들어져요. 봄철에는 산불이 자주 발생하는데 이때도 당연히 탄소가 미세먼지로 나오죠. 하지만 자연에서 배출되는 미세먼지는 전체의 5퍼센트가 안 됩니다.

사람이 만드는 미세먼지가 문제네요.

미세먼지는 우리 생활 곳곳에서 만들어져요. 공장 굴뚝이나 공사장에서도 나와요. 전기를 만들기 위해 화력발전을 할 때도 나오고, 자동차에서도 나오죠. 건물을 난방할 때, 숯불구이 집에서 돼지갈비를 구울 때도 마찬가지고요.

돼지갈비 구울 때도 미세먼지가 나온다고요? 충격이네요. 이건 제 인생에 대한 정면 도전이에요.

진정하세요. 무엇보다 가장 큰 문제는 자동차예요. 특히 경유를 쓰는 자동차의 배기가스에 미세먼지가 많이 들어 있어요. 매연에서 나오는 황산화물, 질소산화물이 대기 중에서 미세먼지로 변한다는 얘기는 아까 했죠? 타이어와 브레이크 패드도 문제예요. 여기서 나오는 초미세먼지가 전체의 15퍼센트나 되거든요. 마찰 때문에 눈에 안 보이는 가루가 지속적으로 공기 중으로 튕겨져 나와요. 미세먼지를 줄이기 위해 배기가스가 안 나오는 전기자동차를 탄다 해도 미세먼지는 나오게 되어 있죠.

전기자동차는 무조건 좋다고 생각했는데 그것도 아니네요. 그래도 타이어 같은 데서 나오는 미세먼지는 얼마 안 될 것 같은데요.

수도권에서만 일 년에 약 3,000톤 정도의 타이어가 눈에 안 보이는 작은 가루로 갈려 공기 중에 뿌려진다고 보면 돼요.[2] 3,000톤이 어느 정도냐면 1000만 명에게 300그램씩 돌아가는 양입니다. 서울 시민 1000만 명에게 돼지고기 반 근 만큼의 미세먼지가 매년 할당되는 셈이죠.

» 미세먼지가 건강에 미치는 영향

미세먼지가 건강에 확실히 나쁘긴 한 것 같아요. 미세먼지 많은 날 외출하면 답답하고 숨이 막히는 것 같더라고요. 기관지가 좀 안 좋거든요.

몸에 좋지 않은 성분으로 되어 있는 데다 크기가 너무 작아서 그래요. 보통 이물질이 몸에 들어오면 몸은 자연스럽게 반응하잖아요. 기침을 하기도 하고요. 코나 기관지의 털이나 점막은 나쁜 물질을 부지런히 걸러주죠. 하지만 미세먼지는 기관지에 문제를 일으키고, 동시에 코와 기관지의 정화장치를 통과해 폐에 직접 영향을 끼쳐요. 미세먼지가 기관지에 쌓이면 천식을 일으키기도 하고, 염증을 만들기도 하죠.

확실히 기관지에 안 좋군요. 다른 곳에 영향은 없나요.

더 큰 문제는 미세먼지가 폐에 들어갈 때예요. 기관지는 나뭇가지처럼 갈라져서 마지막에는 허파꽈리라고 하는 포도송이 모양의 공기주머니와 만나요. 이런 공기주머니가 사람에게는 3~5억 개 정도 있는데요, 미세먼지는 이 공기주머니로 곧바로 들어가 박혀요.

뭔가 심각한 얘기로 들려요.

보통 허파꽈리까지 침투한 이물질은 '대식세포'에 잡아먹혀요. 이 세포들은 무엇이든 먹어치우는 대식가여서 이름도 대식세포죠. 그런데 이것들도 미세먼지까지 소화하지는 못해요. 이로 인해 폐의 힘 자체가 약해집니다. 폐활량이 떨어져 숨 쉬는 능력이 줄어들고, 폐에 염증이 생기죠. 만성폐쇄성폐질환으로 나타나기도 해요.

만성폐쇄성폐질환이요? 그건 또 뭔데요?

만성폐쇄성폐질환은 오랫동안 담배를 피워도 생기는데요, 미세먼지 때문에 생긴 염증이 오래 지속되다 보면 기관지가 두꺼워지고 공기주머니인 허파꽈리가 파괴됩니다. 허파꽈리가 파괴되면 산소와 이산화탄소가 교체되는 게 예전만 못하게 되죠. 또 기관지가 두꺼워지면 점차 공기 통로가 막히게 되고요. 보통 우리는 기관지를 코나 입에서 폐로 내려가는 목 부분 정도로만 생각하는데, 사실 기관지는 가지처럼 갈라져서 허파 깊숙이까지 들어가요. 잔가지가 촘촘하게 뻗어 있는 큰 나무를 생각하면 됩니다. 그런데 이런 부분들이 염증으로 인해 서서히 막혀요. 우리는 혈관 막히는 건 많이 알지만 기관지 막히는 건 잘 모르죠. 만성폐쇄성폐질환이란 이렇게 해서 숨 쉬는 게 점점 어려워지는 병을 말해요. 만성폐쇄성폐질환으로 한번 손상된 폐나 기관지는 절대 회복되지 않아요. 공기 통로가 아예 막혀 사망하는 경우도 아주 많아요.

말만 들어도 너무 무서워요. 기관지나 폐 말고 심장이나 뇌에도 문제가 된다고 들은 것 같아요.

기억력이 좋으신가봐요. 미세먼지는 기관지나 폐만이 아니라 혈관을 타고 다니면서 심장이나 뇌에도 문제를 일으켜요. 폐는 허파꽈리에서 산소를 혈액으로 옮겨주고, 혈액은 이 산소를 몸속 이곳저곳에 운반해주죠. 그런데 폐에서 혈액으로 산소가 옮겨갈 때 미세먼지가 산소에 실려 함께 혈액 안으로 들어가요. 혈액 속으로 들어간 미세먼지는 혈관에 염증을 일으키죠. 혈관에 염증이 생기면 혈관벽이 두꺼워지거나 혈전, 그러니까 피떡이 생겨 혈관이 막힐 수 있어요. 어느 쪽 혈관이 막히느냐에 따라 각종 질병이 생겨요. 그중에서도 특히 동맥이 막혀 문제가 생기면 대부분 응급상황이 발생하게 됩니다. 뇌졸중이나 뇌경색, 협심증, 심근경색 등이 그런 예죠.

그런 사람이 많나요?

세계보건기구에서 발표한 자료에 따르면, 대기오염으로 사망한 사람 가운데 심혈관 질환과 뇌혈관 질환이 각각 40퍼센트씩 차지한다고 해요.[3] 이 가운데 미세먼지가 상당한 역할을 한 것으로 보여요.

전혀 몰랐는데 미세먼지가 참 무섭네요. 마스크 꼭 쓰고 다닐래요.

미세먼지는 폐만이 아니라 피부를 허물어뜨리고 들어오기도 해요. 모공으로 들어오기도 하고요. 모공이 미세먼지보다 몇 배가 크기 때문이죠. 미세먼지가 아토피의 원인이 되는 이유예요.[4]

그럼, 마스크를 써도 소용없단 얘긴가요?

마스크는 꼭 미세먼지용 마스크를 쓰시되 외출했다 들어오면 깨끗이 씻어야 해요.

아이들한테는 특별히 더 심각할 것 같아요.

일단 미세먼지는 태아에게 나쁜 영향을 미쳐요. 미세먼지는 나쁜 물질이 엄마 몸에서 아이 몸으로 옮겨가는 것을 막는 장치들을 다 통과해 태아에게로 가죠. 또 엄마의 몸에 염증을 일으키고 혈액을 끈적거리게 만들어서 아이에게 영양공급을 제대로 못하도록 만든다는 연구 결과도 있어요. 미세먼지가 많은 곳에서 태어난 아이들은 뇌성장이 방해받을 수 있다는 견해도 있고요. 실제 서울에서 태어난 아이들의 말하기, 듣기 능력이 다른 지역보다 떨어지는 것으로 나타난 연구 결과도 있습니다.[5]

엄마들이 알면 정말 놀랄 일이네요.

더 놀랄 일을 말씀드릴까요?

» 실제 피해는 얼마나 될까?

아니요. 이걸로 충분해요.

그래도 몇 가지만 더 말씀드릴게요.

뭐, 정 그러시다면….

장례식장에 가면 흔히 "노환으로 돌아가셨어요." "교통사고였어요." 등등 여러 이유를 듣잖아요. 하지만 "미세먼지 때문에 돌아가셨어요"라는 말 들어본 적 있어요?

에이, 누가 그렇게 얘기해요.

그렇게 답하면 무슨 코미디 같겠죠. 그러나 미세먼지 때문에 사람이 죽을 수도 있어요. 실제로 미세먼지는 노인과 태아가 사망하는 비율을 높여요. 서울에서는 하루에 100명 조금 넘는 노인이 돌아가시는데, 한 연구[6]에 따르면 1입방미터, 그러니까 가로 1미터, 세로 1미터, 높이 1미터 공간에 100마이크로그램(100분의 1그램)의 미세먼지가 늘어나면 노인 네 분이 더 돌아가신다고 해요.

정말요? 100마이크로그램, 그게 어느 정도인데요?

한국은 상태가 좋을 때 미세먼지가 1제곱미터에 10~30마이크로그램 정도 나와요. 나쁠 때는 150마이크로그램이 넘어가요. 2015년 2월에는 1,000마이크로그램이 넘은 적도 있었죠. 인터넷에서 '미세먼지 농도'라고 치면 요즘은 전국 미세먼지 상황이 바로 검색되니까 종종 확인해보세요.

그 정도면 안 돌아가셔도 될 할아버지가 돌아가실 수도 있겠네요.

그럼요. 또 미세먼지 농도가 10마이크로그램 올라가면 임산부의 사산 위험이 10퍼센트쯤 올라간대요.[7] 서울에서만 하루에 250명쯤 되는 아이가 태어나고 있으니까, 단순 계산으로 그중 25명의 태아가 위험에 처한다는 뜻이죠. 미세먼지로 수도권에서만 원래 수명보다 훨씬 일찍 죽는 사람이 매년 약 2만 명, 기관지염 환자 발생자는 80만 명에 이를 것으로 추정해요.[8]

미세먼지가 몸에 안 좋은 건 알았지만 이 정도일 줄은 몰랐어요.

이게 바로 1급 발암물질의 위용이죠. 세계보건기구에서는 2013년 미세먼지를 1급 발암물질로 지정했어요. 1급 발암물질은 주로 몸에 매우 유해한 화학물질이 대부분인데, 미세먼지가 드디어 이 대열에 들어선 거예요.

» 미세먼지의 반은 중국에서

미세먼지는 다 중국에서 넘어오는 거 맞죠?

우리에게 영향을 미치는 미세먼지의 절반이 중국에서 넘어와요. 중국이 전 세계에서 가장 공장을 많이 돌리고, 자동차도 많이 굴리는 나라인데요, 덕분에 미세먼지도 많이 나오죠. 하늘에서 보면 거무스름한 거대한 공기덩어리가 서해를 건너오는 게 눈에 보여요. 황사에 섞여 날아오는 미세먼지도 중국의 공장지대를 지나면서 올라탄 거예요. 이런 황사에는 납이나 아연 같은 중금속이 많이 들어 있어요.

앗! 황사와 미세먼지가 다른가요?

미세먼지는 겨울과 봄에 많잖아요. 비슷한 계절에 중국에서 황사도 불어오기 때문에 미세먼지와 황사를 헷갈려 하는 분들이 꽤 있어요. 황사는 말 그대로 모래 바람입니다. 중국 사막의 모래가 바람을 타고 넘어오는 것이라 미세먼지와는 달라요. 다만 황사가 미세먼지와 자주 혼동되는 이유는 실제로 황사에 미세먼지가 실려 오기 때문이에요.

그렇군요. 그런데 우리가 이 정도면 중국은 더 심할 것 같아요.

맞아요. 중국은 더욱 심각한 상황이에요. 베이징은 미세먼지가 만들어낸 스모그가 워낙 심해서 번호판 추첨제로 자동차 등록을 제한하고 있을 정도예요.

처음 듣는 얘기예요. 다른 건 추첨 안 하나 모르겠네. 돼지갈비 추첨제, 이런 거….

어떤 신문에 이런 기사가 실렸어요.

베이징에서 자동차 번호판을 받을 가능성은 '로또 당첨'과 비슷하다는 말까지 나온다. 개인용 차량의 경우 올 2월 추첨에서 할당된 번호판은 2만 195개였지만 신청자는 181만 8640만 명이나 됐다.[9]

별일이 다 있네요.

그러니까요. 하지만 자동차만 문제는 아니에요. 중국은 경제가 성장하면서 석탄을 점점 더 많이 사용하고 있어요. 석탄을 대규모로 캐내는 과정에서, 석탄으로 전기를 만드는 발전소에서, 또 가정 난방에 석탄이 사용되면서 막대한 미세먼지가 만들어지고 있는 실정이죠.

» 한국의 상황은?

중국에서 오는 게 반이면, 한국에서 만들어지는 게 나머지 절반인가요?

네, 절반 이상일 때도 있고요. 일단 서울 같은 곳은 당연히 자동차 때문에 미세먼지가 심각해요. 자동차에서 나오는 미세먼지가 밖으로 나가지 못하고 실내에 머물러 있는 곳은 더 위험하고요.

대형 마트 주차장 같은 곳이죠?

출퇴근길의 터널 안이나 대형 마트나 건물의 지하주차장에는 훨씬 많은 미세먼지가 존재해요.

대형 마트 주차장 얘기는 들은 적이 있어요.

역시 기억력의 화신이 맞네요. 예전에 한 주간지에서 이 문제를 다뤘죠. 그때 내용 가운데 이런 게 있었어요.

> 최인선 씨는 '가장 바빴을 때는 주말 1시간 동안 250대를 출차시킨 적이 있다'고 했다. 1초에 2~3대가 나가는 느낌이었다. 최씨가 일했던 쇼핑몰에서는 한 출입구에 평일에는 1,000대, 주말에는 1,300대 정도의 차량이 지나갔다. 지상이라 해도 가만히 앉아 이 정도 차량의 배기가스를 맡으면 정신없을 것이다. (중략) 지하주차장 남성 노동자들은 쉬는 시간이면 꼭 세수를 한다. 얼굴에서 구정물이 나온다. 침을 뱉으면 까맣다. 남자들은 세수라도 하지만 여자들은 화장 때문에 세수도 못한다. 백화점이나 쇼핑몰 쪽에서는 '풀메이크업'을 요구한다.[10]

울컥하네요.

미세먼지는 많은 사람들이 이용하는 지하철에도 많아요.

울컥하다는 데 계속 설명만 하시네요. 이럴 땐 공감도 좀 해줘야죠! 그런데 지하철도 문제라고요?

그럼요. 지하철 운행이 끝나고 나면 터널 안에서 레일 연마작업도 하고, 터널 벽 물청소도 하는데요, 이런 과정에서 미세먼지가 상당히 많이 나와요. 노동자들은 이 과정에서 미세먼지에 그대로 노출되죠. 터널 안 미세먼지는 다음 날 아침 지하철이 다니기 시작하면서 승객들에게도 영향을 미쳐요. 스크린도어 때문에 밖으로 배출되지 못하고 지하철 통로 안에 쌓여 있던 미세먼지가 문이 열릴 때 마다 일시에 승객들 입과 코로 들어가거든요. 객차 안으로도 미세먼지가 들어가기 때문에 객차 안 미세먼지도 꽤 많은 편이고요.[11]

그렇군요. 출근하는 사람들이 아침마다 지하철에서 미세먼지를 마신다는 얘기네요. 듣고 있으니 대도시에서 살고 싶은 마음이 싹 가셔요.

서울 말고 다른 지방들도 미세먼지가 심각해요. 언뜻 생각하기에 자동차가 많은 서울이 미세먼지가 가장 많고 다른 곳은 공기가 깨끗해서 미세먼지가 없을 것 같지만 그렇지도 않아요. 강원도와 충청북도는 미세먼지가 굉장히 많이 생기는 지역입니다. 왜냐하면 이 지역들에 시멘트공장이 많기 때문이죠. 시멘트공장에서 사용하는 화석연료나 시멘트 분진에서 미세먼지가 많이 발생해요. 전라남도는 제철공장, 석유화학공장에서, 충청남도 역시 제철공장, 화력발전소에서 미세먼지가 상당히 배출되고 있어요.

» 한국은 (초)미세먼지를 어떻게 관리할까?

서울이나 다른 지역이나 미세먼지가 많으면 어떡해요. 대책 없나요? 대책?

초미세먼지에 대한 본격적인 관리는 2015년부터 시작했어요. 정부가 여러 계획을 발표했죠.

내용이 뭐죠?

우선 친환경 차를 200만 대 보급할 예정이에요. 버스나 대형 화물차에 미세먼지를 줄이는 저감장치를 부착하겠다 하고요. 오염물질을 많이 내뿜는 차는 수도권에서 운행을 제한하는 '공해차량제한지역제도'도 실시합니다. 발전소 같은 곳에는 공해방지시설을 설치하도록 했고요. 또 미세먼지가 심할 때는 차량 2부제나 학교 수업 중단 같은 강력한 조치를 취할 계획이라네요. 그런데 이 계획은 비판도 많이 받아요. 초미세먼지 관리 기준으로 삼은 목표가 다른 나라에 비해 높기 때문이에요. 한국은 2015년부터 대기 1입방미터당 50마이크로그램을 기준으로 잡고 미세먼지가 기준을 넘지 않도록 하는 걸 목표로 삼았어요. 반면 일본과 미국은 35마이크로그램, 캐나다는 30마이크로그램, 호주는 25마이크로그램이 기준이에요.

기준이 다른 건 좀 기분이 별론데요.

게다가 이 계획의 제목은 '수도권 대기환경관리 기본계획'이에요. 이 계획의 최종 목적은 이후 10년 동안 수도권의 미세먼지를 45퍼센트 줄이는 것인데요, 미세먼지가 심한 다른 지역에 대한 계획은 없습니다.

다른 문제는 없나요?

구체적인 방안 역시 짚어야 할 것들이 있어요. 예를 들어 전기차는 차량 자체에서는 매연이 나오지 않지만 전기를 만드는 과정에서 미세먼지가 발생합니다. 전기차 타이어에서 나오는 미세먼지 역시 막지 못하죠. 배출가스 저감장치 부착이나 공해차량제한지역제도는 잘 시행되는지 지켜봐야 할 필요가 있어요. 그동안 정부는 수도권 대기관리 계획을 이미 10년 동안 해왔는데, 저감장치 부착이나 저공해차 보급 등과 관련해 애초 계획대로 안 된 것들이 있거든요.[12]

서울시의 경우에는 오래된 경유차, 대형 경유차는 도심에 진입하지 못하도록 규제하고 있지만 실제로 단속을 별로 하지 않아 실효성이 의심받고 있죠.[13] 앞으로도 이런 식이라면 공해차량제한지역제도도 별 효과가 없을 겁니다.

그렇겠네요. 경유택시 도입 얘기도 있던 것 같은데요.

정부는 택시업계의 어려움을 해소해준다면서 경유택시를 도입했죠. 경유차는 다른 차보다 미세먼지를 훨씬 많이 배출해요. 택시는 보통 승용차와 달리 하루 종일 달리면서 미세먼지와 초미세먼지를 내뿜죠. 다른 경유차량이 점점 늘어나는 것도 문제예요. 수입차 중에 70퍼센트가 경유차예요. 국내 자동차 제조회사들도 자꾸 경유차를 내놓고 있어요. 경유가 값이 싸서 사람들한테 인기가 좋다는 이유죠.[14]

미세먼지 줄이는 정책 따로, 늘리는 정책 따로네요. 왼쪽에서는 노를 앞으로 젓고 있는데, 오른쪽에서는 뒤로 젓고 있으면 배가 제자리잖아요.

그러니까요. 미세먼지가 많이 나오는 화력발전소도 늘어나고 있어요.

21세기에 웬 화력발전소?

현재 화력발전소는 전국에 32개인데, 앞으로 12개[15]가 늘어날 예정이에요. 정부가 민간회사가 발전소를 지어 운영할 수 있도록 해주는 이른바 '전력산업 민영화'를 추진한 이후, 민간발전소가 만든 전기를 한국전력이 사서 국민들에게 공급하는 시스템이 되었거든요. 민간회사들은 환경이 더럽혀지든 말든 싼값에 전기를 만들어 한전에 비싸게 팔면 무조건 이익이 남겠죠. 그런데 발전소 가운데 가장 비용이 적게 드는 것이 바로 석탄을 쓰는 화력발전소예요. 그래서 21세기가 시작된 지 한참 지났는데도, 한국에서는 여전히 석탄화력발전소가 수지맞는 장사 취급을 받고 있어요.

» 보다 적극적인 대책이 필요하다

앞으로 어떤 노력이 더 필요할까요.

우선 차량 2부제 같은 조치는 말만 하지 말고 실제로 해야 해요. 사례는 많아요. 프랑스 파리도 차량 2부제로 큰 효과를 봤고, 한국에서도 88올림픽, 2002년 월드컵, 부산 아시안게임 때 효과를 봤어요. 중국은 2014년 11월 APEC 회의 때 차량 2부제를 실시해 단 며칠 만에 대기오염을 크게 줄이기도 했죠.

옛날에 선생님이 "여러분, 내일 장학사님 오시니까 오늘 깨끗이 청소해야 합니다." 이러면서 환경미화 시켰는데, 꼭 그 느낌이에요.

그렇게 눈 가리고 아웅하지 말고 평소에 잘하는 게 중요하죠. 차량 2부제는 외국에서 손님이 올 때 주로 시행했는데 그러지 말고 평소에도 해야 합니다. 자기 나라 국민이 늘 마시는 공기를 깨끗이 만드는 게 정부가 진짜 할 일이니까요.

옳은 말씀이네요. 또다른 대안도 갖고 계신가요?

둘째로 교통 수요에 대한 종합적인 관리 대책이 필요해요. 대중교통을 확대해 도로를 달리는 차량 수를 근본적으로 줄여나가야 합니다. 이를 위해 버스 완전 공영화, 무상 대중교통 확대 등이 필요해요. 또 대도시의 도심으로는 자동차가 다니는 것을 제한할 필요가 있어요. 차량 부제 운행만이 아니라, 도심 자가용 운행을 제한하거나 파리처럼 최소한 경유차량이 다니지 못하도록 막아야 하죠. 에너지 정책을 근본적으로 바꿀 필요도 있어요. 석탄 같은 화석에너지가 아니라 재생가능에너지로 에너지 정책을 근본적으로 바꾸지 않으면 발전소에서 나오는 미세먼지는 막기 힘들어요. 이 밖에도 수도권에 집중되어 있는 미세먼지 관리 대책을 지역별·산업별 상황에 맞춰 마련해야 하고요.

» 개인은 어떻게 행동해야 할까?

저런 대책들이 필요하다는 걸 잘 기억해야겠네요. 모든 대책이 다 실행되기 전까지는 각 개인들이 미세먼지를 피하기 위해 노력해야 할 텐데, 그 방법도 알려주세요.

우선 스스로 미세먼지를 만들지 않으려고 노력해야 해요. 물론 미세먼지가 생겼을 때 피할 줄도 알아야 하고요. 미세먼지를 만들지 않기 위해서 함부로 쓰레기를 태우는 일이 없어야 합니다. 고기는 될 수 있으면 구워먹지 않는 게 좋고요. 자동차를 덜 몰고 다니는 노력도 필요하겠죠.

제가 좋아하는 돼지갈비도 안 되나요. 그럼 삼겹살은요? 삼겹살은 미세먼지에 좋다던데.

좋아하는 걸 아예 먹지 않을 수는 없겠지만 좀 줄이면 좋겠죠. 먼지에 삼겹살이 좋다는 얘기가 있기 한데요, 실제로 몸 안의 나쁜 물질을 배출하는 데는 물이 제일 좋아요. 물을 자주 마셔야 해요. 마늘, 생강, 해조류, 녹차 같은 것들도 좋고요. 운동하는 것과 잘 쉬는 것도 중요하죠.

처음부터 미세먼지를 피하려면 어떻게 해야 하죠?

미세먼지가 많은 날에는 '의약외품'이라 적혀 있고 식약처의 허가를 받은 '황사마스크'를 사용해야 합니다. 다른 건 효과가 검증되지 않았어요. 자세히 보면 'KF80' 같은 게 적혀 있는데 미세먼지를 80퍼센트 막아준다는 뜻이에요. 전용 마스크라 해도 얼굴에 완전히 밀착시키지 않으면 효과가 없어요. 그런데 임산부는 그렇게 하더라도 몸에 안 좋을 수 있어요. 그러니 미세먼지가 많은 날은 차라리 외출을 하지 않는 것이 좋죠. 특히 아이나 노인, 임산부는요.

외출을 안 할 수 없는 사람들은요?

물론 학교를 가야 하는 아이, 일을 해야 하는 노인, 직장에 출근해야 하는 임산부가 외출을 하지 않을 수는 없는 노릇이죠. 어쩔 수 없이 외출을 해야 한다면 결국 마스크를 써야 해요. 보통 차 다니는 길가에 미세먼지가 많기 때문에 도로변으로는 걷지 않는 게 좋아요. 쉬운 일은 아니겠죠. 그리고 밖에 나갔다 오면 손, 얼굴, 코 등을 깨끗이 씻어야 하고요.

집에 공기청정기를 사다놓는 것도 좋은 방법이겠죠?

미세먼지를 줄이기 위해 공기청정기를 사는 분들이 많이 있는데, 공기청정기가 미세먼지를 잡아줄 수는 있지만 사실 이런 식으로 문제를 해결하는 것이 바람직하지는 않아요. 전기 사용이 늘어나면 전기를 만드는 발전소도 늘어나잖아요.

그렇군요.

아무리 개인적으로 노력해도 한계는 뚜렷해요. 결국 정부 정책이 보다 근본적으로 마련되고 실효를 발휘할 수 있도록 국민들이 함께 요구하는 것이 미세먼지를 줄여 나가는 가장 좋은 방법인 것 같아요. 아울러 미세먼지를 줄이기 위해 애쓰는 단체들을 지원하는 것도 매우 필요한 일이고요.

+ 석면 +

» 석면은 무엇일까?

석면에 대해서도 얘기해주세요. 심심하면 한 번씩 뉴스에 나오는 것 같아요.

몇 년 사이에 특히 많았죠. "지하철역에서 석면이 발견됐다" "학교에서도 석면이 나왔다" "새롭게 꾸민 하천 조경석에 석면이 포함됐다" 등 잊을 만하면 석면 뉴스가 나오고 그때마다 한바탕 소란이 벌어지죠.

석면이 그렇게 위험하다면서요?

아주 위험한 물질이죠. 들이마셨다가는 죽을 수도 있어요.

들이마신다고요? 석면이 뭔데 들이마신다는 거죠? 음료수예요?

아니요. 돌인데요.

돌멩이를 마시면 당연히 위험하죠. 근데 그게 가능해요?

석면은 한자로 '돌 석' 자에 '솜 면' 자예요. '면' 자가 들어가서 마치 천이나 섬유 같은 걸로 알고 있는 분들도 있는데요, 석면은 돌이 맞아요. 그런데 이 돌은 다른 돌처럼 뭉툭하고 딱딱하게 생긴 게 아니라 꼭 섬유처럼 생겨서 가늘게 찢어져요. 그래서 석면을 '돌솜'이라고도 불러요.

그러니까 고상하게 얘기하면 '섬유처럼 생긴 광물'이군요. 그래도 들이마신다는 게 무슨 말인지 모르겠어요.

석면은 머리카락보다 5000분의 1에서 작게는 8000분의 1정도로 가느다랗거든요. 시간 있으면 머리카락을 반으로 잘라보세요. 가로로 말고 세로로. 절대 못할걸요. 그런데 석면은 머리카락 한 올을 8,000가닥으로 나눈 정도의 크기예요. 얼마나 작은지 감도 안 오죠. 미세먼지보다도 훨씬 작아요. 덩어리 상태인 석면은 툭툭 치면 그냥 부서지는데 부서진 조각이 먼지처럼 바람에 날리죠.

미세먼지보다 작다니, 가늘기로는 석면이 갑이네요. 폐로 직행하겠는데요?

폐에 박힌 석면은 절대 밖으로 나오지 않아요. 석면은 허파꽈리에까지 들어가 박힌 채로 몸속에 남아 있죠. 돌이기 때문에 녹는 일도 없이 수십 년간 그대로예요. 불에도 끄떡 않는 물질이니 녹을 리가 없죠.

큰일이네요. 어릴 때 슬레이트지붕 조각 밟고 놀았는데…. 바스락거리는 소리가 나면서 툭툭 끊어지던 게 신나서 틈만 나면 그 위에서 놀았거든요.

고등학교 때는 교실 천장에 구멍이 나는 게 재미있어서 빗자루를 위로 던지던 기억도 나요.

비슷한 기억을 가진 분들이 많을걸요? 예전에 시골에는 어딜 가나 슬레이트지붕이 흔했고요, 지금도 건물 내부의 천장은 석면이 들어간 경우가 많아요. 전에는 곳곳에서 석면을 굉장히 많이 사용했죠.

왜 그렇게 석면을 많이 사용했던 거죠?

석면은 정말 신기한 물질이에요. 실처럼 생겼기 때문에 실로 만들 수 있는 걸 석면으로도 만들 수 있어요. 실로 할 수 있는 일을 돌로도 할 수 있는 거죠. 또 웬만해서는 불에 타지 않고, 열을 막아주는 단열 기능도 뛰어나요.

석면으로 옷도 만들었단 얘긴가요?

맞아요. 실로 짠 천은 불이 붙으면 타버리죠. 보통의 돌로는 아예 천을 짤 수 없고요. 하지만 석면으로는 천도 짤 수 있고 옷도 만들 수 있어요. 석면 옷은 불에 타지 않고 열도 막아줘요. 얼마나 놀라운 일이었겠어요. 사람들은 석면의 유용함에 환호하지 않을 수 없었죠.

'순면 100퍼센트'보다 '석면 100퍼센트'가 인기가 좋았겠네요.

조선시대 소설 중에 〈박씨부인전〉이라고 있는데요. 거기에 이런 대목이 나와요.

> "이 비단은 이름이 화염단이라고 하는데, 혹 빨려면 물에 빨지 못하고 태워서 빱니다."

여러 부인들이 모두 다 신통하게 여기고 못내 탄복하며 묻기를,

"그러하면 이 비단은 어디서 났습니까?"

박씨가 대답하기를,

"인간 세상에는 없고 달나라 궁전에서 만든 것입니다."

여기 나오는 '화염단'이 바로 석면으로 짠 천이에요. 옛날 소설에 나올 정도로 석면은 오래전부터 사용되었죠.

그럼 수백 년 동안 사용된 거네요?

고대 그리스 시대에는 석면을 냅킨이나 상류층 옷을 만들 때 사용했다고 해요. 일본에서는 300년 전부터 석면으로 헝겊을 만들어 썼고, 산업혁명 이후에는 아무래도 불에 탈 일이 많은 전쟁용 배, 비행기, 전차 등에 단열재로 사용했어요. 방독면 필터로도 썼죠. 2차 세계대전이 지나고 나서는 수천 종류의 공업용 재료로 사용되었어요. 뛰어난 단열 효과 때문에 건물을 지을 때 외벽, 칸막이 등으로도 쓰였고, 공장이나 공사장의 각종 장비에도 사용되었죠. 배나 자동차에도, 상수도나 보일러에도 석면이 들어갔어요. 뜨거운 물이나 스팀이 통과하는 관을 석면으로 코팅하기도 했고요.

수백 년이 아니라 수천 년 동안 동서양 할 것 없이 온갖 분야에서 석면이 사용됐군요.

그렇죠. 게다가 불에 견디고 열을 차단하는 능력 때문에 사람들은 최근까지도 석면으로 지붕을 만들거나 천장 재료로 사용했어요. 자동차 브레이크를 밟으면 큰 마찰이 일어나는데 고속으로 돌아

가는 바퀴를 꽉 잡아주는 브레이크 라이닝의 재료로 석면만 한 것이 없었죠. 그래서 오토바이나 자전거 브레이크에도 석면을 썼습니다. 또 자동차 경주에서 사고가 나면 선수들 옷에 불이 붙을 수도 있잖아요. 그런 사람들을 위한 방화복도 석면으로 만들었어요.

» 석면이 주는 엄청난 피해

좀 전에 석면 때문에 죽을 수도 있다고 했는데, 미세먼지처럼 심장이나 뇌에 병이 생기는 건가요?

석면이 폐에 들어가 박히면 폐가 망가지죠. 기관지나 허파꽈리에 염증이 생기고, 폐가 딱딱하게 굳기도 하고요. 이런 병을 보통 석면폐증이라고 통틀어서 불러요. 또 폐를 감싸고 있는 막들에 암이 스며들 듯 자라기도 해요. 폐를 감싸고 있는 허파 가슴막은 '중피'라는 이름의 세포로 되어 있는데요, 여기에 악성 종양이 생기죠. 그래서 가슴막에 생기는 암을 '악성중피종'이라 불러요. '석면암'이라고도 하고요. 가슴막이 아니라 폐 자체에 암이 자라기도 해요.

암이라고요? 그래서 죽을 수도 있다고 하신 거군요.

석면암에 걸리는 사람들은 대부분 사망해요. 정말 무섭죠. 석면은 폐로 들어가고 난 뒤 빠르면 10년, 보통 20~30년 있다가 증상이 나타나기 때문에 더욱 무서워요.

어릴 때 기억도 안 나는 어떤 경험 때문에 한참 일하고 한참 행복해야 할 나

이에 갑자기 사람이 죽는 거잖아요. 너무 억울할 것 같아요. 그런데 어려서 내가 놀았던 곳에 석면이 있었는지 어떻게 알아요?

알 도리가 없죠. 사실 악성중피종 같은 석면 질환은 다양한 경로를 통해 발생해요. 석면광산 근처에 살다가 걸리기도 하고, 석면을 가지고 제품을 만드는 공장 근처에 살다가 걸리기도 해요. 광산이나 공장 근처가 아니더라도 석면 건축물 철거 과정에서 영향을 받기도 하고요.

어릴 때 그런 곳 부근에 살았던 사람들은 병원에 가서 검사를 받아보는 것도 좋겠네요. 석면이 위험하다는 건 알았지만 짐작하던 것보다 훨씬 심각하군요. 지금은 당연히 석면 사용이 금지됐겠죠?

한국은 2009년부터 석면 사용이 완전히 금지됐어요. 사실 몇 년 안 됐죠. 지금은 석면과 관련해 그 무엇도 해서는 안 됩니다. 석면을 국내 광산에서 캐내거나 수입하는 것, 석면으로 제품을 만들거나 그 제품을 파는 것 등이 금지되었죠.

영화 〈넘버3〉에 나왔던 대사가 생각나요. "내가 한 마디 충고하겠는데, 니가 앞으로 뭘 하든 하지 마라." 딱 석면에 해당되네요.

그렇죠. 2010년에는 환자를 구제하는 법인 '석면피해구제법'도 만들어졌어요. 2012년에는 '석면안전관리법'이라는 게 제정되어서 석면을 안전하게 관리하기 위해 정부나 지방자치단체가 해야 할 일, 기업이 해야 할 일 등이 규정되었죠.

하지만 그 전에 오랫동안 석면을 사용했으니 피해자들이 많을 것 같아요.

그래서 석면피해구제법이 만들어진 거예요. 오랫동안 석면을 사용해서 생기는 피해가 최근 들어 본격적으로 나타나고 있어요. 한국에서 석면을 가장 많이 사용한 때는 1980년대였는데요, 그로부터 30년이 지난 2010년부터 악성중피종 환자가 늘어나고 있어요. 2045년쯤에는 석면 피해자 숫자가 최고로 많아질 것으로 보여요.

비극적인 일이네요. 다른 나라들도 그런가요?

다른 나라들도 사정은 비슷해요. 일본에서는 석면수도관을 만드는 '구보타'라는 회사가 20년 동안 석면분진을 배출했는데, 공장에서 일했던 노동자들과 인근 주민을 합쳐 450명 가까운 사람들이 석면 피해를 입었어요. 이 가운데 2013년 현재 243명은 사망했고요.[1] 이탈리아에는 세계적으로 유명한 에터니트Eternit라는 회사가 있어요. 이 회사에서는 석면으로 지붕재와 파이프를 생산했는데, 공장에서 석면이 날리는 바람에 노동자들과 지역 주민들이 암에 걸리고, 그중 70퍼센트 이상이 사망했어요. 숫자가 3,000명에 달해요.[2]

그 일로 유명해졌겠네요. 제가 어릴 때 밟고 놀았던 슬레이트지붕도 세계적으로 꽤 유명한 일 아닐까요?

세계적으로 유례가 없는 일이죠. 한국은 1970년대에 전국적으로 슬레이트지붕을 엄청나게 많이 올렸는데요, 이건 그때부터 지금까지 계속해서 문제가 되고 있어요. 전 세계적으로 비슷한 예가 없어요. 사람들은 이게 얼마나 위험한지 모르고 그 조각을 밟고 놀았고, 심지어 슬레이트 조각에 고기를 구워먹는 일도 꽤 있었어요.

» 억울한 석면 피해자들

한국 상황을 좀더 자세히 알고 싶어요.

한국 전체로 보면 석면 채취 광산이 약 38개 있었어요. 석면공장은 40개가량 됐고요. 석면을 다루는 공장은 부산, 대전 등지에 있었죠. 광산에서 석면을 캐거나 공장에서 석면을 다루던 노동자들, 그리고 광산에서 공장까지 석면을 나르던 노동자들까지 합하면 굉장히 많은 사람들이 석면의 영향을 받았을 것으로 보여요. 광산과 공장 주변에 살던 사람까지 포함하면 그 숫자는 더 늘어날 테고요. 석면 제품을 사용하다 석면에 노출된 사람들도 많을 겁니다.

광산 얘기는 처음 들어요. 공장도 40개나 됐다니. 주로 어느 지역이었나요?

광산은 충남에 많았어요. 충북, 강원, 경북, 전남에도 일부 있었고요. 충남 홍성에는 아시아에서 가장 큰 석면광산이 있었죠. 지금은 석면 캐는 게 금지됐지만 한창 때만 해도 광산 주변은 석면 먼지로 가득했어요. 광산에서 석면을 캐 기차역으로 옮기는 과정에서 석면 먼지가 날려 뿌옇게 주위를 뒤덮었죠. 노동자들은 석면 먼지를 늘 뒤집어 쓴 채 일했고, 아이들은 그 속에서 뛰어놀았어요. 다른 광산도 풍경은 비슷했대요.

피해자가 없을 수 없겠네요.

원범재 씨도 그렇게 뛰어놀던 아이들 가운데 한 명이었어요.

통증이 심해 모르핀 주사로 견디고 있습니다. 수면제를 늘 먹어야

잠을 이룰 수 있습니다. 식사를 하면 토하기 때문에 마음도 제대로 먹기 힘듭니다.[3]

석면암 환자였던 그의 인터뷰 기사 중 일부예요. 그는 집 인근 기차역에 쌓여 있던 화물 근처에서 항상 놀았는데, 이 화물이 바로 석면이었죠. 석면광산에서 캐낸 석면이 늘 원범재 씨가 뛰어놀던 기차역에 쌓였다가 어딘가로 실려 나갔던 것인데요. 그는 40대 후반이 되어 석면암이라 부르는 악성중피종에 걸렸다는 사실이 확인되었어요.

너무 가슴이 아파요. 듣기만 해도 억울하고 답답한데 당사자 심정은 어땠을까 싶네요.

석면추방운동에 매진했던 이정림 씨도 석면암 환자였어요. 그는 대전의 한 시멘트 공장 주변 아파트에서 고등학교를 다녔고, 결혼 뒤 2년간 비슷한 지역에서 살았는데요. 41세가 되던 해 석면암에 걸린 게 확인됐어요. 2011년 돌아가셨어요.[4]

심장이 턱 내려앉는 느낌이에요. 공장 주변에 살았을 뿐인데도 석면암에 걸리는군요.

부산에는 아시아에서 가장 크다는 석면 방직공장이 있었어요. 방직공장은 실을 만들고, 천을 짜는 공장이잖아요. 여기는 석면으로 실과 천을 만드는 곳이어서 석면 방직공장이라 불렸죠. 이 공장은 1969년부터 1992년까지 가동되었어요.

아시아에서 가장 큰 석면광산이 홍성에 있었다고 하시더니, 가장 큰 석면 방직공장도 한국에 있었군요. 이 공장 때문에 생긴 피해자도 많나요?

이 공장에서 일했던 노동자 박영구 씨가 이렇게 인터뷰했어요.

> 먼지 나는 곳에서 처음에는 도시락 싸가지고 와서 현장에서 그대로 밥 먹고, 석면포가 따뜻하니까 불량 난 것 가지고 야식 시간 한 시간 있으니까 그때 잠깐씩 덮고 잠자기도 하고…. 가래침 속에서도 석면 먼지 덩어리가 눈에 보일 정도로 섞여 나왔죠.[5]

아이고, 이를 어째요. 아픈 사람 많겠다.

이 공장에서 50미터도 안 되는 거리에 한 초등학교가 있었는데요, 최근 들어 이 초등학교에 다녔던 학생들과 근처 주민들 가운데 석면 피해자가 있다는 것이 확인되었어요.[6] 2013년까지 확인된 걸로는 이 공장에서 일하던 노동자 가운데 64명이 석면 관련 질병에 걸렸고, 그 가운데 43명이 사망했대요. 주민 31명도 병에 걸리거나 사망한 것으로 드러났어요.[7]

한 마디로 재앙이네요. 전 석면광산이나 공장 근처에 살았던 적은 없는데 그나마 다행인 거군요.

공장이나 광산 근처에 살지 않았어도 피해를 입은 경우가 있어요. 최형식 씨는 석면공장에서 일한 적도 없고, 그 근처에서 살았던 적도 없는데 석면암에 걸렸어요. 그가 살았던 광명 철산동 근처가 1980~1990년대 재개발 사업을 대규모로 했는데, 그때 기존 건물이 철거되면서 석면 먼지가 계속 날렸던 것 같아요. 최형식 씨는 석면

추방운동에 남은 생을 헌신하다 2014년 돌아가셨어요.[8]

그분들은 잘못한 게 하나도 없는데 너무 속상해요. 석면공장에서 일했거나 그 공장 주변에 살았거나 근처 학교에 다닌 것뿐이잖아요.

아무 잘못도 없는 이런 분들이 감당해야 할 고통은 이루 말할 수 없을 정도로 크죠.

» 여전히 남아 있는 석면

지금은 석면이 다 제거되었나요?

천만에요. 여전히 생활 속에 남아 있어요. 현재 건축물의 90퍼센트에 석면이 들어갔을 것으로 추정돼요. 슬레이트지붕만이 아니라 천장재, 바닥재 할 것 없이 건물 속에는 석면 제품이 태반이에요.

안 그래도 시골에 슬레이트지붕이 여전히 남아 있는 걸 본 적이 있어요. 빨리 없애야 되는데⋯.

슬레이트지붕의 경우 미인가 건물까지 합하면 전국에 약 123만 동이 있을 것으로 추정돼요. 정부는 2021년까지 일단 19만 동을 철거한다고 해요.

2021년까지 19만 동이요? 그럼 몇 년 걸리는 거죠?

대충 10년에 20만 동씩 없앤다 치면 60년이죠.

60년이요? 그럼 제가 살아 있는 동안 석면이 완전히 제거되지는 않겠네요. 슬레이트지붕이 깨지지 않으면 괜찮아서 그런 건가요?

살다 보면 슬레이트지붕이 깨지는 일이 생기죠. 깨지면 바람에 날리고요. 깨지지 않더라도 슬레이트지붕에서 땅으로 떨어진 빗물에서도 석면이 검출돼요.[9] 오랜 시간 석면 지붕은 계속해서 우리를 괴롭힐 것 같아요.

그럼 좀 긴장해야 하는 것 아닌가요? 모르는 사람들 중에는 슬레이트에 고기 구워먹는 사람들이 아직 있을 것 같은데⋯. 슬레이트지붕을 빨리 없애달라고 청와대 게시판에 글이라도 써야겠어요.

쓰는 김에 다른 석면 문제도 해결해달라고 하세요. 지하철역도 심각하거든요. 지하철 역 곳곳에서 석면이 발견돼요. 역에서 근무하는 노동자들의 사무실 천장이나 벽에서 석면이 발견되는 건 예사고, 사람들이 지하철을 기다리는 통로에서도 발견돼요. 서울지하철 1호선은 밖으로 나와 있는 구간들이 많은데 플랫폼 지붕에서 석면이 발견되기도 했죠. 바람이 세게 불 때 혹은 태풍이 몰아칠 때 석면가루가 날리는 것은 필연이에요.

지하철 석면은 철거한다는 뉴스를 여러 번 봤던 것 같은데요.

사실 지하철역 석면 문제는 제기된 지 꽤 오래됐어요. 서울지하철 1~4호선 120개 역 가운데 115개 역에서 석면이 나왔고, 이 때문에 2008년부터 서울시와 서울메트로가 석면 제거작업을 해왔죠. 그런데 2014년까지도 시청역, 종로3가역, 신촌역, 교대역 등 28군데 역에서는 여전히 석면이 검출됐어요.[10] 기차역 사정도 비슷해요. 전국의 역 가운데 석면이 검출된 역은 387개인데 2014년까지 석면이 철거되지 않은 곳이 167개 역이에요.[11] 그뿐 아니라 전국 초중고 건물 천장 대부분에 석면이 사용되었고, 학원 건물 천장에서도 석면이 발견되고 있어요.

학교에도 석면이 있다고요? 그건 정말 위험하잖아요. 잠깐만요, 지금 우리 아이 다니는 학교에 전화 좀 할게요. 확인해봐야겠어요.

어느 곳에 있는 석면이든 최대한 빨리 제거해야 해요. 특히 아이들이 생활하는 곳은 1순위고요. 문 닫은 석면광산이 그대로 방치되고 있는 것도 문제예요. 폐석면광산 수십 개가 복구되지 않은 상태죠. 이 가운데 25개는 충청남도에 있어요. 석면에 오염된 광산은 정밀 조사 후에 석면이 날리지 않도록 조치를 취하는 사업을 해야 해요. 그런데 2013년 현재 복원이 완료된 광산은 한 곳에 불과합니다.[12] 그대로 방치된 폐광산은 석면이 주변 지역으로 날릴 수 있어 매우 위험하죠.

» 계속 사용되고 있는 석면

제대로 되는 게 하나도 없는 것 같은 느낌이에요.

이미 사용된 석면을 없애는 작업이 매우 지지부진한 거죠. 게다가 석면을 몰래 사용하는 경우가 아직까지 많다는 것이 더 문제예요.

아니, 무슨 그런 양심에 털 난 사람들이 다 있어요? 불멸의 석면털이에요?

우선 돌에 석면이 섞여 공급되는 경우가 있어요. 충남의 한 회사는 문 닫은 석면광산 바로 옆에서 돌을 캐 전국 곳곳에 팔았어요. 그런데 이 돌에 석면이 섞여 있었죠. 이 회사에서 납품한 돌은 하천 조경석으로도 쓰였고, 초등학교 담을 만드는 데에도 들어갔어요. 버스터미널 승강장에도 사용됐고요.[13]

우리 집 바로 앞 천변에 몇 년 전 조경석이 깔렸는데….

몇 년 동안 특히 시끄러웠던 문제가 바로 하천 조경석이었어요. 이 문제를 다룬 언론 기사 하나만 볼게요.

> 여름을 맞아 서울 도심에서 운영되는 어린이 수영장 주변에 석면 성분이 포함된 조경석이 즐비해 우려의 목소리가 나오고 있다. 환경보건시민센터에 따르면 서울 관악구 도림천 산책로를 따라 늘어선 1미터가량 크기의 조경석 여기저기에서 마치 꽃이 피어 있는 듯한 석면 결정이 관찰됐다.[14]

서울에서 이른바 '생태하천'을 만든다면서 천변을 말끔하게 단장하고 큰 돌을 갖다놨는데요. 이 조경석에 석면이 포함되어 있었어요. 서울 관악구의 도림천, 양천구 목동의 안양천, 정릉동 우이천 등 곳곳에 석면 조경석이 자리 잡았죠. 우이천의 경우 석면 조경석이 1,000개가 넘을 것으로 추정되고요.

우리 집 앞 천변도 포함되어 있어요. 아이랑 틈만 나면 자전거 타고 놀던 곳

인데. 저 지금 공포스러워요. 어릴 때 슬레이트지붕 조각 밟던 기억에, 석면 조경석 옆에서 자전거 탄 일까지….

수만 명의 사람들이 강변에서 자전거를 타거나 운동을 하다가 조경석에 앉아 쉬어요. 아이들은 그곳을 뛰어올랐다 내렸다 하면서 놀고요. 만약 이러다 석면이 깨져 공기 중으로 흩날리면 큰 문제가 되겠죠. 이 돌들은 문제제기가 된 이후에도 수년째 대부분 제거되지 않고 있어요. 예산이 많이 들어간다는 이유죠.

그러고 보니 석면 베이비파우더 때문에 시끄러웠던 기억도 나요.

"현대제철 노동자 5,000명, 죽음의 물질 석면 노출" "SK, 석면 야구장에서 10번 경기했다" "석면 검출 경남 하동초, 당국 방관에 300여 명 등교 거부" "석면 베이비파우더 43만 개 시중 유통, 회수율 20퍼센트 불과" 뉴스를 장식한 석면 관련 기사의 제목이에요. 역시 폐광에서 나온 돌에 섞여 있던 석면이 문제였어요. 석면이 섞인 돌은 포스코, 현대제철소 등에서 사용되었어요.[15] 또 돌을 부순 흙이 잠실야구장, 인천SK행복드림구장, 부산사직야구장에 들어갔죠.[16] 심지어 일부 학교에서는 운동장에 석면 섞인 돌을 깔았다가 문제가 되기도 했어요. 말씀하신 대로 베이비파우더에 석면이 포함되어 있어서 큰 문제가 된 사건도 있었고요. 이 모든 게 석면 사용이 금지된 이후 벌어진 일이에요.

알면 알수록 심각하네요.

혹시 순환골재라고 아세요?

몰라요. 순한 영재는 알아요. 옆집 아이 이름이 영재인데 순해요.

애기에 집중해주세요. 순환골재는 폐기물을 재활용해 만든 모래나 자갈 같은 것이에요. 석면은 현행법으로 특별하게 정해진 곳에 정해진 방식으로 폐기해야 해요. 위험한 물질을 다른 쓰레기 버리듯 막 버릴 수는 없죠.

당연하죠. 쓰레기 분리수거 할 때도 하다못해 형광등, 건전지는 따로 모아 버리는데…. 그런데 그게 순환골재랑 무슨 상관이에요?

석면이 건축폐기물 속에 섞여 다시 재활용되는 일이 많아요. 건물을 부수고 새로 만들다 보면 흙, 벽돌, 콘크리트, 나무, 철근 등 각종 폐기물이 나오잖아요. 이런 건축폐기물을 다시 재활용해 자갈 같은 순환골재를 만들어요. 순환골재는 캠핑장이나 주차장 바닥의 파쇄석이나 기타 건축 자재로 많이 들어가죠.

파쇄석은 캠핑장에 많이 깔려 있지 않나요?

맞아요.

이런, 다음 달에 가족과 캠핑 가기로 했는데…. 이거 한번 보세요. "바다를 바라보고 캠핑을 할 수 있는 곳이다. 파쇄석이 깔린 쾌적한 캠핑장에서 바다까지 한달음에 갈 수 있으며, 밤에는 시원한 맥주 한 잔과 함께 파도 소리를 즐기는 맛이 일품이다." 캠핑장 광고예요. 예약도 다 해놨단 말이에요. 캠핑장에서 고기 구워 먹으면 정말 일품인데….

흔히 볼 수 있는 캠핑장 광고네요. 요즘에는 파쇄석이 물이 잘 빠진다고 해서 인기죠. 이런 곳에도 석면이 포함되어 있을 수 있어요. 모처럼의 휴식을 위해 가족과 함께 찾은 캠핑장 바닥에 석면 섞인 돌이 있을 수 있다면 기분이 썩 좋지 않을 것 같네요.

석면 쓰레기를 제대로 처리하지 않는 사람들은 혼 좀 나야 할 것 같아요.

당연하죠. 그런데 석면 폐기물을 재활용하지는 않지만 정해진 절차대로 처리하지 않아 문제가 생기는 일도 많아요. 혼날 사람이 더 있다는 소리예요. 현재 법에는 일정 규모 이상의 건물을 철거할 때 일단 그 안에 석면이 있는지 없는지 석면을 조사하는 기관에 의뢰해 확인해야 해요. 또 석면이 함유되어 있을 때는 지정된 전문업체가 해체하도록 되어 있고요.

그런 절차를 잘 안 지키는 거군요.

허가받지 않은 업체를 시켜 마구잡이로 철거하는 경우가 있어요. 돈이 들어가기 때문이에요. 이 과정에서 석면 가루가 주변에 날리기도 하고, 석면 폐기물이 아무렇게나 방치되기도 하죠. 석면 폐기물을 아무데나 버리거나 그냥 땅에 대충 묻어버리기도 하고요.

이런 법은 좀 잘 지키지. 나빠요, 정말.

대놓고 불법으로 사용하는 경우도 있어요. 브레이크 라이닝을 만드는 회사가 석면을 사용하다 들킨 일이 있었고, 2014년에는 대기업들이 석면섬유, 석면시멘트 등을 수입했다가 시민단체들에게 고발당하기도 했죠.[17] 세상에 못된 사람들 많죠.

» 문제는 남아 있다

머리가 지끈거려요.

배가 고파서 그럴 거예요. 하나 더 생각해야 할 게 있어요. 석면공장이 자꾸 다른 나라로 옮겨간다는 것이에요.

다른 나라로 옮겨간다고요? 그것도 한류예요? 아니 석류?

예전에 한국의 석면공장은 일본이나 독일에서 건너온 것들이었어요. 예를 들어 제일화학은 일본의 니치아스사에서 기술을 이전받아 두 회사 간 합작 형태로 운영되었죠. 1990년대 이후 제일화학(현 제일E&S)은 석면 설비를 인도네시아, 말레이시아, 중국 등으로 옮겼어요. 석면공장들이 일본이나 독일에서 한국으로, 그리고 한국에서 동남아시아 등으로 수출되고 있는 거예요. 위험하다는 사실이 알려진 곳에서는 석면산업이 추방되지만, 추방된 공장들이 영원히 퇴출되는 게 아니라 이렇게 다른 나라로 도망가요. 같은 인간으로서 절대 해서는 안 되는 파렴치하고 부도덕한 일이 벌어지고 있는 셈이죠. 인도네시아 같은 나라의 석면공장에서는 기본적인 안전 조치조차 없이 노동자들이 완전히 위험에 노출된 상태에서 일하고 있어요.[18]

이슬람 근본주의자들이 외국인을 납치해 참수하고, 불태워 죽이는 것만 뭐라 할 게 아니네요. 석면공장을 수출하다니, 외국으로 살인자들을 보내 사람들을 죽이는 것과 같은 행위 아니에요?

분노가 터지셨군요. 현재 전 세계에서 석면 사용을 금지한 나라는 55개국쯤 돼요. 유럽은 완전히 금지했고, 아시아에서는 한국, 일본이 금지했어요. 하지만 다른 곳의 사정은 별로 좋지 않아요. 캐나다는 자기 나라에서는 석면을 사용하지 못하게 하면서 아시아에는 석면을 수출하는 매우 부도덕한 행태를 보이고 있죠. 이 밖에도 러시아, 카자흐스탄, 짐바브웨 등이 석면을 수출해요.[19]

캐나다, 좋게 봤는데 안 되겠네요. 그렇게 수출하면 어느 나라에서 사용하는 거죠?

석면을 가장 많이 사용하는 나라는 중국, 인도, 러시아, 브라질 등이에요.[20]

거기 사는 사람들은 석면이 위험한 줄 모르나요?

〈구름을 만드는 산〉이라는 다큐멘터리를 보면 중국의 석면광산에서 일하는 노동자들의 모습이 나와요. 다른 곳에서 일하는 것보다 한 푼이라도 더 벌 수 있기 때문에 이곳 노동자들은 꿈을 갖고 열심히 일해요. 그들은 석면 먼지가 마치 구름처럼 뿌옇게 일어난 곳 한복판에서 아무런 보호장구 없이 열심히 석면을 캐요. 작은 유리조각 같은 석면이 작업복에도, 눈썹에도, 콧등에도, 입 주변에도 내려앉아 있죠.[21] 이게 얼마나 위험한 일인지 자본가들은 알고 있겠죠.

» 석면 제거만이 답이다

석면과의 전쟁을 선포할래요.

석면을 철저히 제거해야 해요. 당연히 예산과 노력을 투자해야 하죠. 비용 때문에 쉽지 않다고 얘기할 수 있는 일이 아니에요. 학교, 어린이집, 지하철역 등 많은 사람들이 이용하는 시설, 특히 아이들이 이용하는 시설의 경우는 더 시급합니다.

관리감독을 제대로 했으면 좋겠어요.

물론이죠. 석면이 다시 사용되지 않도록 관리감독을 철저히 해야 해요. 석면 폐광에서 골재를 채취하거나, 석면 건축 폐기물을 재사용하거나 혹은 불법으로 석면을 이용하는 일이 없도록 정부가 제대로 움직여야 합니다.

✦ 유해물질 ✦

» 유해물질이란?

우리 아이가 어릴 때는 천재 수준이었어요. 막대기로 방바닥을 '톡, 토독' 치는데 리듬이 예사롭지 않았거든요.

 그림도 잘 그린다고 하셨던 것 같은데….

맞아요! 해, 꽃, 구름을 정말 잘 그려요. 화가 시킬까?

 지금도 그렇게 잘 그려요?

솔직히 말씀드리면 요새는 무얼 잘 하지도 않고 좋아하는 것도 없어요.

 책은 좋아하나요?

책이 뭐죠?

아니에요.

대체 뭐가 되려고 그러는지 모르겠어요. 분명히 어릴 때는 소질이 많았는데. 요즘은 의욕도 별로 없고, 되고 싶은 것도 없대요. 역시 친구를 잘못 사귄 거겠죠? 모든 악의 근원은 친구니까. 그리고 손에서 스마트폰이 떨어질 날이 없어요. 보기 싫어 죽겠어요.

이유가 있겠죠. 아이는 부모 하는 내로 따라하는 법이니까요.

저의 반려폰과 헤어지라는 말씀이에요?

아뇨. 그런 건 아니고…. 학교에서 경쟁만 시켜서 아이들이 힘들어 그럴 수도 있어요. 아니면 아이는 잘 크고 있는데 부모가 조급해서 그런 것일 수도 있고요. 어쩌면 유해물질 때문일지도 몰라요.

유해물질이요? 지금까지 얘기한 것도 다 유해물질 아니었나요? 방사능에 미세먼지, 석면, 이런 것들….

그런 것들 말고 생활 곳곳에 유해물질이 또 있어요. 특별히 신경 쓰지 않으면 우리 몸속에 조금씩 쌓이고, 사람을 아프게 하는 물질들이죠.

그런 게 아이들한테 영향을 미친다 이거죠?

그럼요. 아토피로 고통받는 아이들 많잖아요. 생활 속 유해물질과 관련이 있어요. 아토피와 연관 있는 천식이나 비염 같은 병도 그렇고요. 딱히 아픈 건 아니지만 평소 괜히 신경질적이고 짜증을 많이 내는 아이들도 유해물질에 많이 노출됐을 가능성이 있죠. 집중력이 떨어지는 아이도 마찬가지고요.

집중력? 맞아요. 그게 문제예요. 우리 아이는 집중력이 무슨 싸우고 헤어진 애인인지 다시는 어울릴 생각을 안 하더라고요.

유해물질에는 여러 종류가 있지만 이렇게 기억하면 편해요. 발암물질, 환경호르몬, 기타 유해물질.

태평양, 대서양, 인도양으로 나뉘는 바닷물처럼 유해물도 세 가지로 나뉘는군요.

자기 마음대로 세 글자로 바꾸지 마세요. 유해물이 아니라 유해물질이에요.

운율을 맞췄을 뿐이에요. 발암물질은 암을 일으키는 물질이죠?

국제암연구소는 발암물질을 1급, 2A급, 2B급 등으로 분류해요.

세상에는 다 등급이 있군요. 전 1등급을 좋아해요. 고기 1등급, 내신 1등급.

아무렇게나 말하지 마세요. 1급 발암물질은 사람에게 암을 일으키는 게 분명히 확인된 물질이에요. 담배연기, 술, 그을음, 엑스레이, 석면 등 114가지가 포함되죠. 이런 물질들은 최대한 피하는 게 좋습니다.

2A급 발암물질은요?

동물실험 결과 암을 일으키는 것으로 나타났고, 사람한테도 암을 일으키는 것으로 보이는 물질이에요. 69종 정도가 있어요. 역시 피해야 합니다. 디젤엔진 배출물, 교대 야간 근무 등이 여기에 속하죠. 2B급 물질은 동물실험이나 연구가 아직까지 충분히 진행되지 못했지만 암을 일으킬 가능성이 있는 물질인데요, 전자파, 휘발유, 납 등 283가지 물질이 해당돼요.

복잡하네. 발암물질 종류가 500가지쯤 되는군요. 내가 아는 사람이 전 세계에 500명이 안 되는데…. 환경호르몬은 몸 밖에서 만들어졌지만 우리 몸속에 들어와 마치 호르몬처럼 행세하는 물질이라면서요.

어젯밤 텔레비전에 나왔나 보죠? 1990년대 말에 쓰레기 소각장 연기에 다이옥신이 섞여 있다고 해서 난리가 난 적이 있는데, 기억하세요? 이 다이옥신이 대표적인 환경호르몬이에요.

호르몬은 중요하잖아요. 우리 아이한테도 제가 매일 "저녁 10시 전에는 자야 '성장호르몬'이 잘 나온다"라고 말하거든요.

호르몬은 우리 몸에서 매우 중요해요. 몸을 성장시키고 또 적절히 유지해주는 역할을 하거든요. 체온을 일정하게 만들어주는 것도 호르몬, 혈액과 뼛속에 칼슘을 적당히 유지해주는 것도 호르몬, 혈압·혈당 같은 걸 조절해주는 것도 호르몬이에요. 아이 키우면서 먹이는 젖도 호르몬 덕에 만들어지죠.

정말 역할이 다양하네요.

살면서 중요한 순간에는 꼭 한 번씩 등장하죠. "호르몬이 과다 분비돼서 사춘기에 여드름이 생기는 거야." "폐경기 증상을 없애려면, 호르몬제를 드셔야 할 것 같습니다." 이런 식으로 말이죠.

그럼, 환경호르몬은 호르몬이 있어야 할 자리를 대신 차지하는 건가요?

네, 호르몬을 몰아내고 그 자리를 빼앗는 겁니다. 이러면 몸에 문제가 생겨요. 자동차에 정품이 아니라 가짜 부품을 쓰면 문제가 생기는 것처럼요. 환경호르몬은 동물과 사람에게 불임, 정자 감소, 성장 장애 같은 여러 문제를 일으키죠.

모르는 사람이 집에 들어와 주인 행세하는 격이군요. 진짜 곤란하겠다.

그런 셈이죠. 마지막으로 기타 유해물질은 발암물질이나 환경호르몬과는 다른 측면에서 몸에 해를 끼치는 각종 독성물질인데요, 이에 대해서는 뒤에서 마저 말씀드릴게요.

》 유해물질은 스토커

아침에 일어나면 제일 먼저 뭘 해요?

세수하죠.

정말요?

세수 안 한 얼굴로 보이세요?

아니에요. 그런 뒤에는요?

"얘야, 일어나. 학교 가야지." 이러죠. 그러면 아이도 화장실에 가서 비누로 씻고, 용변도 봐요. 남편은 일어나서 밥상에 앉자마자 스마트폰을 만지작거리고요. 그러면서 텔레비전은 틀어놓더라고요. 시끄럽게.

    아침 식사 준비는 본인이 하시겠네요?

네, 전 직장일에 집안일까지 투잡이에요. 몸이 유연한 것도 아닌데 허리가 휘어요. 간단하게 계란 프라이하고, 냉장고에 넣어놓은 반찬 몇 개 꺼내고…. 오늘 아침에는 캔에 담긴 햄을 꺼내 요리해줬어요. 아이가 좋아해요.

    밥 먹고 나면 양치하실 테고요.

양치하고 옷 입고 출근할 준비하죠.

    준비하는 데 시간이 많이 걸리나요?

좀 걸려요. 머리도 말려야 하고, 화장도 해야 하고, 기분 좋으면 향수도 좀 뿌리고요.

    아이는 자기 방 정리 잘하나요?

아이요? 오늘 아침에는 어젯밤에 가지고 놀던 장난감 좀 치우라고 했더니 대충 구석에 밀어놓더라고요. "짜증나"가 입에 붙었어요. 학교 가는 건 왜 그렇게 싫어하는지 내내 툴툴거리더라고요. 준비물도 알아서 좀 챙기랬더니 가방에 필통이며 체육시간에 쓸 줄넘기 같은 걸 대충 꾸겨넣지를 않나…. 짜증나요.

    힘드셨겠네요. 며칠째 바깥 공기가 별로였는데, 출근하실 때 어땠어요?

얼마 전에 차를 새로 샀는데요, 새 차 냄새 때문에 머리가 아파서 방향제를 센 걸로 갖다놨거든요. 남편이 "방향제 사다 놨더니 좀 낫네. 그치?" 이러더라고요. 창문을 꼭 닫고 다녀서 바깥 공기가 어땠는지는 기억이 안 나요.

그러셨군요. 남편은 무슨 일 해요?

공장에서 일해요. 직장 다닌 지 한 25년 됐을걸요? 지난번에 한 번 가봤는데 기계 소리 때문에 굉장히 시끄럽고, 뿌연 쇳가루가 가득했어요. 우리 남편도 참 고생이지. 저는 책 만드는 일을 해요. 새 책 냄새를 좋아해요.

책이 뭔지 잘 아시겠네요. 책이 뭐냐더니….

근데 왜 제 생활을 캐고 그러세요? 유해물질 얘기는 언제 하시려고. 얘기하다 보니 분위기가 참 유해하네요.

죄송해요. 이제 곧 유해물질 말씀을 드릴게요. 하루 일과 끝나고 나면 어때요?

아이는 학교 끝나고 학원 갔다 와야 일과가 끝나요. 학원에서는 시험을 자주 보는데요, 근데 아이가 모르는 문제만 나오면 지우개를 잘근잘근 씹는대요. 학원 마치면 제가 갈 때까지 놀이터에서 뛰어놀아요. 학교에서 친구들하고 내내 놀았을 텐데, 그래도 노는 게 세일 좋을 때니까.

퇴근하면 바로 집으로 가시나요?

아뇨. 마트에 들러 장을 봐요. 제가 또 알뜰 주부라서 영수증 꼬박꼬박 챙겨 보관해놓죠. 장 보고 나면 집에 와서 저녁 차리고, 밥 먹고…. 뭐, 다른 사람들과 비슷해요.

남편은요?

남편은 퇴근하면 곧바로 화장실 들어가서 샴푸로 머리를 벅벅 감아요. 쇳가루 뺀다고요. 밥은 먹고 들어오고요.

그러고 나면 곧 주무시겠군요.

네, 근데 한여름에는 동네에 모기가 많아서 살충제 팍팍 뿌리고 자요.

» 트리클로산·중금속·프탈레이트·전자파

대체 유해물질 얘기는 언제 하죠?

지금부터 할 거예요. 방금 설명해주신 일상생활 곳곳에 유해물질이 도사리고 있어요. 아침에 세수할 때 항균비누를 사용하는 분들 있잖아요.

그럼요. 아무래도 보통 비누보다 안심이 되니까요. 저도 그런 걸요.

항균비누에는 '트리클로산'이라는 물질이 들어가요.

'트리클로산'이요? 무슨 말이래. 나무가 크는 산인가?

아무렇게나 해석하지 마세요! 그냥 화학물질 이름이에요. 생소하시겠지만 외워두면 좋아요. 트리클로산은 항균비누만이 아니라 치약에도 포함되어 있고 화장품을 만들 때도 사용돼요. 혹시 항균비누 광고 보셨어요?

봤죠. "가족의 건강! 손씻기에서부터 시작합니다." "언제나 부드럽고 깨끗한

두 손을 유지하세요." 뭐, 이런 말들 적혀 있는 것 같던데….

그렇죠. 그런 제품들 설명 문구 보면 "항균 성분(트리클로산)이 함유되어 손에 있는 유해균을 제거해줍니다." 이런 식으로 적혀 있어요. 설명 그대로 트리클로산은 세균을 죽이는 역할을 해서 항균제품을 만들 때 많이 사용돼요. 그런데 이게 환경호르몬으로 알려져 있어요.[1] 최근에는 동물실험에서 암을 일으킬 위험이 있다는 연구 결과가 나오기도 했죠.[2]

사실, 아침에 일어나자마자 세수를 하진 않아요.

화장실에는 트리클로산만 문제가 있는 게 아니에요. 각종 중금속이 화장실에서 발견되죠. 변기 커버, 욕실 매트, 슬리퍼 등에 납이나 카드뮴 같은 중금속이 들어 있는 사례가 확인되고 있어요.[3] 앞서 말씀드렸지만 납은 대표적인 발암물질이에요. 카드뮴도 독성이 강하고요. 납·카드뮴 말고도 한 번쯤 들어봤을 니켈, 수은, 코발트 같은 금속도 발암물질이죠. 이런 물질들은 욕실 제품 외에도 아이들이 접하는 물건에 많이 포함되어 있어요.

아이들 물건에도요?

미끄럼틀이나 그네 같은 놀이기구는 페인트로 칠해져 있는데, 페인트에 이런 중금속이 많이 들어 있죠. 학교에서 쓰는 실로폰이나 소고 같은 악기에 사용하는 페인트에서도 중금속이 발견되고요.[4] 이 신문기사 제목 한 번 보세요. "초등생 사용 실로폰서 '기준치 201배' 납 검출" "규제 제외 물품 기준 없어… 정부 17종만 제한 '부실'" "학교 매트리스선 구토·설사 유발 1급 발암물질 비소" 좀 무섭죠?

학교건 화장실이건 유해물질이 참 많네요.

화장실에서 발견되는 유해물질은 또 있어요. 프탈레이트라는 물질인데요, 화장실 슬리퍼나 변기 시트에서 발견돼요. 플라스틱 하면 제일 먼저 생각나는 게 뭐예요?

전 'PVC'요.

저도 그래요. 그런데 PVC는 매우 딱딱해서 부닛히면 깨지기 쉬워요. 이런 단점을 보완하기 위해 첨가되는 게 프탈레이트예요. 프탈레이트는 플라스틱을 유연하게 만들어주거든요. 그런데 프탈레이트는 환경호르몬 작용을 하면서 아토피, 학습장애 등을 일으키는 것으로 알려져 있어요. 2000년대 이후 시민단체들이 꾸준히 문제제기를 해서 현재는 프탈레이트 6종류 가운데 일부는 아예 사용이 금지되었어요. 다른 종류에 대해서도 규제가 있고요. 하지만 아이들 장난감, 학교 간다면서 집어넣었던 필통·줄넘기, 문제 풀다 잘근잘근 씹는 지우개에서 여전히 발견되고 있죠.[5] 또 아이들 용품은 아니지만 집에서 자주 쓰는 생활용품에도 프탈레이트가 꽤 들어가요.

그렇다면 천재였던 우리 아이가 그렇게 된 건 프렌드 때문이 아니라 프탈레이트 때문이었군요.

장담할 수 있는 건 아니지만 가능성이 없는 것도 아니죠.

스마트폰은 문제가 없나요? 우리 식구들은 가족보다 자기 스마트폰하고 더 친한데.

남편이 일어나자마자 손에 쥔 스마트폰에도 문제가 있죠. 요즘 아이들은 초등학교 3~4학년만 되면 스마트폰을 아예 끼고 살아요. 그런데 스마트폰에서 나오는 전자파는 암을 유발시킬 수 있는 것으로 알려져 있어요. 전자파는 텔레비전에서도 나오지만 텔레비전이야 조금 떨어진 거리에서 보니까 스마트폰보다는 안전하죠. 스마트폰은 하루 종일 들고 있고, 통화하느라 머리에 바짝 붙이기 때문에 위험합니다.

» 과불화합물 · 비스페놀A · 파라벤

혹시 부엌은 어때요?

프라이팬은 늘러 붙지 말라고 코팅되어 있죠. 이것도 문제가 있어요. 코팅은 보통 '과불화화합물'이라는 걸로 해요. 이름이 좀 어렵긴 한데요. 그냥 'OO과 불화(사이좋게 안 지냄)하는 화합물'이라 외우면 어떨까 싶어요. 종류에 따라 어떤 물질은 물과 사이가 안 좋고, 어떤 물질은 기름하고 사이가 안 좋거든요.

마음대로 해석하는 건 저한테 배운 재능인가요.

이런 성질 덕에 과불화화합물은 사용처가 매우 다양해요. "사랑하는 마음을 예쁜 도시락으로 전하세요. 미니 햄버거를 식품지에 담아 심플한 직사각 케이스에 넣어주세요. 코팅 처리된 종이는 방수가 되어 좋고, 하얀 케이스는 세련미를 더합니다." 흔히 볼 수 있는 도시락 용기 광고 문구예요. 이때 코팅 처리된 종이에 들어가는 화학물질이 과불화화합물이에요. 과불화화합물은 자동차 유리나 욕실 거울에 김서림 방지제로 쓰이고, 바닥을 닦는 왁스에도 들어가요. 머리에 유분을 주는 화장품 성분에 포함되기도 하고요. 과자, 사탕, 마가린 등의 포장지 코팅에도 사용되죠. 햄버거 포장지나 카페 종이컵 코팅에도 과불화화합물이 들어가는 경우가 있어요. 방수복에도 들어가고요. 이렇게 과불화화합물은 온갖 제품에서 기름기나 물기가 끼는 걸 방지하기 위한 용도로 사용됩니다.

과불화화합물도 유해물질이에요?

여러 실험에서 인체에 해를 끼친다는 점이 확인되고 있어요. 과불화화합물을 만드는 공장의 노동자들은 각종 암에 걸리는 확률이 높은 것으로 나타났어요. 과불화화합물이 환경호르몬으로 기능하면서 사춘기를 늦추거나 여성들의 경우 40대 초반에 폐경에 이르게 한다는 연구, 과잉행동장애와 주의력 결핍을 초래한다는 연구도 있죠. 이 때문에 과불화화합물 중 일부는 유럽이나 미국에서 매우 엄격히 규제되고 있고, 아예 사용을 금지하고 있는 나라도 있어요.[6]

지난번 숯불에서 미세먼지가 많이 나온다고 해서 요즘은 고기를 그냥 프라이팬에 구워 먹고 있는데, 이제 그것도 안 되는 건가요?

프라이팬 가운데는 코팅하지 않고 스테인리스로 된 것들이 있어요. 코팅된 프라이팬 사용을 조금씩 줄이면 좋죠. 그건 그렇고 반찬은 반찬통에 담아두시죠? 반찬을 담아놓는 플라스틱 통도 문제예요. 플라스틱에는 그야말로 여러 가지 유해물질이 들어 있는데요, 그중 '비스페놀A'라는 물질을 기억하셔야 해요.

비스페놀A는 뭔데요?

반찬통은 내용물이 보여야 좋으니까 투명한 플라스틱으로 된 것을 많이 쓰죠. 물병이나 젖병도 투명하고요. 비스페놀A가 바로 이런 투명한 플라스틱의 원료예요. 그런데 이런 플라스틱에 뜨거운 액체가 닿으면 비스페놀A가 녹아 나올 수 있어요.

그렇다고 반찬을 비닐봉지에 넣어둘 수는 없잖아요.

물론 그렇죠. 예전에 자취할 때 시골에 계신 어머니가 가끔 올라오시면 "반찬은 꼭 통에 담아놔. 이렇게 검은 비닐봉지에 넣어놓으면 뭐가 있는지 하나도 모르잖아." 이러셨던 기억이 나네요. 비스페놀A 역시 환경호르몬이에요. 요즘 아이들 사춘기가 빨라진다고 하는데, 비스페놀A가 원인일 수 있어요. 비스페놀A는 아이들 행동 장애에도 영향을 미쳐요. 어른의 경우 정자수를 감소시키는 것으로 알려져 있고요. 비스페놀A는 반찬통이나 물병, 젖병 외에도 통조림 캔에도 코팅되어 있고, 꼬박꼬박 모아놓은 영수증 글씨에도 들어 있어요.

제가 요즘 괜히 짜증이 늘고 몸도 힘든데, 혹시 비스페놀A 때문에 사춘기가 다시 온 건 아닐까요? 비스페놀A가 들어간 물건들은 제가 주로 만지고 사는 것 같은데요.

그건 그냥 피곤한 거예요. 그런데 여성들이 유해물질에 자주 노출되는 건 맞아요. 화장품도 그렇고.

화장품이 왜요?

화장품 안에는 '파라벤'이 들어 있는 경우가 꽤 있어요. 파라벤은 각종 미생물을 잘 잡아줘요. 제품이 변질되지 않도록 해주는 거죠. 그래서 화장품 말고도, 치약, 샴푸 같은 곳에도 사용돼요. 그런데 이 물질은 유방암을 일으키는 걸로 논란이 되고 있어요. 성조숙증을 가져오고, 남자의 정자수를 줄인다는 점은 비스페놀A와 같아요. 유럽에서는 파라벤의 안전성이 계속 논란이 되자 일부 파라벤 제품은 아예 사용을 금지하기도 했어요.[7] 화장품에는 파라벤 말고도 온갖 화학물질이 사용되는데요, 예를 들어 매니큐어에는 톨루엔이라고 두통, 환각 등을 일으키는 물질이 들어 있고, 장난감 만들 때 쓰이는 프탈레이트도 들어가죠.

» 그 밖의 각종 유해물질

이것저것 문제가 아닌 게 없군요. 그럼 옷도 문젠가요?

섬유유연제로 빤 옷은 향기가 아주 좋잖아요. 이 섬유유연제에는 '알킬페놀류'라는 환경호르몬이 첨가되죠.

'알킬페놀류'요? '비스페놀'과 같은 집안인가보다.

집에서 빨기 곤란한 옷들은 세탁소에 드라이클리닝을 맡기잖아요. 그런데 드라이클리닝을 한 옷에서 발암물질이 검출되는 사례도 많아요.[8] 애초에 옷 자체에서 유해물질이 나온다는 사실은 더 놀라워요. 2013년에 정부가 조사해보니 아이들 옷 14개 제품에서 발암물질이 나왔어요. 이 가운데는 유명한 브랜드의 아동복도 있었죠.[9]

이제 확실히 감이 왔어요. 새로 산 차에서 나는 냄새도 유해물질 때문이죠? 방향제도 의심스러워요.

새로 구입한 차에서 나는 냄새는 모두 유해물질 때문이에요. "아빠, 나는 차만 타면 머리가 아파." 아이가 이런 얘기 하지 않는지 잘 살펴보세요. '새차 증후군' 때문일 가능성이 커요. 2만 개쯤 되는 자동차 부품 제조과정에 동원되는 각종 화학물질 가운데에는 인체에 유해한 것들이 많아요. 차량 본체며 핸들, 시트, 계기판, 사이드브레이크 등 어느 곳 하나 화학물질이 사용되지 않는 곳이 없어요. 승용차만이 아니라 새로 만든 버스, 지하철, 비행기, 기차도 마찬가지예요. 방향제에도 유해물질이 들어 있을 가능성이 커요. 차만이 아니라 욕실에도, 사무실에도 요즘엔 방향제를 많이 갖다 놓잖아요. 방향제에는 '프탈레이트' 성분이 들어가요. 아마존 정글의 예쁘게 생긴 개구리가 맹독을 가지고 있는 것처럼, 좋은 냄새 나는 방향제가 사실 몸에 안 좋은 물질을 내뿜고 있을 가능성이 크죠.

프탈레이트는 어디서 들어본 것 같아요.

…

왜 말씀이 없으세요?

남편이 다니는 공장에 뿌연 금속 가루가 가득하다면서요. 이런 곳은 정말 위험해요. 환기도 잘 안 되고, 금속 가루가 날리는 걸 막는 장치도 없는 공장은 노동자들의 생명을 위협하죠. 이에 대해서는 다시 말씀드릴게요. 본인이 일하면서 늘 맡는 새 책 냄새도 책을 만들 때 사용되는 화학물질 때문에 생겨요. 서점 구석에 앉아 오래 책을 읽으면 머리가 살짝 아플 때가 있어요. 역시 새 책에서 나오는 유해물질이 원인이에요.

» 학교의 유해물질

아까 학교에도 유해물질이 많다고 하셨잖아요. 제가 더 알아야 할 게 있을까요? 왠지 자꾸 걱정돼요.

아이들은 친구들하고 장난치면서 노는 게 제일 재밌죠. 중고등학생도 마찬가지예요. 초등학생 때보다 훨씬 과격하게 놀죠. 가방 같은 걸 던질 때도 있고, 학용품이 막 날아다니기도 하고…. 그러다 보면 학교 천장이나 벽을 부수기도 해요. 그런데 아직까지 석면이 포함되어 있는 학교 건물이 다수예요. 전국 유치원·초·중·고 천장의 80퍼센트 이상에 석면 재질이 포함되어 있어요.[10] 석면이 몸에 들어가면 수십 년 뒤 암을 일으키잖아요. 아이들 건강을 위해 절대 사용을 금지해야 할 물질이죠. 수년 전부터 이 문제가 지적됐지만 정부는 한꺼번에 다 바꾸지 못한다는 태도예요. 늘 그렇듯이 예산이 문제라네요. 또 요즘은 학교에 대부분 인조잔디가 깔려 있어요. 인조잔디에는 푹신푹신하라고 자잘한 고무 알갱이들이 박혀 있는데요, 이 알갱이들 속에 납 같은 중금속이 들어 있어요. 이게 내구연한이 7년쯤 되는데, 기간이 지나 바꿔주지 않으면 잘게 부서져 바람에 날리죠. 하지만 수명이 지난 인조잔디를 바꿔주는 학교는 매우 드물어요.[11] 과거에는 놀이터 바닥이 주로 모래였지만, 요즘은 폐타이어로 만든 고무가 깔려 있잖아요. 이 고무재질도 건강에 좋은 건 아니에요. 모래에는 애완동물 배설물이나 기생충 알이 섞여 있기도 한데 정기적으로 소독만 해주면 모래가 고무바닥보다 훨씬 낫다는 주장도 많습니다.

스트레스 쌓이네요. 불쌍한 우리 아이….

남편이 머리 감을 때 쓰는 샴푸에는 주로 치약에 들어가는 파라벤이 함유돼요. 섬유유연제에 넣는 알킬페놀류도 들어가고요. 그러니까 남편 걱정도 해주세요.

모기 죽이는 살충제에 유해물질이 들어가는 건 말할 것도 없겠네요.

우리는 그 유해물질들의 향기 속에서 잠을 청하는 거죠.

» 유해물질을 피하려면

이렇게 유해물질이 많으니 무조건 병에 걸릴 것 같아요.

유해물질이 몸에 들어간다고 해서 무조건 병에 걸리는 건 아니에요. 담배는 폐암을 일으키지만, 평생 피워도 멀쩡한 사람도 있잖아요. 벌에 쏘여도 재수가 없으면 죽기도 하고요. 반대로 벼락에 맞아도 사는 사람이 있죠. 마찬가지예요. 웬만한 발암물질에는 끄떡도 안 하는 사람이 있을 수 있고, 조그만 유해물질에도 몸에 암 세포를 키우는 사람도 있어요.

역시 인생은 운이네요.

문제는 내가 어떤 유해물질에 어떻게 반응하는 사람인지 모른다는 것이죠. 그렇다면 조심하는 수밖에 없어요. 내 문제가 아니라 아이들 문제일 때는 더욱 그렇고요.

역시 인생을 운에 맡겨선 안 되겠네요.

우리가 해야 할 일은 무엇일지 생각해야 해요. 유해물질을 다루는 데도 서로 충돌하는 두 철학이 있어요. 하나는 '위험하지 않으면 사용한다'는 견해고, 다른 하나는 '안전하면 사용한다'는 입장이에요. '위험하지 않으면 사용한다'는 견해는 위험하다는 사실이 확인되기 전까지 계속 사용한다는 뜻이에요.

아니, 세상에 그런 식으로 생각하는 사람도 있나요? 그럼 "엄마, 이 음료수 먹어도 돼?" "응" "근데 이거 무슨 음료수야?" "몰라" "혹시 먹으면 안 되는 거 아냐?" "먹었다 배 아프면 다음부터 안 마시면 되지." 이런 식이겠네요.

잘못된 견해죠. 사람이 만든 화학물질이 수십만 가지여서 그중에 어떤 게 몸에 안 좋고, 어떤 게 괜찮은지 아무도 정확히 알지 못해요. 예전에는 괜찮다고 했다가 알고 보니 안 좋다더라, 이런 식인 경우도 많거든요. 과거에 말라리아를 없애는 데 효과적이었던 살충제 DDT는 농약으로도 엄청난 양이 사용되었지만, 위험성이 알려지면서 지금은 일부 나라를 빼고는 사용하지 않아요.

그런 사례가 많을 것 같진 않은데요. 너무 몰상식하잖아요.

문제가 됐던 가습기 살균제도 그래요. 2014년까지 102명이 죽었어요. 상당수가 아이들이었습니다. 가습기 살균제에 들어가는 성분은 샴푸에도 들어가고 물티슈에도 들어가니 괜찮다, 업체들은 이렇게 생각했죠. 같은 성분을 가습기 살균제처럼 폐로 들이마셔도 괜찮은지에 대한 연구가 전혀 없었어요. '위험하지 않으면 사용한다'라는 원칙은 이렇게 실컷 쓰다가 나중에 위험하다고 판명나면 사용을 중지하는 식이라서 큰 문제라는 겁니다.

'안전하면 사용한다'라는 원칙이 옳다고 주장합니다!

한 표 찍어드릴게요. '안전하면 사용한다.' 그러니까 '안전하다는 게 입증되기 전까지는 사용하지 않는다'가 맞아요. 상식적인 얘기죠. 이 원칙을 '사전 예방의 원칙'이라 해요. 사전 예방의 원칙은 개개인이 가져야 할 태도이기도 하지만 그보다는 정부나 기업이 받아들여야 할 철학이에요. 여러 법제도에서 사전 예방 원칙이 아직 제대로 자리 잡지 못한 상태거든요.

» 생활습관을 바꾸자

개인적으로도 조심해야겠어요.

생활습관을 바꾸면 유해물질을 웬만큼 피할 수 있어요. 향기 나는 제품들은 될 수 있으면 사용하지 않는 게 좋아요. 새 옷은 꼭 빨아 입고, 드라이클리닝한 옷은 비닐을 벗긴 뒤 바람이 통하는 곳에 걸어두세요. '항균제품' '코팅제품'은 될 수 있으면 피하고, 통조림 음식도 멀리해야 하고요. 플라스틱 반찬통은 유리로 된 걸로 바꾸면 안심이 되겠죠. 집에 오면 30초 이상 구석구석 씻어야 하고요. 환기도 잘해야 집안 화학물질이 밖으로 배출돼요.

근데 유해물질 이름은 여전히 어려워요.

외우느라 머리 아플 수는 있지만 유해물질 먹어서 몸이 아픈 것보다는 나아요. 파라벤, 프탈레이트, 톨루엔, 비스페놀A 등 몇 가지는 기억하면 유용해요. 아이돌 그룹 이름보다 식품첨가물 이름이 쉽다고 말씀드렸죠? 유해물질 이름도 마찬가지예요. 안젤리나 졸리, 머리이어 캐리, 브래드 피트처럼 이미 우리가 외우고 있는 연예인 이름보다 길지 않잖아요.

안젤리나 졸리, 멋있어요. 고기 사주고 싶어.

거봐요. 관심 있으면 기억하잖아요. 그러니까 프탈레이트 같은 이름 잊지 마세요.

프탈레이트? 그 많은 걸 언제 다 신경 써요? 모르고 사는 게 최곤데….

그렇지 않아요. 지켜야 할 수칙이래야 아이들 한 시간 공부 분량도 안 돼요. 그래도 이것저것 복잡한 게 싫으면 생활협동조합 조합원이 되면 편해요. 생협 매장에 가면 유해물질 없는 제품들이 가득해요. 요즘은 마을에서 친환경 세제 만들기 같은 강좌도 많이 하는데, 이런 곳에 자주 방문하면서 조금씩 습관을 바꿔도 되고요.

✦ 교통사고 ✦

남편이 운전대만 잡으면 난폭운전을 해요. 욕도 자꾸 해서 아이랑 같이 다닐 때는 제가 눈치도 주지만 잘 안 고쳐지지 않아요.

성격이 급하신가요?

평소에는 조용한 성격이에요. 화도 잘 안 내고요.

그런데 운전만 하면 성격이 변하는군요.

네, 차만 몰면 레이서가 돼요. 그러다 사고라도 나면 어떡하려고….

옆에 타면 무섭겠어요.

저도 막 소리를 질러요. "천천히 운전해!" 이러면서요. 차에서 내리면 배가 고플 지경이에요.

아이는 뭐라 안 하나요?

제가 더 무섭대요.

아이가 안됐네요. 남편은 언제부터 운전 습관이 그랬어요?

젊었을 때 트럭 운전을 잠깐 했대요. 그때부터라고 말해요. 저는 운전 습관 나쁜 사람은 싫어요. 제가 그것 때문에 녹색어머니회도 얼마나 열심히 했는지 몰라요. 교통사고를 줄이기 위해 교통문화 개선이 꼭 필요해요. 안전띠 착용! 신호 준수! 과속 금물! 음주 운전은 절대 NO!

교통문화 개선은 꼭 필요하죠. 매년 교통사고만 100만 건 이상 발생합니다. 그중 다치는 사람이 170만 명!, 사망하는 사람은 5,000명이 넘어요. 그런데 교통 문화를 개선하자는 캠페인을 벌인다고 과속이 줄거나 신호위반을 하지 않게 되는 건지 의심스럽거든요.

그럼, 어떻게 해요? 과속하는 사람 잡아 고기라도 먹일까요? 쉬엄쉬엄 운전하라고?

그런 말은 아니지만, 사실 누구나 안전운전이 중요하다는 것은 알잖아요. 일부러 난폭운전을 하는 사람은 별로 없어요. 그런데도 교통사고가 매년 100만 건씩 일어나는 이유가 있는 것 같아요. 피치 못할 사정들이 있는 거죠.

우리 남편은 피치 못할 사정 없어요. 다 피할 수 있는 사정이지.

젊었을 때 트럭 운전 하셨다면서요.

그게 왜요?

사실 도로에는 여러 사정으로 바삐 움직여야 하는 사람들이 많잖아요. 특히 일 때문에요. 직장에 출퇴근하는 사람들이 운전하는 자동차, 혹은 이들을 실어 나르는 버스·지하철·택시, 출장 가는 사람들이 타는 고속버스·기차, 화물을 운송하는 온갖 종류의 화물차·택배트럭에 퀵서비스·피자 배달 오토바이까지 거리에는 온갖 '일'들로 이동해야 하는 사람들이 가득하죠.

» 과속이 습관이 된 사람들

그건 저도 알죠. 그게 남편 운전 습관이랑 무슨 상관이죠?
　일 때문에 과속하는 습관이 생겼을 수 있다는 얘기예요.

에이, 자기가 안전운전 하려고 마음만 먹으면 할 수 있는 건데, 그건 핑계죠.
　꼭 그렇지도 않아요. 예를 들어 고속도로 나가면 큰 화물차들이 다니죠?

많이 봤어요. 지난번에도 시골 내려가는데 아이가 큰 철근을 싣고 가는 트럭을 보더니 "우와, 바퀴가 10개가 넘어!" 이러더라고요. 그날 쇠막대기 같은 것들을 실은 트럭도 봤고, 컨테이너 트럭도 여러 대 만났어요. 무서워서 멀찌감치 피해 운전했죠. 전 안전운전자니까요. 그런데 화물차 아저씨들은 성격이 다들 안 좋아요. 그런 분들만 트럭 운전을 하는 건지….
　성격이 안 좋다기보다는 상황이 그런 거예요. 화물노동자들은 예전에는 크고 작은 회사의 정식 직원이었어요. 월급이 딱딱 나왔죠. 그런데 IMF를 겪으면서 처지가 바뀌어요. 몇 억씩 하는 화물차를 할

부로 사고 '사장님'으로 거듭났는데, 사실 '탕뛰기' 인생이 됐죠.

탕뛰기요?

'한 탕에 OO원' 하는 식으로 월급이 아니라, 운송 횟수만큼 돈을 받게 된 거예요. 당연히 회사가 내던 기름값·고속도로 통행료·소모품 교체비 등도 모두 자기 부담이 됐고요. 건당 벌이는 세월이 흘러도 제자리인데, 기름값 같은 비용은 꾸준히 올랐죠. 이러니 선택은 과속뿐이에요. 안 그러면 살 수 없으니까요.

화물차 운전하시는 분들을 항상 안 좋게 봤는데, 약간 이해가 되려고 해요.

게다가 화물차 운전자들은 하루 12~14시간 이상 운전하는 경우가 흔해요. 장시간 노동이 일상이죠.

하루 12시간이라고요? 몇 년 전 고속도로 정체 때문에 서울에서 부산까지 12시간 걸린 적이 있어요. 그다음 날 하루 종일 뻗어 있었어요. 매일 그렇게 운전하고 어떻게 버텨요?

그러니까 운전하다 조는 일도 생기죠. 과속이나 졸음운전은 잘못하면 사고로 이어질 가능성이 커요. 그런데 사고가 나면 예전에는 회사에서 산업재해 처리를 해줬지만 지금은 그냥 자기 돈을 써야 해요. 또 화물차는 과적을 하는 경우도 많아요. 물건 맡기는 회사에서 돈을 좀 얹어준다거나 강요하는 경우가 있거든요. 살기 빡빡한 처지에 단호하게 거절하기 어렵죠. 그러다 단속에 걸리면 범칙금을 내야 해요. 과적차량에서 떨어진 화물 때문에 다른 운전자들이 다치는 일도 많고요. 물건 실어 나르는 노동자들은 대체로 다 이런 처지예요.

택배 노동자들 같은 경우에는 이렇게 얘기해요. "건당 700~800원쯤 벌어요." 차 할부금과 기름값 빼고 생활비라도 챙기려면 하루에 200건은 배달해야 한대요.

200건 배달하려면 하루 종일 걸리겠다.

저녁 10시 넘어 집에 찾아오는 택배 노동자들이 그래서 있는 거예요. 이분들이 도로에 나오면 자연스럽게 운전이 급해지겠죠. 퀵서비스 노동자들은 더해요. 교통사고를 달고 살죠. "이것 좀 빨리 부탁합니다." 이용 고객들은 재촉이 일상이잖아요. 노동자들은 늘 시간에 쫓겨요. 달리면서도 배송 주문을 받는 PDA 두세 개를 연달아 보죠. 하나라도 더 주문을 받아야 입에 풀칠이라도 하기 때문이에요. 이러다 사고가 나요. 눈이 올 때는 요금을 조금 더 받기 때문에 일을 더 나가는데, 그래서 사고도 더 많이 발생하죠.[2]

어째, 사는 게 늘 '배수진'이네요.

위험천만한 사람들은 또 있어요. 피자, 치킨 같은 것 배달하는 알바 노동자들이에요. 한때 '30분 배달제'라는 게 있었는데 이 때문에 사람이 죽기도 했어요.

음식 배달했다가 늦게 오면 짜증내고 그랬는데, 후회되네요. 특히 족발….

30분 배달제는 지금 없어졌지만, 대신 다른 제도들이 생기고 있어요. 최근에는 시급 이외에 한 건 배달에 500원씩 주는 수당제가 늘어나면서 알바 노동자들의 과속을 부추기고 있어요.

짐 싣고 달리는 차들은 다 비슷한 처지일 것 같아요.

맞아요. 그런데 사람을 태우는 차들도 문제가 있기는 마찬가지예요. 버스는 회사에서 이윤을 많이 내겠다는 일념으로 배차 간격을 매우 촘촘하게 짜는 바람에 노동자들을 신호위반과 과속으로 내몰아요. 장시간 노동은 기본이라 졸음운전도 다반사고요. 버스 준공영제로 바뀐 곳의 경우 사정이 좀 낫긴 하지만 이런 곳을 제외하면 대부분은 비슷한 처지예요.

과속과 신호위반을 해야 하는 사람들이 매일 쏟아져나온다니, 게다가 과로에 지쳐 졸음운전하는 사람들까지….

모두 열악한 환경 속에서 생계를 위해 조금이라도 더 움직여야 하는 사람들이죠. 이윤 때문에 노동자들에게 더 적은 임금으로 더 많은 일을 시키는 사회에서는 필연적인 일이에요.

» 철도와 지하철의 규제완화

돈 때문에 사람이 죽고 다치는 건 더이상 못 참겠어요. 역시 생명보다 돈이 우선시되는 자본주의의 못된 습성이 수많은 교통사고의 주요 원인이었어요. 우리 머리띠를 묶고 외쳐보아요. 돈보다 생명!

다른 얘기를 좀더 할게요. 교통 관련 규제완화가 거의 모든 분야에서 광범위하게 추진되고 있어요. 이런 규제완화가 안전을 위협해요. "우리는 고객이 안심하는 안전한 철도 서비스를 제공하겠습니다." 어디서 사용하는 구호인지 아시겠어요?

철도공사요.

어떻게 아셨어요?

비행기 회사가 저런 구호를 내걸었다면 타지 않았을 거예요.

철도공사가 내세우는 '고객서비스헌장'의 가장 첫째 항목이에요. 안전한 철도 서비스를 제공하겠다는 내용이죠. 그런데 이와 달리 실제로는 각종 규제를 완화해 안전을 위협하고 있어요.

예를 들면요?

원래 열차마다 사용할 수 있는 '나이'가 정해져 있어요. 이것을 '내구연한'이라 부르는데요. 내구연한은 열차를 안전하게 사용할 수 있는 최소한의 기준이에요. 예를 들어 고속철도는 30년, 일반 철도 중 전기기관차는 30년, 객차는 25년 등이죠. 이후에도 열차를 사용하고 싶으면 정밀 진단 뒤 5년 범위 내에서 사용이 가능했어요. 그런데 2012년 철도안전법에서 내구연한과 관련한 규정 자체가 폐지됐고, 2014년 3월부터 시행되고 있죠.

사람은 장수하면 좋은 일이지만 열차가 장수하는 게 좋은 일인지는 모르겠네요.

그러니까요. 게다가 차량을 점검하고 수리하는 제도도 완화됐어요. 2009년 이전까지만 해도 KTX는 3,500킬로미터를 운행하고 나면 검수를 받았는데 지금은 5,000킬로미터 기준으로 제도가 바뀌었어요.

그러니까 철도 규제완화로 '더 오래된 열차를 더 가끔씩만 검사하면서 운행하게 된 것'이군요.

역시 이해력이 뛰어나요. 말씀드릴 게 또 있어요. 철도공사는 2003년 이후 10년 동안 차량 정비 노동자 수를 2,000명 정도 줄였어요. 앞으로 1,000명 이상 더 줄일 계획이죠. 정비 노동자가 줄어드니 검수 간격을 늘리지 않을 수 없겠죠.[3] 또 정부가 철도민영화를 밀어붙이고 있는데, 그렇게 되면 철저한 안전점검 없이 오래된 차량을 운행하는 일이 더욱 빈번해질 수 있어요.

우리 윗집 언니 남편이 기관사인데, 철도 민영화를 반대하더라고요. 앞으로 응원해드려야겠어요.

꼭 그렇게 해주세요. 이제 지하철 얘기를 해볼게요. 지하철은 1인 승무가 문제예요. 과거 지하철은 승무원이 두 명 탔죠. 지금은 대부분 혼자 타요.

혼자면 쓸쓸하잖아요. 전 식당에서 밥 혼자 못 먹어요.

2003년 대구지하철 사고 이후 기관사 한 명만으로는 만일의 사태에 대비하지 못한다는 지적이 많았지만 1인 승무제는 오히려 더 확산되고 있어요. 비용을 줄여야 한다는 이유예요. 혼자서 전동차 운전을 하고, 문을 열어주고, 방송도 하는 일이 쉽지 않거든요. 큰 사고라도 나면 한 명이 감당하기 어려워지죠.

혹시 기관사가 아프기라도 하면 문제가 심각할 것 같아요.

기관사 건강에 문제가 있을 경우, 1인 승무는 대형 사고로 이어질 수 있어요. 이건 누구 얘기일지 맞춰보세요.

> 기관사들은 아침에 출근해서 저녁에 퇴근할 때까지 햇빛 한 번 보지 못하고 일을 합니다. 이 때문에 갑자기 심장이 두근거리고, 어지러우며, 죽을 것 같은 극심한 공포에 짓눌리는 공황장애에 시달리는 기관사들이 많습니다.

지하철 기관사분들 얘기요.

어떻게 아셨어요?

절 시험에 들게 하지 마세요. 한 번 참지, 두 번은 못 참아요.

지하철 기관사 가운데, 노선 대부분이 지하 구간인 서울도시철도 5~8호선 이야기예요. 기관사들의 건강이 좋지 않으면 승객들의 안전은 당연히 크게 위협받을 수밖에 없어요. 게다가 요즘에는 무인 전동차가 다니는 곳도 많이 생겼잖아요. 서울 강남에서 분당으로 가는 신분당선, 부산지하철 4호선, 대구지하철 3호선은 기관사 없이 운행 중이에요. 경전철의 경우에도 의정부 경전철, 부산~김해 경전철이 그렇고요. 서울도시철도 8호선도 무인 운행을 검토 중이에요.

안 그래도 신분당선을 한 번 탔는데 우리 아이가 "우와, 신기하다! 승무원이 없는데 자동으로 가!" 이러면서 좋아했어요.

아이들은 좋아할 수 있지만 사실 무인운행은 안전문제와 바로 연결돼요. 무인 승무제의 경우 최첨단 시설을 도입해 기관사 한 명이 열차를 운전하는 것보다 사고 발생 위험이 적다는 주장이 있어요. 그러나 긴급 상황에 대처할 인력이 아예 없기 때문에 작은 사고가 큰 재해로 연결될 소지는 얼마든지 있죠. 사실 기차를 전자동으로 운전하더라도 사람이 타야 한다는 규정이 예전에 있긴 했는데, 2010년 사람이 타지 않아도 되는 것으로 바뀌었죠.

» 항공 분야의 규제완화

"가장 중요한 안전에 대해서는 어떤 타협을 하지 않으며"[4] "완벽한 안전, 편리한 서비스, 실용적인 가격으로"[5] "최상의 비행안전과 거품을 뺀 가격을 통해"[6] "무엇보다 '안전한 여행'을 위하여"[7] 어떤 회사의 소개글인지 아시겠어요?

철도요.

삐치셨군요. 항공 분야 규제완화에 대해 말씀드리려고 했던 거예요. 일단 2006년부터 개시된 저가항공사 이야기를 해볼게요. 국내선의 경우 이용자 가운데 절반 가까이가 저가항공사를 이용하고 있죠. 저가항공사들은 하나같이 '안전'을 강조해요. 아까 그 소개글은 모두 저가항공사 홈페이지 회사소개란에 실린 글들이에요. 그런데 실상은 달라요.

실상은 어떤데요?

저가항공사는 비행기를 새로 사기보다 주로 중고 비행기를 임대해 사용해요. 국내 대형항공사들은 비행기의 평균 나이가 9년 정도인데, 저가항공사들은 평균 11~15년 된 비행기를 사용하죠. 오래된 비행기는 비행기 동체에 균열이 가는 등의 문제가 생길 수 있어요. 또 저가항공사는 적은 수의 비행기를 자주 띄우는 식으로 영업해요. 국내 저가항공사는 2013년 기준으로 비행기 한 대당 하루에 6~8번 운항했어요. 대형항공사의 4~5회와 비교하면 거의 두 배죠. 이 때문에 정비할 시간이 적어 안전문제가 발생할 소지가 많아요. 항공기가 제때 도착하지 못해 다음 출발 시간을 맞추지 못하는 일도 비일비재해요.[8] 운항을 많이 하다 보면 비행기가 대형항공사보다 빨리 낡게 되는데 이것도 안전문제와 연결되죠.

내 사랑 저가항공사에 이런 문제가 있었군요. 제주도 갈 때 꼭 이용하거든요.

조종사들에게 요구되는 조건도 대형항공사보다 낮아요. 대부분의 저가항공사가 250시간의 비행 경력이 있으면 신입으로 채용하는데요, 대형항공사의 1,000시간과는 많은 차이가 나죠. 입사하고 나서도 대형항공사는 일 년 정도 훈련 기간을 거치는 데 비해 저가항공사는 4~6개월 정도만 교육해요.[9] 또 부기장에서 기장으로 올라갈 때 요구되는 시간도 상대적으로 짧아요. 아무래도 위급 상황에 대처하는 능력이 떨어질 공산이 크죠. 정비 인력에서도 큰 차이를 보이고 있어요. 대형항공사인 대한항공의 경우 비행기 한 대당 정비사가 35.4명이고, 아시아나항공은 12.7명인데 저가항공사는 가장 많은 회사가 7명이고 적은 곳은 한 명이 채 안 돼요.[10]

올림픽 표어가 '더 빨리, 더 높이, 더 강하게'인 게 떠오르네요. 철도가 '더 오래된 열차를 더 가끔씩만 검사'하면서 운행한다고 했잖아요. 저가항공사는

'더 오래된 비행기를 더 자주 운항하되, 정비는 덜 꼼꼼히' 하는 셈이군요. 올림픽 표어식으로 바꾸면 '더 낡게, 더 자주, 더 대충'일 것 같아요.

올림픽 표어는 '더 빨리, 더 높이, 더 힘차게'예요.

세상에 완벽한 사람은 없어요.

정말 그런 것 같아요. 항공사도 마찬가지예요. 항공기의 안전 문제가 저가항공사만의 문제는 아니거든요. 예를 들어, 2013년 아시아나 여객기가 미국 샌프란시스코 공항에 착륙하다 사고가 나 승객이 다치고 죽는 사고가 발생한 것도 빡빡한 운행스케줄 때문에 안전점검에 소홀했던 게 원인 중 하나라는 지적이 있어요.[11] 마지막으로 정부의 잘못도 커요.

정부가 무슨 잘못을 했는데요?

국토교통부에는 항공안전감독관이라는 자리가 있어요. 말 그대로 비행기의 안전을 감독하는 자리인데요, 2014년 현재 항공안전감독관은 총 18명이에요. 프랑스는 감독관 1명이 비행기 2대를 감독하고, 싱가포르 같은 데도 5대 정도를 1명이 감독하는데, 우리는 16대를 감독해야 해요.[12] 이런 상황에서 항공기 안전 감독이 제대로 이뤄질 수 있을지 의심스러워요.

» 선박의 규제완화

선박의 규제완화도 심각하죠? 세월호 참사 때 보니까 그렇더라고요.

　선박의 규제완화도 급속도로 진행됐죠. 세월호 참사로 가장 많이 알려진 것이 바로 연안여객선, 그러니까 가까운 바다를 다니는 배의 연령을 늘린 것이에요. 원래 법에 정해진 여객선의 나이 한도는 20년이었어요. 다만, 검사를 통과하면 최대 5년 더 쓸 수 있도록 되어 있었는데요, 2009년 여기에 5년이 더해져 나이 제한이 30년으로 늘었어요. 이 조치 이후 20년 가까이 된 배들이 한국에 마구 들어왔죠. 해운사들이 오래된 중고 배들을 가까운 바다를 다니는 용도로 적극 사용한 거죠.

철도든, 배든, 비행기든 모두 수명 연장의 꿈을 실현시켰네요. 수명 억지 연장.

　그렇게 볼 수 있죠. 이것 말고도 최근 진행된 선박과 관련된 규제완화는 셀 수 없이 많아요. 가까운 바다의 섬으로 갈 때 사람과 자동차를 동시에 싣는 카페리를 많이 이용하잖아요?

카페리, 알아요. 시원한 바닷바람을 맞으면서 주변 경치를 구경하면 기분 최고예요. 갈매기들에게 과자 주는 것도 재미있어요.

　카페리와 관련한 각종 규제도 느슨해졌어요. 카페리를 운영하는 회사는 차량이나 화물을 어떤 방식으로 싣고, 어떻게 묶는지 등을 그림으로 표시한 '차량적재도'를 정부에서 미리 승인받아야 해요. 만약 차나 화물을 도면과 다르게 실을 경우 정부의 승인을 다시 받도록 되어 있었죠. 허락받은 대로만 짐을 실어야 하는 거예요. 배는 사고가 나면 크게 나기 때문에 계획에 없던 대로 하면 안 된다는 뜻이었죠. 그러던 것이 2009년에 몇 가지 기본 차종에 대해서만 승인을 받으면 애초 도면과 달라도 유사 차종을 실을 수 있도록 규정이 바뀌었어요.[13] 또 원래는 바다가 평온할 때, 한 시간 미만으로 운항하는 카페리는 차를 묶지 않는 대신 쐐기로 고정해 미끄러지지 않도록 했어요. 그런데 이 규정도 완화해 갑판의 요철 부분에 붙어 있는 사각 철제 고리에 고정해도 되는 것으로 변경했고요. 이 밖에도 선장이 항해 시간 3시간은 입석으로 배를 탈 수 있도록 했고, 모든 배는 위치발신장치를 설치해야 했던 것을 2시간 안쪽으로 운행하는 배는 설치하지 않아도 되는 것으로 바뀌었죠.

» 안전을 위협하는 외주화와 비정규직 문제

이건 규제완화 말고 다른 얘긴데요, 세월호 선장이 비정규직이어서 먼저 도망갔다는 얘기를 들었을 때는 화가 많이 났어요.

비정규직 문제도 매우 심각해요. 비정규직은 신분 때문에 안전을 직접 위협받기도 하고, 불안한 지위 때문에 사업장의 안전을 제대로 책임질 수 없는 처지이기도 해요. 이건 모든 분야가 다 마찬가지예요. 일단 선박 분야를 보면, 세월호처럼 큰 배의 선장이 비정규직이었으니 상황이 어떤지 알 만하죠. 2013년 기준으로 국내 항구를 오가는 여객선 선원은 802명인데요, 이 가운데 비정규직이 602명인 것으로 확인됐어요. 그중 계약 기간이 2년이 안 되는 선원

이 전체의 반을 넘는 346명이나 되었고요.[14]

그래도 선장이 먼저 도망가는 건 이해하기 힘들어요. "난 배와 함께 끝까지 남겠다." 이런 게 선장 아닌가요?

선장이 그런 말을 하려면 '배가 곧 자신이고 자신이 곧 배'인 경지가 되어야 해요. 이런 마음은 정규직으로 오래 근무한 사람만이 가질 수 있는 애정이자 책임감 같은 거죠. "이 배가 나의 고향이다"라는 심정 말이에요. 잠깐 있다 가는 비정규직이 갖기는 어려워요. 그렇다고 세월호 선장의 책임이 면해지는 건 아니지만 말이죠.

2년마다 이사 다니는 도시 사람들이 지금 사는 동네를 고향이라 생각하지 않는 것과 똑같겠네요.

그런 셈이죠. 게다가 세월호 사고가 터지기 하루 전에도 정부는 선원 관련 규정을 바꿨어요. 원래는 선박을 검사하는 선박 검사원, 선박 수리를 담당하는 기술자는 비정규직 파견 노동자를 쓰지 못하도록 되어 있었는데, 그 제도를 바꿔 비정규직 파견 노동자를 고용할 수 있게 허용했어요. 선박 검사원이나 선박 수리 기술자 모두 배의 안전을 담당하는 사람인데, 이 일을 비정규직에게 맡긴 거죠.

문제투성이네요. 다른 분야는 어떤가요?

안전순찰원들의 업무는 사고 뒤처리나 법규위반차량 계도처럼 도로 위에서 일어나는 거의 모든 응급 상황을 해결하는 것입니다. 고속도로에서 빠르게 달리는 차 사이를 맨몸으로 누비는 일은 다반

사. 아찔한 사고로 이어질 수 있는 낙하물을 치웁니다.[15]

고속도로 안전순찰원에 관한 이야기이군요.

묻지도 않았는데 대답하시네요.

물었으면 더 이상 대답하지 않았을 거예요.

차들이 빠른 속도로 달리는 고속도로에는 고속도로 안전순찰원이라는 직업의 노동자들이 있어요. 고속도로를 달리다 보면 한국도로공사 마크가 찍혀 있는 차가 다니는 걸 볼 때가 있는데요, 여기 탄 노동자들이 바로 안전순찰원이에요. 전국에 약 800명쯤 있는데 전원이 비정규직이에요. 안전순찰원은 고속도로에서 일어나는 거의 모든 긴급상황에 대처해요. 갓길에 세워진 차를 이동시키는 일이 이분들의 일이기도 하죠. 도로에서 사고가 나면 사진을 찍는다거나, 사고로 불이 났을 때 긴급히 불을 끄는 일, 졸음운전을 하는 운전자를 깨우는 일도 이분들이 하죠.

꽤 위험한 직업일 것 같아요.

아까 보신 자료에 적혀 있는 것과 같아요. 고속도로를 달리는 차 사이를 왔다갔다 하는 게 안전한 일은 아니니까요. 게다가 교통사고 뒤처리를 하고 있는 와중에 뒤에 오던 차가 그대로 달려들어 안전순찰원이 사망하는 경우도 드물지 않게 발생해요.

이분들은 어쩌다 비정규직이 된 거죠?

원래 안전순찰원은 정규직이었는데, 2007년에 한국도로공사가 효율화를 이유로 안전순찰업무를 모두 외주업체에 맡겼어요. 그 이후에 노동자들의 처우는 나빠졌고, 대신 비리는 늘어났어요.

선박 비정규직, 고속도로 비정규직, 또 무슨 비정규직이 있어요?

지하철은 서울·부산·대전 등 전국 7개 회사에 고용되어 있는 파견이나 용역 비정규직이 전체 노동자의 25퍼센트꼴이에요. 서울의 경우 청소용역 노동자들을 빼면, 안전과 연관된 일들, 예를 들어 전동차를 정비하는 업무라든가 지하철 역 엘리베이터를 유지·보수하는 업무를 하는 비정규직이 오히려 늘었어요.[16] 항공사는 기장, 부기장의 비정규직 비율이 꽤 높아요. 저가항공사의 경우 조종사의 22퍼센트가 비정규직인 것으로 나타났는데요, 대형항공사가 7퍼센트 정도인 것에 비하면 세 배나 많은 셈이에요.[17] 이런 부분이 사고 발생 시 대처능력이나 책임감과 연관된다는 점에서 무척 걱정되는 부분입니다.

» 공항의 비정규직

육해공이 모두 비정규직이군요.

공항 비정규직 문제도 있어요. 인천공항은 2014년 현재 비정규직이 전체 직원의 90퍼센트 가까이 돼요. 당연히 안전 업무를 담당하는 노동자들도 대부분 비정규직이죠.

인천공항에 갈 일이 있었는데 제복을 입고 총을 들고 두 사람씩 짝을 맞춰

움직이는 사람들이 있더라고요. 우리 아이가 "우와! 저 사람들 특공대야?" 이렇게 물어봤어요.

"아니, 비정규직이야"라고 대답해주지 그러셨어요. 인천공항은 비정규직의 왕국이에요. 비행기가 안전하게 이륙하고 착륙하도록 도와주는 항공등화시스템, 그러니까 활주로등, 비행장등, 착륙방향 지시등, 착륙구역조명 등을 유지하고 관리하는 일도 외주업체 비정규직이 담당해요. 전기를 공급해주거나 보안검색을 하는 일도 마찬가지고요. 인천공항에는 소방대가 별도로 있는데 이분들도 비정규직이에요.[18]

다들 계약직인가요?

대체로 공항과 계약을 맺은 외주업체 소속이에요. 일은 공항에서 하지만 소속은 공항이 아닌 것이죠. 공항공사는 3년마다 이 업체들과 재계약을 하는데, 회사가 바뀔 때가 많아요. 노동자들은 원래 있던 회사를 나와 새로 계약을 맺은 회사에 다시 취직해야 공항에서 계속 일할 수 있어요.

경력사원이 갑자기 신입사원이 되는 거예요?

맞아요. '인생은 돌고 도는 것'이라더니 비정규직 인생이 딱 그래요.

"고3 끝나면 뭐해?" "응, 다시 고1이 되지." 비정규직이 이렇게 사는 거잖아요. 인천공항에서 3년간 죽어라 일하는 이유는? 정답, '다시 1년차 신입사원이 되기 위해서!' 이거 정말 문제네요.

덕분에 인천공항은 10년 내내 흑자예요. 사정이 이러니 비정규직이 책임감을 갖고 일하기 힘들겠죠? 고용이 늘 불안하기 때문에 회사에 대한 애정이나 업무에 대한 책임감을 갖기 어렵고 실제 권한도 많지 않아요. 대표적으로 인천공항 소방대원들의 경우가 그래요. 공항은 자칫 대형사고가 발생할 수 있기에 소방관들의 역할이 매우 중요한 곳이지만 인천공항 소방대는 비정규직이라 할 수 있는 게 적어요. 만약 외주업체가 일하다가 공항공사에 피해를 입혔을 경우 손해를 배상해야 해요. 노동자들이 위축될 수밖에 없겠죠. 공항 건물에서 화재가 나더라도 현장 진입 과정에서 시설물을 부숴 외주업체가 배상이라도 해야 하는 날에는 그 책임이 결국 노동자에게 올지 몰라요.[19]

선뜻 이해되지 않네요. 불을 꺼야 되는데 열쇠를 가져올 때까지 기다려요?

그런 어이없는 일이 현재 제도상으로는 일어날 수 있다는 거예요. 경비보안의 경우에도 같은 일을 몇 개의 외주업체가 나눠 맡다 보니까 서로 협조가 쉽지 않아요. 공항 2층에서 도망간 범죄자가 1층으로 내려가면 따라가 잡지 못한다는 이야기까지 나올 정도예요.[20] 외주업제 간 관할 층이 다르기 때문이에요.

» 적당한 임금과 공공성을 확보하자

이야기 나눈 지 시간이 꽤 지났는데 뭔가 대안을 얘기해주세요.

교통사고를 없애기 위해서는 다양한 측면에서 제도를 바꿔야 해요. 우선 노동자들이 일한 만큼 대가를 받을 수 있어야 하겠죠. 적정한 임금, 적절한 노동시간 및 휴식시간이 보장되어야 과속운전·졸음운전·과적 등이 안 생길 테니까요.

그 점은 확실히 이해가 가요. 둘째는요?

둘째, 공공성 확보도 중요해요. 버스나 지하철, 철도는 수익성 위주의 체제를 바꿔야 해요. 버스는 완전한 공영제로 가는 것이 가장 좋겠죠. 서울은 준공영제라 다른 곳보다 낫긴 하지만 사업자들에게 일정 수익을 늘 보장해주기 때문에 돈이 너무 많이 들어가는 문제가 있어요. 이 문제를 해결하면서 안전을 확보하려면 완전 공영제로 가야겠죠. 기차·지하철의 경우에는 민영화를 반드시 막아야 합니다. 안전 인력 보강, 1인 승무제 폐지 등 공공성 확보를 위한 다양한 노력이 있어야 해요. 만약 철도가 민영화되면 안정성이 크게 위협받을 거예요. 비용을 절감한다면서 인력을 줄이면 승객들은 더욱 위험에 노출될 테니까요.

민영화는 특별히 두 눈 부릅뜨고 막아보도록 할게요.

셋째로는 안전 관련 업무의 외주화를 금지해야 하고, 비정규직을 없애야 해요. 안전 업무의 외주화가 얼마나 심각한 문제를 일으키는지는 앞서 살펴봤잖아요. 안전 업무의 핵심이 '사람'이라면, 일자리가 안정적이면서 자기 업무에 자부심을 느끼는 사람이 그 만큼 책임감도 발휘할 수 있겠죠.

전적으로 동의해요.

마지막으로 정부가 안전 관련 업무를 민간기관에 위탁하는 관행이 바뀌어야 해요. 안전 관련 검사를 하고 감독하는 민간기관들이 알고 보면 감독을 받아야 하는 대상들이 모인 협회인 경우가 많아요.

그래요? 그건 좀 어이없네요. "시험 보느라고 고생했어요." "네" "채점은 여러분이 하세요." 이런 식이잖아요.

그렇죠. 배의 안전감독 권한을 위탁받아 진행하는 해운조합은 해운회사들이 회원이에요. 해양수산부 고위 관료들이 퇴직하면 한자리 하는 곳이기도 하죠. 자기 배를 자기가 점검하는 시스템이 잘 굴러갈 리 없죠. 한국선급은 해양수산부의 위탁을 받아 선박 안전검사와 인증을 담당하는 곳이지만, 세월호 불법 증축 부분도 안전하다는 판정을 내렸어요. 정부는 이를 잡아내지 못했죠.

아까 '공공성'이 중요하다고 하셨는데, 안전 업무야말로 공공성이 정확히 확보되어야 할 것 같아요.

옳은 말씀이에요. 예를 들어, 교통안전 관련 공공기관의 역할을 제대로 세우는 것도 중요해요. 현재 자동차 검사는 민간업체가 맡고 있어요. 그러다 보니 민간업체들끼리 경쟁이 붙어 웬만하면 합격시켜주는 식의 검사를 하죠. 정부에서는 가끔씩 대규모 단속을 통해 부정을 저지른 업체들을 적발하고 있지만, 사실 이런 문제를 근본적으로 해결하기 위해서는 공공기관이 자동차 검사를 직접 하는 것이 가장 좋겠죠.

» 교통사고를 줄일 수 있는 간단한 몇 마디

생각해보니 교통사고 예방에 제가 할 수 있는 일도 꽤 있는 것 같아요.

남편에게 고기를 사준다?

그거 말고요. 예를 들면, 택배기사님들한테 잔소리하지 말아야겠다는 생각이 들어요.

맞아요. "배달이 너무 늦다." "늦은 시간에 문을 두드리면 어떡하냐." "연락도 없이 오면 안 된다." 이런 말들을 굳이 하실 거면 듣기 좋게 표현해주세요. 감정을 상하게 하는 말은 아무래도 운전에 영향을 미치니까요.

잠깐 투덜거리는 게 다른 사람의 생계에 지장을 줄 수도 있다니 더욱 조심해야겠네요.

그렇게 생각해주시면 고마운 일이죠. 치킨·피자집에는 "빨리 갖다주세요"라고 하지 마시고, "안전하게 배달해주세요"라고 하면 더 좋겠죠?

지하철을 타고 가다가 혹시 지상 구간이 나오면 "기관사가 햇빛을 볼 수 있어 다행이다"라고 생각할래요.

✛ 의료사고 ✛

아이가 감기에 걸려서 병원에 갔다 왔어요. 사람이 어찌나 많은지 한 시간이나 기다렸어요.
    힘드셨겠네요. 별일은 없었죠?

그냥 의사 선생님 만나고 약 처방받아 왔어요. 별일이랄 게 없죠.
    병원에 간 뒤에 더 아픈 사람들이 있거든요.

무슨 소리예요? 병원에 가면 나아서 와야지 왜 더 아파서 와요?
    환자가 병원에서 넘어져 다치는 경우도 있고, 예방접종 부작용으로 고통받는 경우도 종종 있거든요. 병 고치러 갔다가 다른 병이 옮아온다거나, 수술을 했는데 바이러스에 감염되는 경우도 있고요.

그래요? 하기야 우리 아이도 학교에 다니면 다닐수록 점점 공부하고 멀어지는 것 같아요. 이해 못할 일은 아니네요.

이상한 비유인데 왠지 설득력이 있군요. 아무튼 병원에서는 의외로 사건사고가 많아요. 2014년 한 대형 병원에서는 4개월 동안 왼쪽과 오른쪽이 바뀐 엑스레이로 환자들을 진료해 큰 소동이 벌어졌어요. 그 기간 동안 큰 수술 환자가 없었던 게 천만 다행이었죠.

그런 일도 있었어요? 큰 수술은 없었어도 왼쪽과 오른쪽이 바뀌어 치료된 게 있었을 거 아니에요. 신발이나 장갑도 왼쪽, 오른쪽이 바뀌면 불편한데, 이건 좀 놀랍네요.

아무래도 그렇죠.

응급실은 어때요? 응급실에 갈 때마다 정신없던데.

응급실 같은 곳에서도 사고가 꽤 나죠. 응급한 상황에 오는 환자들은 말을 못하거나 의식을 잃은 상태일 경우가 있어요. 의사는 빨리 환자에게 응급처치를 해야 하지만 정보는 부족하고, 환자들은 계속 몰려오죠. 아무래도 문제가 생길 공산이 커요.[1]

» 의료사고 사망자

의료사고로 죽기도 한다고요?

네, 예를 들어 정맥에 놔야 할 항암주사를 척수에 놓아 환자가 사망하는 사고가 여러 번 있었어요. 2010년 목숨을 잃은 아홉 살 정종현 군이 대표적인 사례예요.

아홉 살이요? 어머나 어떡해요. 얼마나 예쁠 땐데….

> 마지막 치료를 받으면 끝나는 거였는데, 그때 척수 주사랑 정맥으로 들어가는 주사를 한 자리에서 놨어요. 주치의가 두 주사가 서로 바뀌 투여하는 바람에 10일 동안 극도의 고통을 겪으면서 결국은 사망하게 됐어요.[2]

종현이 엄마의 말이에요.

정말 억울할 것 같아요. 마지막 치료였는데 주사를 반대로 놓다니….

눈앞에서 아이를 잃은 분의 심정이 오죽하겠어요. 시간을 되돌려놓고 싶겠죠.

그런 사건이 많다는 게 너무 놀라워요. 전혀 몰랐거든요.

종현이 같은 사건 이외에도 마취나 수술과 관련한 의료사고도 흔해요. 막을 수 있는 의료사고로 인해 매년 한국에서 약 1만 7000명[3]의 환자가 죽는 것으로 추정되거든요.

1만 7000명이요? 교통사고로 죽는 사람이 5,000명쯤 된다고 했잖아요.

그러니까 의료사고로 죽는 사람이 교통사고로 죽는 사람보다 많다는 얘기예요. 하루에 40~50명꼴이죠.

모두 살 수 있는 사람들일 텐데, 할 말이 없네요. 아이한테 늘 "차 조심해"라고 말하는데, 앞으로는 "병원 조심해라"라고 해야 할 것 같아요.

교통사고는 눈에 잘 보여서 그런지 사람들이 굉장히 신경을 많이 쓰는데 환자 안전문제는 의외로 소홀해요. 국가에는 교통안전공단이 있어서 교통안전과 관련한 일을 전담하지만, '환자안전공단' 같은 건 없잖아요.

환자안전이 중요하게 취급되지 않는 이유가 뭐죠?

글쎄요. 일단 사고가 일어났는지 모르니까 그런 것 아닐까요? 교통사고는 상대방이 있고, 대부분 주변에 목격자가 있어서 감추고 말고 할 게 없지만 의료사고는 다르니까요. 예를 들어 수술실에는 의사와 간호사 몇 명이 있을 뿐이고 환자는 마취 상태잖아요. 자잘한 사고는 어물쩍 넘어가면 그만이죠. 행여 의료진의 실수로 환자에게 큰 문제가 생겼다 해도 그냥 넘어갈 방법은 찾기 나름이에요. 보호자들이 보통 의료진을 의심하지는 않으니까요.

수술실이 아니면요?

수술실이 아니라도 마찬가지예요. 의사가 처방을 잘못하거나 환자끼리 약이 바뀌는 경우가 많은데, 환자들은 잘 몰라요. 앞서 이야기한 엑스레이 관련 사고도 4개월 동안 578명을 잘못 진료했지만, 그 환자들 가운데 누구도 좌우가 바뀐 채로 진료받았다는 걸 알지 못했어요.

환자가 그런 걸 알기는 어려워요. 의사선생님은 전문가고 환자는 병에 대해 잘 모르기 때문에 그냥 치료를 받을 뿐이잖아요.

그런 점도 의료사고가 소홀히 다뤄지는 이유 중 하나예요.

» 부족한 의료 인력

그런데 왜 의사나 간호사 들이 그렇게 실수를 하는 거죠?

의료사고를 의사나 간호사 들의 개인적 실수 때문이라고 단순하게 볼 수는 없어요.

실수가 아니면요? 고의예요?

그런 말이 아니라, 현재 한국의 의료제도나 병원시스템이 의료사고가 자꾸 일어날 수 밖에 없는 구조라서 문제라는 말씀을 드리고 싶은 거예요.

의료사고에도 무슨 구조가 있어요?

그럼요. 그건 교통사고도 마찬가지예요. 예를 들어 '교통사고 잦은 구간' 같은 곳 있잖아요. 그런 곳은 사람들이 운전하다 딴짓을 한다거나 집중력이 떨어져서가 아니라, 도로의 시스템 때문에 운전자들이 사고에 노출될 수밖에 없는 구간이라 그런 거예요. 이런 게 구조 문제인 거죠.

어떤 구조가 문제라는 거죠?

의료사고의 가장 큰 원인은 무엇보다 '인력 부족'이 가장 커요.

일은 많은데 사람이 부족하니까 급하게 하다 사고가 난다는 뜻인가요?

대학병원 같은 데는 교수와 레지던트라 부르는 전공의가 있어요. 간호사도 있죠. 그런데 이 사람들이 너무 바빠요.

교수님들도 바쁘다고요?

교수는 수술도 해야 하고 특진도 봐야 해요. 또 논문도 써야 하고 학생들 강의도 해야 하죠. 이 인터뷰 기사 한번 보세요.

> 교수님들도 불쌍해요. 병원의 '직원'이거든요. 일과가 끝나면 휴대전화로 실적이 찍혀요.

> 교수님 한 명이 동시에 두세 개 수술방을 열기도 해요. 방을 돌며 핵심적인 부분만 맡죠. 그러다 한 방에서 수술이 길어지면 문제가 생겨요.[4]

한 번에 두세 개 수술방이라니, 시험 두세 개를 동시에 보는 기분이겠어요. 그러다 답 틀리지.

전공의도 바쁘기로는 남부럽지 않아요. 하루에 최소 12시간에서 많게는 16시간까지 일해요. 밤새는 날도 많고요. 2014년부터 전공의가 일주일에 80시간 이상 근무하지 못하도록 하는 등 제도가 좀 바뀌긴 했지만 현실에 정착하는 데는 시간이 걸릴 것으로 보여요.

무슨 노예도 아니고 하루에 16시간은 너무한 것 같아요. 명절날 2~3일 죽어라 일하면 꼭 몸살이 나요. 전공의들은 늘 그런 상태일 것 같은데요?

2~3일 동안 제대로 눕지도 못하고 일한 다음 바느질해보세요. 손 찔리지 않으면 다행이죠. 전공의는 매일 이런 식이에요.

으악, 갑자기 확 실감이 나요. 엄청 피곤한 상태에서 사람 몸을 꿰맨다는 소

리잖아요.

그렇죠. 피곤한 상태에서 봉합수술도 하고, 폐에다 바늘을 꽂아 물 찬 것도 뽑아내고, 약도 처방하죠.

교수나 전공의나 다 힘들겠어요. 환자들은 또 무슨 죄예요.

간호사도 마찬가지예요. 큰 병원 간호사들은 3교대로 일해요. 어떤 날은 낮에 일하고, 어떤 날은 저녁에 일하고, 또 어떤 날은 밤을 새요. 컨디션이 좋을 리 없죠.

저는 제때 자고 정해진 시간에 눈을 뜨는 스타일인데, 간호사들은 정말 힘들겠어요. 외국 나갔다 온 것도 아닌데, 매일 시차 적응하다 끝나겠다….

역시 간호사가 적어서 생기는 일이에요. 어떤 연구에 따르면, 환자 안전에 부정적인 영향을 미치는 요소 1위가 '법정 간호 인력 미확보'[5]라고 해요. 병원이 법에 정해진 수만큼 간호사를 고용하지 않는다는 거죠.

법을 안 지키는 병원이 있다는 소리네요.

사실 정부 기준을 맞춘 병원은 찾기 힘들어요. 큰 병원이니 작은 병원이나 똑같아요.[6] 병원은 부족한 인력을 비정규직 간호사로 채우거나, 간호조무사한테 간호사 역할을 맡기거나, 그것도 안 되면 환자 보호자에게 간호사가 할 일을 미루는 식이에요. 아니면 간호사들의 근무시간을 대폭 늘려서 해결하죠.

병원은 인수인계타임이 시간으로 딱 떨어지지 않아요. 그래서 실질

적으로 11시간 이상 일하죠. 8시간 3교대인데 실제로는 11시간 일하는 사람들이 많아요.[7]

이런 식이에요.

자유의 여신이 법의 이름으로 칼을 뽑아야겠군요.
정의의 여신이겠죠.

누구든 상관없어요. 아무튼 칼을 뽑읍시다.
실제로 외국에는 간호사 수를 환자 4명 당 무조건 한 명, 이렇게 법으로 정해놓고 지키지 않을 경우 아예 병원 문을 닫게 하는 나라도 있어요.[8] 그런데 한국은 꼼수가 만연해 있어요.

법대로 안 한다는 소리군요. 그럴 줄 알았어요. 근데 혹시 간호사를 구할 수 없어서 그런 건 아닐까요?
사실 한국은 간호사가 적은 건 아니지만 일이 너무 힘들어서 그만두는 비율이 높아요. 지방으로 갈수록 간호사가 적은 것도 문제고요.[9]

좀 인간답게 일할 수 있도록 해주면 되잖아요. 그러면 간호사들이 그만두지 않을 텐데요.
그렇게 하려면 병원 입장에서는 돈이 많이 들죠.

결국 문제는 돈이군요. 얘기를 하면 할수록 모든 일은 돈으로 통하는 것 같

아요.

간호사 수가 환자 안전과 직결된다는 것은 여러 연구에서 확인됐어요. '간호사가 많은 중환자실일수록 사망률이 낮다'는 연구도 있고요.[10] 정규 교육을 받은 간호사가 병원에 많이 근무할수록 환자가 적게 사망해요.[11] 그런데 간호사의 처지가 이런 상황이니 환자의 안전이 더욱 심각하게 위협받을 수밖에 없어요. 죄다 돈 때문에 벌어진 일이에요. 많은 간호사가 병원에 환자 안전과 관련한 심각한 문제가 있고, 사고가 터지지 않은 건 순전히 운 때문이라고 생각해요.[12]

» 돈 버는 데만 혈안이 된 병원

병원과 돈의 부적절한 관계에 대해 조금만 더 구체적으로 말씀해주세요.

인력이 부족한데도 상황이 개선되지 않는 이유는 병원이 돈을 버는 데만 혈안이 되어 있기 때문이에요. 예를 들어 전문의 교수는 실적 독촉에 시달려요. 전공의는 병원 입장에서는 싸게 쓸 수 있는 의사니까 적당히 뽑아 부려 먹으면 된다고 생각해요. 간호사도 마찬가지예요. 오래 일한 간호사는 월급을 많이 줘야 하니까 병원에서 내모는 일이 흔해요. 대신 신참 간호사들을 쓰죠. 간호사의 숙련도가 떨어질 수밖에 없어요. 당연히 환자의 안전에 영향을 미치죠.

지난번에 종합병원에서 3시간 기다렸다가 딱 3분 진료받았는데 이것도 의사가 부족해서겠죠?

좀 복잡한 이유가 있지만 그런 것도 이유죠. 이를테면, 의료진이 환자를 치료하는 데 있어 정말 중요한 요소가 '인간관계'예요. 환자는 자신의 상태를 충분히 이야기할 수 있어야 하죠. 의사는 어떤 치료를 어떻게 할지, 경과는 어떤지 충분한 시간을 갖고 설명해야 해요. 의사와 간호사가 환자와 좋은 관계를 맺는 게 그래서 매우 중요해요. 의대생들은 졸업할 때 히포크라테스 선서를 합니다. 이 선서에는 이런 내용들이 들어 있죠.

> 나의 생애를 인류봉사에 바칠 것을 엄숙히 서약한다.
> 나의 환자의 건강과 생명을 첫째로 생각하겠다.
> 인종, 종교, 국적, 정당정파, 또는 사회적 지위 여하를 초월하여 오직 환자에 대한 나의 의무를 지키겠다.

한국에도 이런 의사가 있겠죠?

그럼요. 하지만 대체적으로 한국 병원의 현실은 정반대예요. 큰 병원일수록 공장과 비슷해요. 의사는 일도 많고 피곤한데다 병원 독촉도 심하니까 환자를 빨리 보게 돼요. 환자와 얘기하면 시간이 부족해지니까 일단 엑스레이 같은 사진부터 찍으라고 하죠. 환자 얼굴이 아니라 그 필름을 보고 진료해요.

제가 좀 찔리는 게 있어요. 저도 아이 얼굴이 아니라 성적표 보고 대화하거든요.

환자는 그냥 옆에 앉아 있는 액세서리예요. 의사들이 환자에 대해 잘 알 거라고 생각하면 절대 안 돼요. 짧은 시간에 너무 많은 사람을 만나기 때문에 오히려 잘 모른다[3]고 생각하는 게 현실에 가깝죠.

> 내가 맡는 환자가 50명 정도다. 그러면 환자들의 이름을 기억하지 못한다. 침대 위치를 보고 알아보는 수밖에 없다.[14]

어느 전공의가 이렇게 하소연하더라고요.

정말 그렇겠네요. 학교 선생님도 자기 반 아이들 20~30명 이름하고 특징 외우는 데 시간이 꽤 걸리잖아요.

그런데 대형 병원은 50명이에요. 사실 그마저도 일주일이면 환자가 모두 바뀌죠. 식당에서 '테이블 회전'이 빨라야 돈을 벌듯이 병원도 마찬가지예요. 이러니 의사가 환자 이름은커녕 몸 상태를 꼼꼼하게 알 수 없는 것이죠.

공장 비슷하다는 말이 실감이 가요.

자동차공장에서는 자동차가 벨트를 따라 쭉 움직이잖아요. 노동자들은 한군데 서서 맡겨진 일을 같은 동작으로 별 감정 없이 반복하고요. 이런 것과 비슷한 느낌이에요. 환자들은 쭉 지나가고 의사들은 별 감정 없이, 아픈 사람에 대한 공감이라든가 진심어린 이해 없이, 그냥 정해진 치료를 무감각하게 하는 거죠. 이런 와중에도 환자와 인간적인 관계를 맺고, 한명 한명 따뜻하게 대하는 의사나 간호사가 있다면, 그런 분은 정말 존경받아 마땅해요.

» 과잉 진료를 줄이자

인력이 모자라서 의료사고가 난다는 말을 이제 이해할 수 있을 것 같아요. 하여튼 돈 벌려고 사람 적게 쓰는 건 큰 문제예요.

그렇죠. 그런데 돈 때문에 생기는 문제는 인력을 적게 사용하는 것 말고도 또 있어요. 과잉 진료가 대표적이에요.

과잉 진료요?

네, 필요 이상으로 의료서비스를 제공하는 걸 말해요.

지나치면 모자란 것만 못하잖아요.

바로 이해하시는군요.

저도 과식으로 배 아픈 적이 몇 번 있었거든요.

밥도 많이 먹는 것보다 적당히 먹는 게 좋고, 운동도 지칠 정도로 무리하기보다는 알맞게 하는 게 좋은 것처럼 진료도 마찬가지예요. 병원에서는 안 해도 되는 검사를 시키는 경우가 아주 많아요. 굳이 하지 않아도 되는 수술도 하고요. 이렇게 되면 당연히 환자가 위험한 일을 겪을 가능성도 높아지죠.

그렇겠네요. 항생제 처방은 어때요?

동네 병원에서 항생제 처방을 많이 해주는 것도 사실 돈벌이와 연관되어 있어요. 항생제는 감기 같은 것을 금방 낫게 해줘요. 항생제 많이 쓰는 병원은 용하다고 소문날 가능성이 많죠. 그러면 환자가 늘어날 테고, 돈을 벌 가능성도 커지겠죠. 요즘은 항생제를 되도록 적게 처방하는 병원을 찾는 사람도 많지만 대세는 아니에요. 항생제 남용은 심각한 상황이에요. 물론, 꼭 필요할 때는 써야겠지만요.

항생제까지 돈과 연관되어 있는 줄은 몰랐네요.

더 심한 일도 있어요. 심지어 일회용 기구를 다시 쓰는 병원도 있거든요.

일회용을 다시 쓰면 2회용이지 어떻게 일회용이에요?

그러니까 일회용 기구들은 절대 다시 사용하면 안 돼요. 환자 몸에 닿았던 기구들을 다른 환자에게 사용했다가 병이 옮을 수도 있으니까요. 하지만 돈을 벌기 위해 이렇게 심한 '절약 정신'을 발휘하는 병원들도 아주 가끔은 있어요.

세상에, 어떻게 그럴 수가 있어요? 씹던 삼겹살을 옆 사람 입에 넣어주는 기분이에요.

다른 좋은 비유도 많지 않나요?

» 결국 소통이 문제다

인력도 부족하고, 과잉진료에 일회용품 재사용까지⋯. 의료사고의 원인이 참 많네요.

이 밖에도 의료사고의 원인은 또 있어요.

또요? 이걸로도 충분할 것 같은데요?

    사고가 났을 때 보고하지 않고 '쉬쉬하는 문화'가 큰 문제예요. 감춰도 아무 문제가 없을 때는 보고하지 않아요. 의료사고가 터질 때는 주로 환자나 환자 보호자들이 문제제기를 할 때죠. 감췄는데 드러났거나, 아예 처음부터 드러날 수밖에 없는 상황일 때요.

생각해보니 그러네요. 감춰서 드러나지 않으면 의료사고가 나도 사고인지 모르니까 그냥 묻히잖아요. 지난번에 남편 비상금도 저한테 들켜서 알았지 그 전에는 비상금이 있는지도 몰랐거든요. 남편이 보고할 리 없으니까요.

    들키지 않으면 문제 해결을 위해 노력할 필요도 없죠. 그러면 사고는 또 일어나게 되어 있어요. 남편도 들키지 않았다면 계속 비상금을 쌓아뒀을 거예요.

돈이 필요하면 저하고 상의하면 되잖아요. 의료사고도 솔직하게 보고하면 마음이 더 편하지 않을까요?

    보고를 하고 싶어도 마음 편하게 보고할 수 없거든요. 사고가 나면 그걸 비난하면서 무조건 책임지라는 분위기가 많아요. 사람은 누구나 실수할 수 있지만 그런 분위기에서라면 보고하기가 쉽지 않죠. 오히려 "다른 병원은 의료사고가 일어나도 보고하지 않는데 우리만 보고하면 손해지." 의료진이 이렇게 생각할 수 있어요. "다른 과는 보고하지 않는데 우리만 했다가는 우리 과만 불이익을 볼 거야"라고 생각할 수도 있고요. 조용히 넘어가면 깨끗한데 괜히 보고했다가 법적으로 책임져야 하고, 이리저리 불려다녀야 하고, 잘못하면 의사까지 그만둬야 할 수도 있으니 피곤한 거예요.

남편도 그래서 저한테 상의를 안 했던 걸까요? 조용히 돈 쓸 수 있는데 괜히 상의했다가 어디에 썼는지 보고해야 하니까. 자꾸 얘기 좀 하자는 소리들을 테니까….

상담은 다음에 하도록 하죠. 마지막으로 병원 내부의 의사소통이 되지 않아서 벌어지는 문제들도 꽤 있어요. 공무원들이 자기 관할 밖의 일은 크게 신경 쓰지 않는 것처럼, 큰 병원들도 진료과 사이, 그리고 교대하는 의료진 사이에 의사소통이 원활하지 않아요.

그래요? 우리 집도 의사소통이 원활하지 않아요.

우리 둘도 그런 것 같아요. 어쨌거나 진료과끼리는 워낙 경쟁이 있는데다가 협조도 잘 안 돼요. 몇 년 전 어떤 병원에서는 교통사고로 검사를 받은 사람에게서 암이 발견됐는데 이 내용이 관련과에 전달되지 않아 환자 치료가 늦어졌어요. 결국 그 환자는 사망했어요.[15] 간호사들끼리 환자를 인수인계할 때 정확하게 인수하고, 또 정확하게 인수받았다고 확신이 드는 경우가 10퍼센트 내외에 불과하다는 연구[16]도 있어요.

» 인력 확대와 안전시스템 구축이 필요하다

의료사고를 없애려면 어떻게 해야 할까요?

우선 의료 인력을 늘리는 게 중요해요. 사람 수만 늘리면 되는 건 아니고, 좋은 컨디션으로 일할 수 있도록 근무여건이 좋아져야 해요. 그래야 환자가 안전해져요.

맞아요. 저도 컨디션이 좋으면 아이한테 잘하거든요.

둘째는 환자의 참여가 매우 중요해요.

치료는 의사가 하는 건데, 환자가 참여할 일이 있을까요?

그렇지 않아요. 앞서 이야기한 대형 병원 사례에서 엑스레이 좌우가 바뀐 걸 맨 처음 지적한 것은 환자였어요. 의약품 처방에 문제가 있을 경우, 요즘에는 건강보험공단의 시스템이 잘 갖춰져 있어서 의사 컴퓨터에 '경고'가 뜨지만 피곤한 의사가 그걸 그냥 지나치는 경우가 있어요. 간호사가 다시 확인해야 하는데 역시 못 보고 지나치기도 하죠. 만에 하나 약사까지 그냥 넘어가게 되면 결국 그걸 확인해야 할 사람은 환자예요. 의료기관평가인증원이라고 있는데요, 여기서 만든 지침에 따르면 의료기관이 환자와 보호자에게 반드시 약에 대해 설명하고, 이들이 확인한 다음 약을 처방하도록[17] 되어 있어요. 작은 변화지만 환자 참여가 확대된 사례죠.

그 정도 참여야 할 수 있겠네요. 고깃집에서도 삼겹살이 왜 이렇게 적냐, 파무침 좀 더 달라, 이런 얘기 하니까요.

게다가 요즘에는 환자들이 심각한 병일 경우 인터넷에서 병이나 병원 정보를 알아보기도 하고, 환자 카페에 가입해 정보 교류도 해요. 젊은 사람들 중에는 자기 병에 대한 정보를 어느 정도 갖고 병원을 찾는 사람들도 많아요.

그렇긴 하네요.

무엇보다 환자가 의사와 토론할 수 있어야 의사가 환자를 더 잘 이해할 수 있고 적절한 치료법을 고민할 수 있어요. 환자가 의사와 적극적으로 소통하는 이런 모든 과정이 곧 의료사고를 막는 길이에요. 환자는 의료사고를 방지하는 매우 중요한 주체죠.

환자는 치료만 잘 받으면 된다고 생각했는데 새로운 걸 알게 되었네요.

이 밖에도 해야 할 일들이 더 있어요. 병원이 환자 안전에 관심이 높아 환자안전기구를 만드는 경우가 있어요. 바람직한 일이죠. 다만, 이런 기구를 만들 때 환자들이 참여할 수 있도록 하는 게 중요해요. 또 개별 병원 말고, 국가 차원의 환자안전시스템을 만들 때도 당연히 환자단체의 참여가 보장되어야 하고요.

우리 아이 학교에서는 "학교의 주체는 학생과 교사 그리고 학부모입니다"라면서 학교 활동에 열심히 참여하라고 하는데 비슷하네요.

그럼요. 그런 관점에 따라 학교에는 학생회도 있고, 교사 노조도 있고, 학부모회도 있잖아요. 어떤 조직이든 이해당사자들이 적극적으로 참여하는 것은 매우 중요하죠. 병원도 마찬가지예요.

마지막으로 또 필요한 일이 뭐죠?

셋째로 의료사고가 나거나 사고가 날 뻔했던 일들을 꼼꼼히 보고할 수 있는 체계를 만드는 게 중요해요. 사례를 모아 연구하고 대안을 제시하는 기구를 국가가 운영해야 해요. 대신 보고한 사람과 의료 정보는 비밀을 보장해야 하고요. 의료인들이 부담 없이 보고할 수 있도록 병원 문화를 새롭게 만드는 것도 중요해요.

» 환자안전법을 사수하자

할 일이 많네요. 저도 열심히 참여해야겠어요. 오늘 말씀 감사합니다.

혼자서 막 끝내지 마세요! 아직 할 이야기가 더 있어요. 아홉 살 정종현 군의 사망을 계기로 '환자안전법' 논의가 3년 넘게 계속되다 2014년 말에 통과됐어요. 앞서 말씀드렸던 정종현 군 어머니와 환자 안전단체의 끈질긴 노력의 성과예요.

그래요? 정말 잘됐네요.

환자안전법에는 앞서 필요하다고 이야기했던 내용이 어느 정도 들어갔어요. 이 법에 따르면 국가는 5년마다 환자 안전을 위한 종합계획을 세워야 해요. 종합계획에는 환자의 안전을 위해 어떤 활동을 어떻게 추진할지 포함돼요. 여기에 필요한 기술을 개발하기 위한 계획도 들어가고요. 보건의료기관이 지켜야 할 환자 안전을 위한 기준도 마련하도록 되어 있고, 환자와 보호자들이 참여할 수 있는 방안도 제시하게 되어 있어요. 또 정부는 환자 안전을 위한 각종 시책들을 심의하는 국가환자안전위원회를 만들어야 해요. 국가환자안전위원회에는 의료계 말고도 노동계, 시민단체, 소비자단체가 참여하죠. 국가가 세운 계획을 다양한 위치에 있는 국민들이 참여해 평가하는 것이죠.

좋네요.

또 일정 규모 이상 되는 병원은 자체적으로 환자안전위원회를 만들고, 환자 안전을 전담하는 인력도 고용해야 해요. 병원이 스스로 환자 안전을 위해 노력하도록 기본이 갖춰진 셈이죠.

이것도 좋네요.

환자안전사고에 대한 정보를 모으고, 이 자료를 서로 공유하도록 하는 '환자안전사고 보고·학습시스템'도 눈에 띄어요. 이 제도는 어떤 병원에서 범한 실수를 다른 병원이 반복하지 않도록 방지하기 위해 필요하죠. "메르세데스 벤츠, 엔진 결함에 14만 7000대 리콜." 가끔씩 언론에 이런 기사가 뜨잖아요. 이렇게 자동차 브레이크 결함이 드러나면 같은 종류의 다른 자동차들도 보통 다 리콜해요. 비행기도 어떤 한 비행기에서 문제가 생기면 회사가 다르더라도 전 세계 모든 비행기를 다 점검하죠. 그런데 병원은 어떤 문제가 발견돼 고치더라도 다른 병원은 그런 일이 있는지도 몰라요. 한 병원에서 일어난 문제가 다른 병원에서 똑같이 발생하는 이유예요. 환자안전사고 보고·학습시스템이 이런 문제를 해결하는 데 도움이 되면 좋겠어요.

환자안전법이 제대로 지켜지면 좋겠네요.

환자안전법은 여러 긍정적인 내용을 담고 있지만 한계도 있어요. 환자 안전사고가 발생해도 의무 보고가 아니라 자율 보고를 하도록 되어 있거든요.

정말요? 자율학습 시간에는 공부 안 하는데….

자율학습은 말만 자율이지 강제라서 문제인데, 환자안전법의 자율 보고는 진짜 자율이라서 문제예요. 보고를 안 해도 상관없는 거니까요. 그리고 환자안전법을 지키도록 하기 위해 처음에 얘기됐던 여러 벌칙 조항들이 의료계가 반대하는 통에 다 빠졌어요. 때문에 병원이 환자 안전 전담 인력을 두지 않거나 의무사항을 지키지 않아도 제재할 수 없어요. 빠른 시일 내에 수정해야 할 것 같습니다.

» 무상의료를 확대하자

환자 안전을 위해 궁극적으로 고민해야 할 방향이 있어요.

궁극의 고민, 그게 뭐죠?

의료를 통해 돈벌이를 아예 못하게 하는 것이에요. 아무리 환자 안전이 중요해도 '비용'이 들어가는 일이면 제대로 지켜지지 않을 공산이 커요. 다른 분야도 다 마찬가지지만 병원이라고 다를 게 없어요. 예를 들어 인력을 늘려야 한다면, 병원 경영이 어려워진다고 얘기하겠죠. 안전시스템을 갖추는 것도 역시 돈이 들어가는 문제예요. 환자안전법 같은 경우에도 정치권, 보건의료단체, 환자단체 모두 찬성하는데, 오직 대한병원협회만 반대했어요. 이유는 하나, 병원 경영이 어려워진다는 것이었어요.

돈을 벌지 못하면 병원을 아예 안 하려 하지 않을까요?

그래서 환자 안전을 위해서는 무상의료가 도입되어야 해요. 병원이 돈을 버는 데 집중할수록 환자들 피해가 커지는 건 분명하니까요. 미국 같은 경우에 비영리 병원 그러니까 돈 버는 게 목적이 아닌

병원의 환자가 영리병원 환자보다 사망률이 2퍼센트 더 낮다[18]는 사실이 최근 드러나기도 했거든요.

국립병원 같은 걸 많이 만들자는 거죠?

공공병원을 많이 세우고, 치료비는 건강보험이 보장하자는 것이죠. 그런데 현재 한국의 의료는 자꾸 돈벌이를 강조하는 쪽으로만 흘러가고 있어요. '의료민영화'가 대표적이에요. 의료민영화는 민간병원을 많이 짓고, 치료비는 민간보험을 통해 보장받자는 것이죠. 무상의료는 아무래도 의료의 '공공성'이 강조되고, 반대로 의료민영화는 '의료산업'을 활성화시켜야 한다는 관점에 입각해 있어요. 의료민영화가 되면 환자 안전은 크게 위협받을 거예요.

» 개별적으로 유의해야 할 것들[19]

의료민영화는 꼭 막을래요. 그런데 무상의료가 실현될 때까지 개인적으로 조심해야 할 것들은 없나요?

당연히 있죠. 《병원사용 설명서》(비티북스, 2013)라는 책은 현재의 병원 시스템에서 환자가 꼭 지켜야 할 안전 수칙 33가지를 제시하고 있어요. 이 수칙 중 몇 가지만 간단히 요약하면, 먼저 의사와 대화할 때는 언제부터 증상이 시작되었는지, 아픈 부위가 어딘지 정확히 설명해야 해요. 증상이나 그동안 앓았던 병, 최근 먹었던 약 등을 미리 메모해놓고 의사와 이야기해야 하고요. 또 의사가 병에 대해 설명하면 받아 적는 게 좋아요. 혹시 내용이 틀렸을 경우 즉시 바로잡아야 하니까요. 치료나 검사를 받을 때는 왜 받는지 정확히 알고 있어야 하고요. 수술실, 검사실에서 의료진과 마주치면 나이와 이름을 정확하게 알려줘야 해요.

입원 환자 역시 약을 처방받기 전에 나이와 이름을 간호사에게 정확히 이야기해야 하고요. 약을 받으면 포장지에 적힌 이름과 나이가 일치하는지 꼭 확인해야 합니다. 모르는 약은 무조건 먹으면 안 되고요. 입원 환자는 약을 먹고 이상한 기분이 들면 망설이지 말고 의사나 간호사에게 물어봐야 합니다. 외래 환자는 약국 약사에게 설명을 들으면서 의사의 설명과 동일한지 확인해야 하고요. 약을 먹은 뒤 호흡이 가빠진다거나 가슴이 뛴다거나 이상 반응이 오면 바로 병원에 연락해야 합니다. 혹 예방주사를 맞을 경우에는 30분 정도 병원 근처에 머물고요. 알레르기 반응이 나타나면 대처해야 하니까요.

이런 주의 사항들을 평소에 익혀뒀다가 필요할 때 잘 써먹어야겠어요.

✚ 생활안전을 위해 세상을 바꾸는 사람들

» 환경보건시민센터 eco.ohois.com
미세먼지·석면·가습기살균제피해·시멘트산업공해피해 등 각종 환경안전 문제와 관련해 활동하고 있는 단체다. 특히 석면 추방 활동은 독보적이다. 하천 조경석 석면, 학교 및 병원 석면 문제 등 각종 실태조사를 통해 석면 문제를 사회적으로 널리 알리는 중요한 역할을 해왔다. 홈페이지에서 석면 실태와 관련한 각종 조사 자료를 볼 수 있다.

» 환경정의 eco.or.kr
생활 속 유해물질을 없애기 위해 꾸준히 활동하는 단체다. 서울시내 학교 대부분이 대기오염 물질의 영향을 받는, 도로에서 300미터 안쪽에 위치해 있다는 사실을 밝히기도 했다. 이 밖에 학용품에 들어 있는 유해물질 조사, 'PVC 없는 학교 만들기' 운동 등을 해왔다. 검색창에 '생활 속 유해물질 가이드북'을 치면 자료집을 다운 받을 수 있다.

» 여성환경연대 ecofem.or.kr
생활 속 각종 유해물질 감시 및 여성과 어린이의 건강을 위해 다양한 사업을 벌이는 단체다. 건강한 실내 환경을 위한 〈환기생기 자료집〉, 어린이 건강 생활 가이드북인 〈유해물질 없는 에코라이프로 건강을 지켜요〉 〈환경과 우리 몸을 생각하는 화장품 만들기〉 등을 발간했다. 모두 인터넷에서 내려받을 수 있다. 화장품 성분과 제품 안전성을 검색해 볼 수 있는 사이트 톡톡(toktok.or.kr)을 운영 중이다.

» 한국환자단체연합회 www.psafety.kr
치료 전반에서 환자의 자기 결정권과 최선의 서비스를 받을 권리를 옹호하고, 현실을 바꾸기 위해 여러 환자단체가 모여 만든 연합단체다. 환자의 의료 관련 피해 민원의 해결 방안을 안내하는 환자권리센터를 운영하는 등 다양한 활동을 벌이고 있다.

» 연구소
시민들의 안전과 건강을 위해 연구 사업을 진행하는 연구소들이 있다.
- 연구공동체 건강과 대안 www.chsc.or.kr
- 시민건강증진연구소 health.re.kr

chapter 10
노동사고

chapter 11
직업병

chapter 12
독성물질 누출

chapter 13
감정노동

3부에서는 노동재해, 직업병, 독성물질 누출 문제, 감정노동에 대해 다룰 것이다. 먹고살기 위해 노동하는 사람들이 안전에 위협을 받는 이유는 거의 전적으로 '비용을 줄여야 한다'는 논리 때문이다. 거래에는 최소한의 도덕이라는 게 있다. 이를 테면 한쪽에서는 정당한 대가를 지불했는데, 다른 한쪽에서 사용할 수 없는 물건을 내놓으면 반칙이다. 마찬가지로 노동자들이 자신의 노동력을 내놓으면 회사는 노동자들이 정상적인 상태에서 일할 수 있도록 적절한 조건을 만들어줘야 한다.

그런데 '비용을 줄여야 한다'는 논리가 현실에서 노동자들을 위험에 내몰고 있다. 작업 환경이 그렇고, 노동 강도가 그렇다. 비정규직을 고용해 턱없이 낮은 임금으로 부려먹다 형편이 바뀌면 내치는 이유도 비용 절감 때문이다. 이런 과정을 거치면서 이익은 계속 위로 올라간다.

아래로 끊임없이 내려오는 것도 있다. 바로 위험 '감수'와 '책임'이다. 위험한 일은 오랫동안 경험을 쌓은 숙련된 노동자가 아니라 비정규직에게 떠넘겨진다. 더 위험한 일은 따로 떼어 외주를 준다. 하청업체들은 적은 돈으로 정해진 기간 안에 일을 마쳐야 하기에 노동자들을 더욱 채근한다. 그러다 사고가 나면 '최고 책임자'가 아니라 '꼬리'가 책임을 진다. 그리고 그 꼬리는 이내 잘린다.

이익은 높은 곳으로, 부담과 책임은 낮은 곳으로! 우리가 꿈꾸는 이상적인 사회와는 완전히 정반대다. 참으로 비열한 사회가 아닐 수 없다.

chapter 10

✦ 노동사고 ✦

남편이 일하다 넘어졌대요. 크게 다친 건 아니지만 제가 많이 놀랐어요.

그랬겠어요. 일하는 곳에서 다치는 노동자들이 정말 많아요. 죽는 사람도 많고요.

모두 누군가의 남편이거나 부인일 텐데 어떡해요.

아빠·엄마이기도 하고 소중한 자식이기도 하죠. 사고 이후 가족의 고통은 이루 말할 수 없어요. 생계까지 위협받는 경우가 부지기수예요.

대체 얼마나 많이 다치거나 죽는 거예요?

매년 일하다 죽는 사람이 2,000명 정도예요. 다치거나 병을 얻는 사람까지 포함하면 거의 10만 명 가까이 되고요. 그런데 산업재해를 당한 노동자 가운데 14퍼센트가량만 산재보험으로 처리된다는 연구¹가 있어요. 게다가 '개인사업자'로 인정되는 배달, 택배, 퀵서비스, 화물운전 노동자는 건강보험이나 자동차보험으로 처리하는 일이 많죠. 이건 십 대 알바 청소년이 한 얘기인데 한 번 보세요.

> 병원비는 무슨. 오히려 나한테 오토바이 수리비를 달라더라. 내가 어이없어서 빤히 쳐다보니까. 학생이니까 수리비 달라고는 안 할 테니 병원비는 알아서 하라는 거야. 그날 일당 치료비로 다 쓰고 이틀 동안 알바 못 갔으니 날린 돈이 얼마야.²

실제로 산업재해를 당한 사람이 훨씬 많다는 소리네요.

10만 명은 통계일 뿐이고 실제로는 그보다 훨씬 많은 사람들이 다치거나 병을 얻지 않을까요. 사망자도 2,000명보다 더 많을 테고요.

» 위험한 건설현장과 공장

직장마다 다를 것 같긴 해요. 위험한 곳도 있고 좀 덜 위험한 곳도 있지 않나요?

건설현장에서 사망하는 노동자가 제일 많고, 그다음은 제조업 공장 순이에요. 다치는 걸로 따지면 제조업이 1등, 건설업이 2등이고요.

그런데 어쩌다가 사람이 그렇게 죽고 다치는 거예요?

사람들은 작업현장에서 떨어지고, 부딪히고, 넘어지고, 깔리고,

어딘가에 끼여 다치거나 죽어요. 사망 원인 중에는 높은 곳에서 추락해 죽는 경우가 가장 많아요. 건물의 철골, 대들보, 거푸집 같은 것들이 떨어져 맞아 죽기도 해요. 거푸집은 건설현장에 임시로 설치되어 콘크리트의 모양을 잡아주는 구조물이에요.

저도 건물 짓는 곳 지날 때는 위를 보는 습관이 있어요. 혹시 벽돌 같은 것 떨어질까봐.

좋은 습관이에요. 실제로 건축현장에서 떨어진 자재에 맞아 지나가던 사람이 다치는 경우가 꽤 있어요. 조심해서 손해 볼 건 없죠. 그리고 물건이 떨어지는 것 말고, 일하는 노동자가 떨어지는 경우도 꽤 되고요. 작업발판이 무너져서 떨어지거나 계단이나 사다리 같은 데서도 떨어져요. 잔뜩 쌓아놓은 재료 더미 위나 지붕에서도 떨어지고요.

어릴 때는 넘어지고 엎어져도 크게 다치지 않았는데, 성인이 되면 다른 것 같아요. 예전에 빙판길에서 넘어졌다가 며칠 고생한 적이 있어요. 엉덩이뼈가 아파서요. 넘어지셨다가 팔 부러진 동네 할머니도 본 적 있어요.

살다 보면 사소한 일로도 사람들이 다칠 수 있죠.

혹시 책 모서리에 발등 찍혀 보셨어요? 아니면 그릇이 발 위로 떨어진 적은요? 저는 다 경험해봤는데 그때도 엄청 아팠어요.

볼펜 줍다가 책상에 뒤통수 부딪혀본 일은 있어요. 상당히 아프더라고요. 아무튼 작업현장에서는 크고 작은 사고들이 언제든 일어날 수 있어요.

넘어지고 부딪히고 떨어져도 금세 벌떡 일어나는 사람은 액션영화 주인공 말고는 없겠네요.

그렇죠.

길을 걷다 보면 공사현장들이 되게 많은데, 일하는 사람들 입장에서는 그런 곳들이 '돈 벌 수 있는 곳'이기도 하고 '다칠 수도 있는 곳'이기도 하겠네요.

그런 셈이죠. 우리가 오늘 무심코 지나쳤던 어느 공사현장에서도 어쩌면 사망사고가 있었을지 모를 일이에요.

건설현장 말고 공장은 어떤가요? 좀 구체적으로 말씀해주세요.

공장에서는 사망자가 거의 하루에 한 명꼴로 발생해요.

그렇게 많이요? 공장이 그렇게 위험한가요? 텔레비전에서 자동차 조립하는 로봇 사진을 본 적은 있는데, 실제로 공장을 제대로 구경해본 적이 없어요. 남편 일하는 공장은 몇 번 가봤지만요.

세상에는 별 공장이 다 있어요. 제철소처럼 광물을 녹여 철을 만드는 곳도 있고, 그 철을 여러 가지 모양으로 가공하는 곳도 있어요. 가공된 철을 자르거나 갈거나 이어 붙여서 어떤 부품을 만드는 공장, 부품을 조립해 자동차 같은 것을 만드는 공장도 있고요. 어떤 공장에서는 옷을 만들고, 또 어떤 공장에서는 과자나 햄을 만들어요. 타이어나 반찬 용기 같은 고무·플라스틱 제품을 만드는 곳도 있고, 나무로 가구를 만드는 곳도 있고요. 컴퓨터, 오디오, 통신장비를 만드는 공장도 있죠. 그런데 이 모든 공장에서 노동자들은 기계 설비에서 떨어지기도 하고, 드릴 같은 휴대용 공구나 망치 같은 연장에 맞아 다치기도 해요. 고속 회전날에 부딪히기도 하고, 절단기계에 손이 잘리기도 하고, 산소 부족으로 질식해 죽는 분들도 많아요.

» 정신력이 문제가 아니라 구조가 문제

왜 이렇게 사고가 나는 거죠? 공사장에 '안전제일'이라고 크게 붙어 있던데, 일하는 사람들이 자꾸 실수를 하나요? 아니면 안전불감증이 문제인가요?

정부나 회사는 언제나 노동자의 부주의를 탓해요. 노동자가 안전수칙만 잘 지켰다면 산재를 당하지 않았을 거라고요. 하지만 그렇지 않아요. 정신만 바짝 차린다고 해서 산재를 줄일 수는 없어요. 이런 상황을 가정해볼게요. 오랜만에 동네 아이들 여럿이 모이더니 거실을 날아다녀요. 낄낄거리고 웃다가 갑자기 몸싸움을 하기도 하고, 조용히 책을 보는 듯싶더니 어느새 이리 뛰고 저리 뛰어요. 그러다 "와장창!" 하고 거실에 있던 유리탁자가 박살이 났어요. 한 아이가 다른 한 아이를 놀리고 도망가다 유리탁자 쪽으로 몸을 날린 거예요. 아이가 크게 다쳤어요. 자, 이 경우 잘못은 누구에게 있을까요? 다른 친구를 놀리고 도망간 이이? 아니면 그 아이를 쫓아간 아이? 조용히 놀라고 그렇게 당부했는데도 말을 듣지 않고 노는 통에 전체적으로 흥분된 분위기를 만든 아이들 전부? 어때요?

아이들 잘못이 아니죠. 모두 아니에요. 유리탁자를 거실에 그대로 둔 어른이 잘못이죠.

바로 그거예요. 작업현장도 마찬가지예요. 사람은 일하는 내내

고도의 집중력을 발휘할 수 있는 존재가 아니잖아요. 그건 로봇이나 가능한 일이죠.

게다가 우리는 일도 길게 시키잖아요.

맞아요. 사람의 집중력이 떨어지는 건, 예를 들면 장시간 노동으로 인한 과로 때문이죠. 그러니까 노동시간을 줄이고 충분히 쉴 수 있게 해줘야 사고가 줄어들어요. 장시간 노동이 아니더라도 사람은 일하는 내내 한결같은 집중력을 유지할 수 없는 법이니까, 집중력이 떨어져서 좀 실수를 해도 사고가 나지 않도록 작업환경을 만드는 게 매우 중요해요. 잠깐 다른 생각 했다가 프레스에 손이 눌려버리는 일은 생기지 않아야 하는 거죠. 노동자가 발을 헛디뎌도 용광로에 떨어져 죽지 않아야 하고요. 기계 설비에 안전장치를 붙이고, 용광로에 안전 난간을 설치하면 해결되는 일이에요.

» 돈보다 생명이 먼저다

그럼, 그런 조치를 제대로 하면 되잖아요.

재해를 막는 근본 조치가 여전히 미흡해요.

왜요?

가장 큰 이유는 역시 '돈' 때문이죠. 회사는 오직 이윤에만 관심이 있어요. 짧은 시간에 많은 물건을 더 빨리 만들어내려 하죠. 그런데 안전설비에는 돈이 들고, 안전지침을 이행하는 데는 시간이 들어요. 어느 현장에서나 마찬가지죠. 공장에서도 그렇고, 서비스 직종에서도 그렇고요. 공사기간 단축이 대단한 자랑거리인 건설업은 말할 것도 없어요.

법으로 정해놓으면 안 되나요?

법에는 회사가 노동자의 안전을 위해 해야 할 일들이 이미 명시되어 있어요. 회사는 일하는 환경을 최대한 쾌적하게 만들어야 해요. 노동자가 가능한 한 피곤을 느끼거나 스트레스를 받지 않으면서 일할 수 있게 해야 하는 거죠. 이것은 회사의 의무예요. 하지만 법은 현실에서 별 힘을 발휘하지 못해요. 뭐든 빨리빨리 해야 하는 분위기에서 안전은 늘 뒷전이죠.

그럼, 정부는요?

정부의 감독은 '눈 가리고 아웅'일 때가 많아요. 단속을 나가봐야 별 효과가 없다는 거예요. 딱 그때만 작업장 환경을 안전한 것처럼 꾸미는 경우가 흔하다고 해요.

"오늘은 환경미화 날이에요. 내일은 교육청에서 장학사님이 오시니까 깨끗하게 청소해야 해요." 초등학교 때 이런 얘기 많이 들었는데, 그게 옛날 학교에만 있었던 일이 아니네요.

그렇지요. 게다가 정부가 지시한 개선 사항을 회사가 지키지 않는 경우도 많아요. 역시 돈이 들어가기 때문이에요.

노동자가 아니라 회사가 안전불감증에 걸렸네요. 양말 하나를 꿰매더라도

조심하지 않으면 바늘에 찔리고, 칼질 급하게 하면 손가락을 베일 수 있어서 공장에서는 노동자들이 더욱 집중해 일해야 한다고만 생각했는데 아니네요. 하기야 학용품 중에 안전가위라는 게 있더라고요. 아이들이 손 베일 염려 없이 쓸 수 있도록 만든 가위요.

그러니까 위험한 기계들을 다루는 산업현장에서도 다칠 염려 없이 일할 수 있는 환경을 만드는 게 중요하다는 거예요. 노동자들은 부주의해서가 아니라 위험한 작업환경 때문에 다치거나 죽는 경우가 많아요. 그리고 회사가 안전불감증에 걸렸다기보다는 의도적으로 안전을 무시한다고 보는 게 맞아요. 못 느끼는 것과 느끼면서도 무시하는 건 다르잖아요.

» 기업에는 솜방망이 처벌만

알면서도 의도적으로 무시하면 벌을 세게 줘야 할 것 같아요.

그러면 좋지만 사고가 나도 기업이 무거운 책임을 지지는 않아요. 법 자체가 그런 건 아니에요. '산업안전보건법'은 사업주가 노동자의 건강과 안전을 지키기 위해 해야 할 일들을 규정하고 있어요. 사업주는 작업현장의 위험을 없애기 위해 적절한 조치를 취해야 해요. 각종 설비 때문에 생길 수 있는 위험, 폭발하거나 불이 붙을 수도 있는 화학물질 등으로 인한 위험, 작업 방법이 양호하지 못해 발생할 수 있는 위험 등 작업현장에서 겪을 수 있는 위험은 다양해요. 사업주는 이런 위험을 예방할 의무가 있어요. 그렇지 않을 경우 최고 5년의 징역을 살거나, 5000만 원까지 벌금을 내야 하죠. 노동자가 사망하면, 최고 7년의 징역을 살거나, 최고 1억 원의 벌금형에 처하도록 되어 있고요.

법대로만 하면 되겠네요. 사장님이 7년씩 감옥 가고 싶지 않으면 환경을 열심히 개선하지 않겠어요?

그런데 이 법 자체가 쓸모가 없어요. 보통 기업주에게 벌금형이 선고되거든요. 그야말로 솜방망이 처벌인 것이죠.

그러면 안 되죠. 솜방망이는 텔레비전에서 게임할 때나 써야지, 그런 데 쓰면 되나요. 구체적으로 조금만 더 설명해주세요.

최근 3년 동안 중대 재해를 일으킨 사업주 중에 실형을 산 사람은 단 한 명도 없어요.[3] 그렇다고 벌금 액수가 큰 것도 아니에요. 2000년 이후 지금까지 선고된 벌금형 중 가장 액수가 컸던 경우라야 3000만 원에 불과해요.

» 위험의 외주화

처음에 위험한 일은 외주업체에 넘긴다고 했는데, 외주화는 뭔가요?

말 그대로 바깥에 주문을 넣는다는 소리예요.

주문을 넣는다고요?

요즘에는 큰 회사에서 하는 일 가운데 위험한 일은 너나 할 것 없이 전부 작은 회사로 떠넘기는 추세예요. 이럴 때 큰 회사를 원청,

큰 회사의 일감을 받은 작은 회사를 하청이라고 해요. 그런데 작은 회사에 일을 떼어준다 해도 실제로는 큰 회사 사업장에서 작업이 진행될 때가 많아요. 건설현장이 그렇고, 조선소가 그렇고, 석유화학공장, 자동차공장이 그래요. 이런 경우를 '사내하청'이라 부르죠.

사내하청이요? 원래 주문은 밖에다 하는 것 아닌가? 사내하청은 꼭 자장면 시켜놓고 중국집 주방장한테 요리는 우리 집에 와서 하라는 것 같은 느낌이에요.

맞아요. 그런데 산재로 인한 사망자 중에는 이런 하청 노동자가 압도적으로 많아요. 하지만 사고 책임은 큰 회사 사장이 지는 게 아니라 가짜 사장인 작은 회사 사장이 질 때가 많아요. 건설업도 마찬가지예요. 공사가 시작되면 대부분의 일을 쪼개 하도급을 주거든요.

하도급은 학교에서 선생님한테 받은 숙제를 동생한테 100원 줄 테니 한 페이지만 해달라는 것하고 비슷하지 않나요?

그렇죠. 그걸 몇 단계 내려가죠. 다단계하도급이라고 해요.

다단계 알아요. 한때 우리 동네를 한 번 휩쓸었던 적이 있었어요. 건강식품이랑 전기장판이요.

어디나 피라미드 구조가 문제네요. 어쨌든 건설업에서는 다단계하도급이 만연해 있는데요, 그러다 보면 간판은 '현대건설' '대우건설'인데, 일은 작은 회사들이 오밀조밀 모여 하게 돼요. 건설회사가 공사를 하는 시공사이긴 하지만, 실제로는 설계만 하고 진짜 공사는 다 작은 회사들이 하는 거죠.

숙제를 받은 건 형인데, 알고 보니 친척 동생들까지 총 동원해서 숙제를 나눠 하고 있는 꼴이네요.

그런 셈이죠. 작은 회사들은 윗 단계 회사로부터 받은 돈에서 인건비와 시간을 아껴야 이윤을 남길 수 있어요. 이러니 산재는 계속 일어나는 거예요. 휴식시간도 적고, 제대로 쉴 공간도 없는 거죠. 짧은 기간에 공사를 끝내야 하니까요.

정신 멀쩡한 사람도 '아차' 하다가 사고 나겠다.

그렇죠. 위험한 일을 힘없는 회사의 힘없는 노동자가 하는 구조가 산재의 주범인 것이죠.

그런데 원래 높은 사람이 힘든 일도 하고 책임도 져야 멋진 것 아닌가요? 정의롭지 못한 세상이군요!

진짜 리더는 책임은 자신이 지고 혜택은 구성원들과 나누죠. 또 그들이 자신의 기량을 발휘하도록 돕고요. 그런데 한국 기업들은 정반대예요.

치사하기 이를 데 없네요. 계속 이야기해주세요.

뭐든 빨리빨리 하라고 시키는 건 민간업체만 그런 게 아니에요. 2014년에 조사를 해보니 LH공사나 한국전력공사, 도로공사 같이 공기업이 발주한 공사에서 사망사고가 발생하는 빈도가 다른 건설현장보다 높게 나타나기도 했어요. 공공기관 발주공사에서 이렇게 사람이 많이 죽는 이유는 여러 가지예요. 일단 공공기관 공사는 큰 공사들이 많아요. 거대한 다리를 놓거나, 터널을 만드는 공사는 규모도 크고 그만큼 위험하죠. 그러나 문제는 적절한 기간을 보장하지 않고 빨리 공사를 끝낼 것을 요구한다는 거예요. 가장 싼값을 제시하는 업체에게 공사를 주는 '최저가낙찰제' 같은 것도 문제고요.[4]

공공기관은 뭔가 다를 줄 알았는데, 그것도 아니네요. 그리고 최저가낙찰제는 좀 이상한 제도라는 느낌이 들어요. 누가 더 못할지 시합시키는 제도 같은데요?

최저낙찰제 같은 제도는 산업현장의 '하향평준화'를 낳아요. 세상 모든 일에는 최소한의 기준이 필요해요. 도로에는 '제한속도'가 과속의 기준을 제시하잖아요. 교차로의 노란불은 곧 빨간불로 바뀌니 무리하지 말라는 신호고요. 역시 일종의 기준을 제시한 것이죠. 그런데 공사장에서는 싼값에 빨리 끝내는 것만 중시돼요. 최저낙찰제가 그런 분위기를 부추기죠.

그러니까 최저가낙찰제는 과속을 부추기는 메시지이자 교차로에서는 무조건 밟으라는 신호겠네요?

역시 이해력이 뛰어나요.

그런 식으로 경쟁하면 사고가 날 수밖에 없겠어요. 다른 공장들은 어때요?

제조업도 이루 말할 수 없이 심각해요. IMF 이후 외부의 작은 회사에 위험한 일감을 맡기는 게 유행처럼 번졌어요. 작업은 여전히 큰 회사 안에서 진행되고요.

왜 그런 일이 유행이 된 거죠?

큰 회사 입장에서는 인건비를 줄일 수 있어서 좋거든요. 게다가 같은 사업장에서 일하더라도 작은 회사 직원은 노조원이 아니니까 노동조합으로부터 잔소리 들을 일도 없고요. 요컨대 같은 공장에서 일을 해도 위험한 일을 맡은 사람들은 그 회사 직원이 아니라 외주회사의 직원인 거예요.

그래서 아까 '위험의 외주화'라고 말씀하신 거군요.

맞아요. 예를 좀 들어볼게요. 제철소에서는 철광석을 녹여 쇳물을 만드는 용광로와 그 쇳물로 철강을 만드는 설비를 수리하고 보수하는 작업이 매우 고된 일에 속해요. 그런데 이런 일들을 다 외주업체가 맡아서 해요. 환기가 안 되는 곳, 사방이 꽉 막혀 있는 곳, 작업 여건이 안 좋아서 잠깐 동안 쉬는 것도 불가능한 곳에서 작업하는 거죠. 외주업체는 안전장비나 안전 관련 인력을 두지 않아요. 그래야 한 푼이라도 더 버니까요.

말이 좋아 외주업체지 노예업체네요. 좋게 말해서 부하회사라고 부르는 게 맞을 것 같아요.

그 말 좋네요. 부하회사.

» 단기계약과 사내하청

제가 말은 잘 만들어내요.

재능도 많으시군요.

부하회사의 노동자 처우는 매우 안 좋겠죠? 임금도 적을 테고요.

지금까지 한 얘기가 그 얘기인데요.

복습삼아 한 번 더 얘기한 거예요.

말 나온 김에 부하회사 노동자 얘기를 좀더 하죠. 부하회사들은 노동자를 1~2개월 단위로 고용하는 경우가 상당해요. 이 때문에 노동자들은 숙련도 되지 않은 상태에서 익숙하지 않은 위험한 일에 내몰려요. 무슨 일이든 처음부터 잘하는 사람은 없잖아요. 작업이 몸에 익지 않은 사람들은 아무래도 실수할 가능성이 높아요.

맞아요. 우리 남편도 처음 부엌에서 요리할 때 진짜 불안하더라고요. 그 이후에도 가끔 선심 쓰듯 김치 잘라주겠다고 하다가 꼭 칼에 베어요.

익숙하지 않은 사람은 사고를 당하기 쉬운 거죠. 비정규직에게 사고가 많이 발생하는 이유예요. 초보운전자가 카레이싱을 할 수는 없는 노릇이죠.

엎친 데 덮친 격이네요. 작업환경은 안 좋고, 돈은 별로 안 주면서, 익숙하지도 않은 일 시키고, 그러다 자르고….

맞는 말이에요. 부하회사들에게 주인회사는 무리한 일을 많이 시켜요. 부하회사는 그걸 거부하지 못해요. 그랬다가는 주인회사에게 계약을 해지당하니까요.

찍소리도 못하겠네요.

주인회사는 노조 때문에 정규직 노동자들에게 요구하지 못하는 걸 부하회사에게 시켜요. 용광로 보수에 원래 10일 정도 걸리는데 "7일 만에 마쳐라." 이런 식인 거죠. 그러면 부하회사는 노동자들을 채근하는데 그러다 사고가 나죠. 지난 몇 년 사이에 있었던 사건들은 다 이런 경우예요. 당진 현대제철소에서는 아르곤가스 때문에 노동자 5명이 사망했는데, 이들은 모두 부하회사 노동자였어요. 여수 대림산업 폭발사고로 죽은 6명도 모두 부하회사 직원이었고, 삼성전자 불산 누출사고 때 숨진 직원도 마찬가지였어요.

그런 분들은 '을'도 아니고 뭐라고 해야 돼요? 갑을병정의 '정'쯤 되겠네요.

그뿐 아니에요. 하나의 현장에서 여러 부하회사들이 섞여 일하는 경우가 매우 많아요. 죄다 남남이죠. 모두 한 회사 직원이라면 서로 이야기도 주고받고, 일과 관련해 정보도 나눌 테지만 그런 일이 없어요. 그리고 이게 또 사고로 이어져요.

> "아지매에, 저 가서 하이소. 와 자꾸 이리 와서 하는기요?"
> "금방 칠하고 갈 테니 신경 쓰지 마이소."
> "대체 이 좁은 곳에 이리 많은 사람이 들어오면 일은 우예하노."[5]

어느 인터넷 매체에 실린, 페인트칠을 하는 여성노동자와 드릴을 쓰는 남성노동자가 다투는 소리예요. 조선소에서는 다반사인 풍경이라고 해요.

딱 봐도 답답하고, 일하는 것도 불편할 것 같아요. 위험하기도 할 것 같고요.

예컨대, 페인트칠을 하는 옆에서 용접을 하면 불이 날 수 있어요. 같은 회사 노동자들이라면 애초부터 그런 식으로 일이 배치되지 않겠죠. 그러나 정해진 기간 동안 무조건 일을 끝내야 하는 하청업체 입장은 그게 아니에요. 어차피 서로 얼굴도 모르는 다른 회사 사람들인데, 그냥 섞여 한 쪽에서는 페인트칠을 하고 바로 옆에서는 용접을 하는 거예요.

엉망진창이네요. 남편이 요리 도와준다고 해도 정신 복잡하고 방해만 돼서 하지 말든가, 혼자 하라고 말하는데, 이건 더 심하네요.

여러 회사가 엉켜 일하면 이렇게 소통이나 정보 교류가 안 되고, 작업이 얽혀 문제가 생길 수 있어요. 몇 년 전 철도 선로 보수작업을 하던 하청 노동자 5명이 한 번에 열차에 치여 사망하는 사건이 있었어요. 기차가 오는지 안 오는지 감시하는 감시원을 인건비 아낀다면서 두지 않은 게 사고의 가장 큰 원인이었어요. 그러나 한편으로는 외주업체 노동자들에게 누구도 막차 시간을 알려주지 않았던 것도 문제였어요. 코레일 측에서는 기관사에게 그 부근에서 일하는 작업자가 있을 것이라고 통보도 하지 않았죠. 이것도 여러 회사가 한데 섞여 일하다 소통이 막힌 사례 중 하나죠.

이럴 때도 책임은 주인회사가 지지 않나요?

주인회사의 진짜 사장이 책임을 지는 경우는 드물어요. 사고를 당할 수밖에 없는 조건을 만들어낸 것은 주인회사지만 이들은 아주 작은 책임만 지거나 아예 책임을 지지 않아요. 게다가 애초에 주인회사와 부하회사가 계약을 맺을 때 사고가 나면 책임을 부하회사가 지도록 해놓은 곳이 많아요. 주인회사는 사고가 나도 쉽게 빠져나가죠.

» 사업주에게 엄중한 책임을 물어야

진짜 사장에게 제대로 벌을 줘야 할 것 같아요.

사업주에게 엄중한 책임을 물어야죠. 다른 나라에는 이미 그런 제도가 있어요. 영국의 '기업살인법'이 대표적이에요. 이 법에 따르면, 기업이 주의 의무를 소홀히 해 노동자가 죽으면 기업에게 사망자 한 명당 약 7억 원의 벌금이 부과돼요. 돈 아끼려고 사람을 죽이는 이들에게는 잘못하면 돈이 더 나간다는 걸 보여주는 수밖에 없어요.

놀부한테는 재산 축나는 게 가장 무서운 벌일 테니까.

게다가 영국의 기업살인법은 최고경영자를 처벌할 수 있도록 규정하고 있어요. 공기업도 예외가 아니고요. 호주에서는 법이 주무부처 장관이나 수상까지도 기소할 수 있게 되어 있어요. 최고경영자와 정부가 발등에 불이 떨어져 산업안전에 엄청나게 신경을 쓸 수밖에 없겠죠. 영국에서는 기업살인법이 만들어지고 나서 큰 폭으로 산업재해가 줄어들었다고 해요. 참고로 2008년 경기도 이천의 한 냉동창고에서 불이 나 40명이 숨진 사건이 있었는데요, 그때 회사는 노동자 한 명당 50만 원의 벌금을 물었어요.[6] 2011년에도 냉동기 보수작업을 하다 노동자 4명이 숨졌는데, 그때도 기업이 낸 벌금은 100만 원이었어요.[7] 만약 영국의 기업살인법 같은 제도가 한국에 있었다면 기업 회장들은 진즉 구속됐을 거예요.

그렇게 법을 만들어도 결국 책임을 부하회사로 다 떠넘기지 않을까요?

기업 책임을 엄중하게 하더라도 큰 회사가 작은 회사에 사고 책임을 떠넘기는 현재의 구조가 그대로라면 별 소용이 없겠죠. 그래서 사고가 나면 주인회사인 원청이 책임지도록 법을 개정해야 해요. 부하회사는 안전한 작업환경을 제공할 능력도 의지도 없어요.

» 이윤에 혈안이 된 구조 없애기

이제 근본적인 얘기를 좀 해주세요.

어떻게 아셨어요? 안 그래도 막 그 얘기를 시작하려던 참이었는데.

항상 이쯤에서 근본적인 얘기를 하시잖아요.

그럴까요? 근본적으로 돈벌이에 혈안이 될 수밖에 없는 구조 자체를 없애야 해요. 건설현장에서는 다단계 하도급 제도를 없애는 게 절실해요. 이런 제도는 유럽 같은 곳에는 없어요. 제조업 역시 마찬가지고요. 당장 그렇게 못하더라도 최저가낙찰제는 폐지해야 해요. 적정한 임금을 줄 의사가 있는 회사, 비정규직을 안 쓰겠다는 회사들에게 일거리를 주는 것이 맞죠. 그래야 노동자들의 안전을 무시하는 일이 줄어들 테니까요. 마침 2015년부터 가격만이 아니라 사회적 책임을 종합적으로 고려한 종합심사낙찰제가 시행된다니 좀 지켜봐야겠어요. 마지막으로 산재제도를 개선하는 게 중요해요. 윗사람 눈치 때문에, 혹은 회사에 피해를 준다는 소리 들을까봐 산재 신청을 못하는 사람들이 많아요. 그냥 혼자 가다가 부딪혔다, 자전거 타다 넘어졌다 식으로 말하고 치료받는 사람들이 부지기수[8]라고 해요.

> 앰뷸런스에 실려 정문을 통과하게 되면, 원청인 현대중공업이 산재를 알게 됩니다. 그래서 트럭에 실려 후문으로 나간 거죠. 산재를 숨기려고.[9]

세상에 이런 일도 있어요? 다친 사람이 무슨 짐짝도 아니고 어떻게 트럭에 실어 내보낼 수가 있어요?

지금이 대체 어느 시대인지 헷갈릴 정도예요. 그래서 산재제도 개혁이 필요해요. 전문가들 사이에서는 노동자가 병원에 오면 의사가 환자 치료비를 건강보험에 신청할지 산재보험에 신청할지 결정할 수 있게 해야 한다는 의견이 있어요. 이렇게 하면 노동자가 회사 눈치를 보다 산재 신청을 못하거나 산재로 인정받기 위해 몇 년씩 시간 허비하는 일을 없앨 수 있으니까요. 이런 견해들이 잘 모여 산재보험제도가 개선되어야 해요.

» 노동조합의 중요성

노동조합이 잘해야 할 것 같아요. 다른 것도 아니고 산재 문제는요.

사실 지금까지 제시한 여러 대책들은 결국 노동자들이 안전하게 일할 자신의 권리를 스스로 지키겠다고 나서야 겨우 될까 말까 한 일들이에요. 외국에서 만들어진 기업살인법 같은 법은 대부분 노동조합이 적극적으로 노력해 만든 법이거든요. 한국 역시 민주노총 등 노동조합에서 산업안전과 관련한 노력을 꾸준히 진행하고 있어요. 동시에 회사가 산업안전 의무를 지키도록 하기 위해서는 법만 잘 만들어서는 안 돼요. 일을 하는 당사자인 노동자가 자신의 안전을 위협하는 게 뭔지 얘기할 수 있어야 해요. 위험해서 도저히 일을 할 수 없으면 일을 하지 않는 게 중요합니다. 노동자가 자신의 작업을 중지할 수 있어야 하는 것이죠.

맞는 말 같아요. 그런데 일을 중지하겠다 해서 찍히진 않을까요?

그래서 노동조합이 중요해요. 그런데 작은 회사에는 보통 노동조합이 없어요. 잔뜩 늘어난 하청업체들에는 당연히 없고요 이런 곳에 노동조합이 만들어져야 노동자들이 그나마 안전하게 일할 수 있어요. 노동조합은 노동자들의 안전을 지키기 위한 최후의 보루 같은 것이니까요.

✢ 직업병 ✢

다치는 것 말고 일하다 병을 얻는 경우도 많던데 가장 큰 원인이 뭐예요?

여러 원인이 있지만 가장 큰 원인은 분진과 소음이에요.

우리 남편 다니는 공장에도 쇳가루가 잔뜩이던데, 그게 가장 큰 원인이라고요?

예를 들어, 광물 캐는 노동자들은 진폐증 위험에 늘 노출되어 있어요. 오랫동안 석탄분쇄작업을 한 연탄공장 노동자가 진폐증에 걸린 사례도 있죠. 철을 만드는 제철소 중에는 원료인 철광석 가루가 하루 종일 날려 눈을 못 뜰 지경인 곳도 있고요.

폐나 기관지에 좋을 리 없겠네요.

그럼요. 이 밖에도 공장의 금속가루, 건설현장의 미세먼지는 노동자들의 건강을 해쳐요. 사료를 만드는 공장, 밀가루를 다루는 공장에서 일하는 노동자들은 천식에 많이 걸리고요. 정확히 분진은 아니지만, 용접하는 노동자들도 거기서 나오는 열 때문에 폐에 이상이 생기는 경우가 꽤 돼요.

남편 건강은 괜찮은지 살펴봐야겠어요. 고생하는데 오늘 저녁에 고기 사줘야겠어요.

본인이 먹고 싶은 건 아니고요?

그럴 리가요. 그런데 소음이 직업병의 원인이라는 건 생각지도 못했어요. 고깃집도 사람 많은 곳은 시끄러운데 공장은 더하겠죠?

공장이나 건설현장은 늘 시끄러워요. 온갖 기계 돌아가는 소리, 철판 다듬는 공구, 나사 조이는 공구, 망치 같은 단순한 공구 등 여러 공구 다루는 소리, 용접 소리, 기계톱 소리, 크레인·리프트·덤프트럭에서 나는 소리로 작업장은 하루 종일 시끄럽죠. 노동자들 가운데 심한 난청에 시달리는 사람들이 많아요. 뇌나 심장의 혈관 관련 질환에 시달리는 사람도 적지 않고요.

» 뇌·심혈관계 질환

뇌출혈 같은 병 말씀하시는 건가요?

맞아요. 뇌출혈, 뇌경색 같은 병은 뇌혈관과 관련한 질병이에요. 뇌출혈은 고혈압 등 때문에 혈관이 터지는 걸 말하는데, 뇌출혈이 생긴 사람은 보통 몸 반쪽이 마비되거나 혼수상태에 빠져요. 그리고 뇌에 있는 핏줄이 막혀서 뇌 조직이 죽으면 보통 '뇌경색이 왔다'고 말해요. 당연히 몸의 어딘가가 말을 듣지 않게 되겠죠.

'경색'이 무슨 뜻인데요?

막혀서 소통이 안 된다는 뜻이에요. 핏줄이 막힌 거죠.

심근경색이란 병도 있던데, 심장근육의 핏줄이 막혔다는 뜻이겠네요.

맞아요. 심근경색은 심장 쪽 혈관과 관련된 질병 중 하나예요. 이런 걸 보통 심혈관계 질환이라 부르죠. 심장에 흐르는 핏줄에 문제가 발생해 생기는 병이에요.

심장에 흐르는 핏줄이요? 심장은 피가 흐르는 게 아니라 피를 흘려보내는 곳이잖아요.

심장은 피를 몸 전체로 보내는 곳이지만, 심장근육 자체에도 혈관이 지나가 산소가 공급돼요. 그래야 심장근육이 활발히 살아 움직일 테니까요. 바로 이 심장혈관에 문제가 생겨 걸리는 질환이 심혈관계 질환이에요. 혈관이 부분적으로 막히면 심장이 바늘로 찌르는 것처럼 아프고 호흡곤란이 와요. 협심증이죠.

혈관이 아예 다 막히면요?

그러면 심장근육에 피가 공급되지 않을 테고, 심장근육이 죽겠죠. 이게 바로 심근경색이에요. 심장근육이 제대로 뛰지 않고 쇼크가 와요.

뇌·심혈관계 질환, 발음하기도 어려운데 이런 병들은 왜 생겨요?

　　뇌·심혈관계 질환은 일단 과로가 원인이에요. 정신적으로 스트레스가 클 때도 생기고요.

정말요? 제가 스트레스가 이만저만이 아니거든요. 아무래도 뇌나 심장 검사를 해봐야겠어요. 저만이 아니라 우리 사무실에 있는 사람들 모두 과로를 밥 먹듯이 해요. 한국은 과로 왕국이잖아요.

　　과로 왕국이죠.

스트레스가 쌓일 때는 주말 저녁에 서울 야경 한 번 둘러보고, 삼겹살 구워 먹으면 최고예요. 이것 한번 보세요. "북악스카이웨이는 서울 최고의 야경 명소로 꼽을 수 있다. 서울성곽을 따라 이어지는 조명이 마치 알전구를 늘어놓은 것처럼 예쁘다. 성곽 너머로 펼쳐진 도심 풍경은 보석을 뿌려놓은 듯 반짝거린다. 남산과 관악산, 인왕산으로 둘러싸인 채 포근히 잠들어 있는 서울 도심의 모습이 일망무제로 펼쳐진다."[1] 멋지지 않나요? 서울시에서 이렇게 야경 추천 코스를 설명해놓았더라고요.

　　보석을 뿌려놓은 듯 반짝거리는 도심의 풍경은 사실 노동자들이 야근을 하면서 밝힌 불빛 때문이죠.

헉, 생각해보니 그러네요. 그럼, 야경은 야근이 만든 풍경?

　　적어도 한국에서는 야근이 만든 풍경이 맞아요. 사무실에는 밤 늦은 시간까지 불이 켜져 있고, 공장도 쉬지 않고 돌아가죠. 과로가 아닌 사람이 별로 없을걸요? 과로는 뇌나 심장에 질병을 일으키거나 있던 병을 키워 사람을 사망에 이르게 하거나 아프게 하죠. 흔히 일하다 뇌출혈이 생겨 쓰러졌다는 소식을 들을 때가 있어요. 과로가 뇌혈관계 질환을 일으켰을 가능성이 커요.

맞아요. 구제역이 발생하면, 밤낮없이 방역작업을 하던 공무원이 가슴에 통증을 느끼고 쓰러졌다는 뉴스가 꼭 나오더라고요. 그런 것도 과로로 심혈관계 질환이 생긴 경우겠죠?

그럴 가능성이 크죠. 또 추운 데서 일하는 노동자, 시끄러운 곳에서 장시간 일하는 노동자도 심혈관계 질환이 생길 가능성이 커요. 한여름 공사현장의 노동자들은 더운 곳에서 일하다 열사병에 걸리기도 하는데, 심장 질환으로 이어지기도 하고요.[2] 끝으로 운전이 직업인 노동자들은 다른 직업에 비해 뇌·심혈관계 질환을 많이 앓아요. 택시노동자, 화물차 운전자 등은 오랫동안 한 자리에 앉아 도로 위에서 벌어지는 온갖 상황에 대처하잖아요. 이런 노동이 혈압을 높이고, 심장에 이상을 가져와요.[3]

그렇구나. 뇌·심혈관 질환이 생기는 이유가 이렇게 다양하다니 놀랍네요.

사실 노동자 대부분이 각각의 이유로 스트레스가 높은 상태라고 봐야 할 것 같아요.

그게 무슨 말이에요?

1997년 이후 구조조정이 일상적으로 진행되면서 노동자들이 전체적으로 스트레스를 많이 받았잖아요. 일자리를 잃은 사람들의 스트레스야 말할 것도 없을 테고요. 일자리를 지킨 사람들은 전반적으로 일의 강도가 높아진 데서 오는 스트레스가 심하죠.

한국 직장인들은 불쌍해요.

"어휴, 머리가 지끈지끈 아파." "갑자기 심장이 두근거려요." 이런 증상을 호소하는 사람들이 주변에 가끔 있잖아요? 이게 그냥 하는 소리가 아니라 스트레스로 뇌나 심장에 이상이 생겨 그럴 수 있는 거예요.

» 근골격계 질환

저는 늘 컴퓨터로 업무를 해서 그런지 목이 안 좋아요. 어깨를 돌리면 항상 '우두둑' 소리가 나고요.

"어젯밤에 잠을 잘못 잤는지 목이 뻐근해" "잘못된 자세로 앉으면 몸 삐뚤어져요" "무거운 것 들다가 허리를 삐끗했어요." 평소 자주 듣던 말이죠. 자세가 얼마나 중요한지, 무리하면 왜 안 되는지 알 수 있는 표현인데요, 일 때문에 목, 어깨, 허리, 손목, 팔꿈치 등이 아픈 분들이 많아요.

제가 대표주자인 것 같아요. 이것도 병인가요?

근골격계 질환이에요.

질병 이야기를 하니까 어려운 말이 많이 나오는 것 같아요. 뇌·심혈관계에, 근골격계까지, 모두 '계'가 들어가네요. 제가 아는 건 태양계, 노동계, GMO 공부할 때 배웠던 동물계, 식물계 이런 정도예요.

근골격계는 말 그대로 근육과 뼈, 뼈와 뼈를 이어주는 인대, 근육과 뼈를 이어주는 힘줄, 그 밖에 뼈와 근육 주변의 신경이나 핏줄 등을 의미해요. 이런 곳에 손상을 입어 감각이 이상해지거나 아픔이 느껴지는 것이 근골격계 질환이에요.

손목 아픈 것도 근골격계 질환인가요? 저 손목도 아프거든요.

그럴 가능성이 있죠. 손목이나 어깨 인대에 염증이 생겼다든가, 근육통이 심하다든가, 신경이 눌려 팔목에 통증이 있다거나, 근골격계 질환은 종류도 다양하거든요.

제가 일하는 자세가 잘못된 건 아닐까 걱정되네요.

앉는 자세가 잘못되면 그럴 수 있어요. 근골격계 계통 병들은 딱 보기에 별로 힘들 것 같지 않은 일을 오랫동안 반복하다 생기거든요. 작업환경 때문에 어쩔 수 없이 불편한 자세를 계속 취해야 하는 경우에도 생기고요. 무거운 물건을 들거나 운반하는 일을 하다 걸리기도 해요.

앞으로 자세에 신경 써야겠어요. 그런데 자세를 똑바로 해도 같은 일을 반복하거나 심한 진동을 견뎌야 하는 일은 어쩔 수 없이 근골격계 질환이 생기지 않을까요?

그래서 중요한 게 충분한 휴식이에요. 사실 무엇보다 근골격계 질환은 휴식이 부족할 때 생기거든요. 반복적인 작업, 자연스럽지 않은 자세, 무거운 물체를 운반하는 업무, 그 어떤 경우라도 작업 중간이나 작업이 끝난 뒤 충분히 쉴 수 있다면 근골격계 질환은 예방할 수 있어요.

충분한 휴식이라…. 꿈 같은 얘기네요.

맞아요. 그래서 몸에 이상이 있는 걸 알면서도 제대로 쉬지 못하고 다시 일을 하죠. 예를 들면, 하루 종일 앉아 전화 업무를 하는 노동자들은 어깨, 팔, 목 같은 곳이 아파요. 전화를 걸거나 받고, 그 내용을 컴퓨터에 입력하는 작업을 지속하다 보면 몸 어딘가에 문제가 생기죠. 계속되는 반복 작업 때문이에요.

듣고 보니 제 일이 그나마 편해 보여요.

직업마다 각자의 어려움이 있죠.

그렇게 말씀해주셔서 고마워요. 사실 제 일이 편한 건 아니에요. 다른 일들도 마찬가지겠죠?

그럼요. 자동차 조립하는 노동자들은 절반가량 허리가 아픈 걸로 나타났어요. 조선소 노동자들은 워낙 하는 일이 제각각인데, 10명 중 8명은 근골격계 질환을 앓고 있는 것으로 나타났고요.[4] 간병인, 요양보호사, 백화점이나 마트 판매원처럼 서비스 업종에 종사하는 노동자들은 어깨, 무릎, 발, 척추 등 안 아픈 데가 없고요. 건강한 사람이 드물 정도죠. 간병인이나 요양보호사의 돌봄노동은 근력을 무척 필요로 해요. 거동 불편한 분들을 일으켜 세우고, 환자를 부축하고, 노인 목욕을 시키는 등 힘쓰는 일이 많거든요. 근골격계 질환이 생길 여지도 크죠. 백화점·마트의 판매 노동자들은 하루 종일 서서 일해요. 당연히 무릎, 허리 같은 곳이 상할 수밖에 없어요.

듣고 보니 다들 어려움이 많을 것 같아요. 쉬운 일이 없네요.

돈 버는 게 쉬운 일은 아니지만, 근골격계 질환이 생기는 환경을 참아가면서 일해야 하는 건 문제가 있어요. 아이를 학교에 보내는 부모 입장이라면, 학교에서 급식을 만드는 노동자 이야기에 관심을 가지면 좋아요.

그분들도 근골격계 질환이 심각한가요?

학교급식 노동자들의 근골격계 질환 문제는 정말 심각해요. 전체 노동자 중에서 95퍼센트, 그러니까 거의 대부분이 근골격계 관련 증상을 가지고 있어요.[5] 음식 재료를 다듬는 과정에서 워낙 반복적인 칼질이 많고, 수백 개의 식판이나 각종 조리기구 등 무거운 물건을 드는 일들이 잦기 때문이에요. 조리사 한 사람당 100~150명분 식사를 책임지거든요.

생각해본 적이 없는데, 듣고 보니 보통 일이 아니겠네요. 명절날 하루 종일 수십 명분 식사를 준비하고 나면 몸이 부서질 것처럼 아프거든요. 얼마나 힘든 일인지 이해할 수 있을 것 같아요.

학교급식 노동자들은 아파도 쉬지 못하는 경우가 많아요. 대체 인력이 없기 때문이에요. 자기 한 명 빠지면 다른 동료들 일이 너무 힘들어지기 때문에 그냥 일을 하는 거죠.

그동안 우리 아이 먹을 밥 잘 나오는지만 생각했는데, 그 밥을 만드는 사람 걱정도 좀 해야겠어요.

밥 만드는 사람이 힘들지 않아야 식사도 정성스럽게 준비할 수 있겠죠?

» 암을 일으키는 독성물질

독성물질 얘기도 있던데 뭔가요?

이걸 한 번 보세요.

> 손톱만 한 반도체 칩을 불량인지 가리기 위해서는 보드(판)에 최대한 얼굴을 가까이해 들여다봐야 했다. 역한 냄새가 진동했다. 반도체 칩은 얼마나 독한지, 손으로 직접 만지면 피부가 벗겨졌다. 그 손으로 얼굴을 만지면 빨갛게 발진이 돋았다. 이를 두고 작업장에서는 디바이스(제품) 독이 올라왔다고 말하곤 했다.[6]

반도체 만드는 공장에서 있던 일인가봐요.

맞아요.

반도체공장이 어떻게 생겼는지 텔레비전에서 본 기억밖에 없어요. 일하는 사람들이 우주복 비슷한 옷을 입고 있던데요. 완벽하게 깨끗한 곳 아닌가요? 그런 곳에서 일하는 사람들은 좋겠다고 생각했어요.

삼성 반도체공장에서 일하다 뇌종양이 생겨 사망한 이윤정 씨, 백혈병으로 병원으로 달려가던 아버지의 택시 안에서 숨진 황유미 씨를 포함해 삼성에서 백혈병에 걸린 것으로 확인된 사람만 지금까지 10여 명이에요. 의심이 되는 사람까지 합하면 그보다 훨씬 많고요. 최근에는 다른 반도체 회사에서도 적지 않은 사람이 비슷한 병으로 사망했다는 사실이 확인되기도 했어요.

원인이 독성물질인 거예요?

대부분 공장에서 사용하는 독성물질이 원인이었어요. 다른 사례도 많아요. 타이어 회사에서 30년간 벤젠을 고무에 칠하는 일을 하다 폐암으로 사망한 노동자의 아내는 언론 인터뷰에서 이렇게 얘기했어요.

> 벤젠을 고무에다 칠하잖아요. 고무가 녹아요. 녹았다가 다시 붙어요. 고무가 녹았다가 다시 접착이 되면 완전히 붙는 거예요. 그러니까 벤젠이 접착제 역할을 하는 거예요. 그게 없으면 작업이 안 돼요. 옆에다가 통을, 이만한걸, 그걸 두 통 써요. 얼굴에 튀기고, 팔에도 튀기고, 그러다 얼굴에 새까만 게 묻으면 우리는 그게 나쁜 건지도 모르고 화장지로 벤젠 묻혀다 닦고.[7]

벤젠은 발암물질 아닌가요?

어떻게 아셨어요? 벤젠은 1급 발암물질이에요.

앞에서 한 번 나왔던 것 같아요.

맞아요. 식품첨가물 공부할 때 나왔죠.

이름이 '반찬'이랑 비슷해서 기억하고 있었어요.

전혀 안 비슷한데요.

벤젠 때문에 돌아가신 분도 있다니 슬퍼요.

비슷한 일이 꽤 있어요. 또다른 타이어 회사에서 20년간 역시 벤젠에 노출됐던 노동자는 급성골수성백혈병으로 사망했어요. 자동차 회사에서 페인트 작업을 하다 죽은 노동자는 20년을 신나 냄새 속에서 살았대요.[8] 신나에도 벤젠이 섞여 있거든요. 이런 식으로 곳곳에서 노동자들이 죽어 나가고 있어요.

지난번 생활 속 유해물질에 대해 얘기할 때는 그냥 조심해야겠다는 생각만 했는데, 이런 물질을 직접 다루는 노동자들은 생명의 위협을 느끼는 심각한 상황이네요. 노동자들도 화학물질 이름을 외워 주의하면서 일해야 할 것 같아요.

그럴 수 있으면 좋지만 화학물질 이름을 외워 조심한다 해도 해결되지 않는 문제들이 있어요.

어떤 문제들이요?

현재 전 세계가 사용하고 있는 화학물질은 13만 가지가 넘고, 국내에서 사용되는 화학물질은 1만여 가지예요.[9] 이 중 암을 일으킬 가능성이 있는 물질은 적게 잡아도 450가지 이상이죠.[10] 많게는 1,100가지가 넘어요.[11]

숫자가 왜 들쭉날쭉하죠?

숫자가 다른 건 기관이나 나라마다 평가 결과에 차이가 있기 때문이에요.

화학물질 중에 발암물질만 일단 조심하면 괜찮지 않을까요?

그런데 놀라운 것은 조사되지 않은 화학물질이 너무 많다는 거에요. 세계보건기구 산하의 국제암연구소는 화학물질의 발암성을 조사하는 세계에서 가장 권위 있는 기관이에요. 이 연구소는 1971년부터 지금까지 1,000종류의 화학물질을 조사해 그중 450가지 이상의 화학물질에 발암성이 있다고 평가했어요. 이런 평가를 위해 전 세계 50개 넘는 나라의 1,000명 이상의 과학자들이 관여하고 있죠.[12] 그런데 이렇게 많은 인력을 동원해 50년 가까운 세월 동안 조사한 물질이 겨우 1,000가지 정도예요.

1,000가지요? 그럼 나머지는요?

나머지 10만여 화학물질을 조사하는 데는 5,000년 이상 걸린다는 계산이 나와요. 그 사이에 새로운 화학물질은 계속 만들어지겠죠. 조사는 거북이 속도로 느린데, 화학물질은 토끼 속도로 빠르게 만들어지고 있는 셈이죠.

안전성이 확인되지 않은 화학물질을 계속 사용할 수밖에 없다는 얘긴가요?

문제는 이뿐만이 아니에요. 암을 일으킨다는 사실이 밝혀진 독성물질을 버젓이 사용하고 있는 공장들이 많아요.

발암물질을 그냥 사용한다고요?

한 연구소와 노동조합이 2010년 조사를 진행했는데, 공장에서 사용되는 9,000가지 화학물질 가운데 10퍼센트에서 1급, 2급 발암물질이 나왔어요.[13] 2010년부터 2012년까지 진행된 각종 조사들에서는 산업현장의 전체 화학물질 중 4분의 1에서 3분의 1이 발암물질이라는 사실이 확인됐고요.[14] 노동자들은 이런 발암물질로 기계를 닦고, 금속을 깎아내고, 바닥을 청소해요.[15] 발암물질에 손을 담그거나 유독성 물질이 휘날리는 데서 환기도 안 된 채 일을 하죠. 발암물질을 차단하는 밀폐장치는 고사하고 마스크 같은 보호장구조차 지급받지 못하는 노동자가 부지기수예요.

» **야간 교대근무**

야간 교대근무도 발암물질이에요.

그건 또 무슨 소리죠?

세계보건기구의 국제암연구소에서 야간 교대근무를 발암물질로 지정했어요. 다이옥신이 야간 교대근무보다 약한 발암물질이래요. 밤에 일하는 게 얼마나 건강을 해치는지 알 수 있는 대목이죠.

밤에 일하는 사람이 한둘이 아니잖아요.

심야에 일해야 하는 직업이 굉장히 많죠. 공장에서도, 대형 마트에서도, 병원에서도 야간근무는 일상이에요. 대리운전, 쓰레기 수거, 지하철 정비, 터널 청소도 밤에 이뤄지죠.

어쩔 수 없이 밤에 해야 할 일들이 있는 것 같아요.

어떤 공장에서는 기술적인 이유 때문에 야간에도 설비를 운행해야 하는 경우가 있어요. 예를 들어 제철소 용광로는 밤에도 꺼지면 안 되거든요. 또 병원, 지하철 청소 일처럼 공익적인 이유에서 야간에 일해야 하는 경우도 있죠. 그런데 이렇게 낮밤이 바뀐 생활을 하게 되면 생체리듬이 깨져 각종 질병과 사고로부터 자유로울 수 없어요. 밤에 일을 하면 아무래도 판단력이 떨어지고, 사고에 반응하는 속도도 느려져요.

학교 다닐 때도 시험 기간이면 꼭 "어제 밤새 공부했어." 이렇게 말하는 친구들이 있었는데요, 대부분 시험 망치더라고요.

아무래도 그렇죠. 혹시 중간에 잠깐 잔다 하더라도 잠의 질이 낮아요. 늘 피곤한 상태이고, 심장마비, 돌연사, 협심증 같은 심혈관계 질환이나 위염, 위궤양 같은 소화기계 질환이 생길 가능성도 많아요.

밤을 새는 건 절대 현명한 일이 아닌 것 같아요. 사람은 밤에 자야죠.

하다못해 밤에 불을 켜놓고 일하는 사람들은 태양빛보다 자외선을 많이 받아 피부노화도 빨리 시작돼요. 여성의 경우에는 월경, 임신, 출산 등에 문제가 생길 수 있고요. 유방암이 생길 가능성도 높아져요.[16] 평균 수명이 10년 이상 짧다는 보고도 있고요.[17]

» 심야노동 폐지로 과로를 막자

직업병에 걸리지 않기 위한 대책이 뭔지 알 것 같아요.

가장 좋은 건 무리하게 일하지 않는 것이죠.

당연하죠. 그리고 평소 꾸준히 운동하고, 좋은 음식을 먹으면서 자기 관리를 잘 해야 할 것 같아요.

모든 노동자가 무리하지 않아도 되는 환경을 만드는 게 중요해요. 다시 말해 시스템을 바꿔야 하죠. 교대제 야간근무, 장시간 노동을 없애야 해요. 휴식시간이 충분히 보장되어야 하고요. 말하자면 인간다운 노동을 할 수 있어야 한다는 것이에요.

적은 인원이 죽도록 일하는 문화가 바뀌어야겠네요. 어디서나 인력 충원이 문제네요.

큰 회사가 작은 하청회사에 단기간 내에 부품을 만들어 보내라거나, 공사를 마무리하라는 등의 무리한 요구를 해서는 안 돼요. 작은 회사에 적정한 대금을 지급하지 않는 일이 많은데 이래서도 안 되고요. 이런 구조들이 상황을 반복시키기 때문이에요.

밤에 해야만 하는 일은 어떻게 하죠?

사실 굳이 밤에 하지 않아도 되는 일이 많아요. 예컨대 경쟁이 지나쳐서 밤새 영업하는 식당이나 심야노동은 없어져야 해요. 쓰레기 수거 업무, 야간 화물차 운전도 그래요. 우리는 보기 싫고 냄새 난다고 쓰레기 수거 차량이 새벽에 다니는데, 오전에 쓰레기 수거 업무를 하는 나라들도 많아요.

그정도 불편함은 참고 살아야할 것 같아요. 냄새 맡기 싫다고 다른 사람 밤에 일하도록 만들어서는 안 되죠.

제조업에서 밤새 공장 돌리는 관행도 없어져야 해요. 현대자동차의 경우 밤샘근무를 없애고, 전체 노동자들을 아침 일찍부터 오후까지 일하는 조와 오후부터 저녁까지 일하는 조로 나눴어요. 그 변화가 노동자들에게 어떤 영향을 미쳤는지 조사한 연구보고서가 있는데 한 번 보세요.

> 조합원의 여가생활은 큰 변화를 보였는데, 장시간 노동 및 심야노동과 누적된 피로 탓에 과거에는 주로 집안에서 휴식을 취하거나 텔레비전을 시청하는 것에 머물렀던 여가생활이 여행이나 스포츠 활동과 같이 보다 능동적인 방식으로 변화한 것이다. 이것은 근무형태 변경을 통해 수면의 질이 높아지고 건강이 향상되면서 일상생활의 활력이 살아난 점과 무관하지 않다.[18]

이런 일이 늘어나면 좋겠네요. 그런데 도저히 밤에 일하지 않으면 안 되는 경우도 있잖아요.

그럴 경우에는 노동자가 충분히 쉴 수 있도록 해줘야 해요. 낮 근무자가 일주일에 40시간 일한다면, 심야근무자는 일주일에 35시간을 일하게 하는 등 적극적인 조치가 필요하죠. 일하는 동안에도 휴식시간이 충분해야 하고, 쉴 만한 장소도 제대로 제공해야 하죠. 밤샘근무 중 1~2시간만이라도 잘 수 있도록 해야 하고요. 병원이나, 철도, 경찰 같이 공익적 이유로 밤에 일해야 하는 경우에도 심야노동을 최소한으로 줄일 수 있는 방안을 강구해야 해요.[19]

» 쾌적한 작업환경은 회사의 의무이자 노동자의 권리

회사의 역할이 역시 중요하겠죠?

물론이죠. 산업안전법에는 노동자가 질병에 걸리지 않고 쾌적한 환경에서 일할 수 있도록 회사가 해야 할 의무들이 정해져 있어요. 그러니까 노동자는 쾌적한 환경에서 일할 권리가 있어요. 회사는 분진이나 가스, 소음, 진동 등 각종 건강상의 문제를 일으키는 환경을 개선하기 위해 필요한 조치를 취해야 해요.

회사가 의무를 잘 안 지키나요?

그런 일이 많아요. 관계기관이 단속을 나올 때만 공정을 바꾸거나 약품을 바꾸는[20] 회사가 꽤 있어요. 단속에 걸리더라도 처벌이 솜방망이인 경우가 많아 별 타격을 받지 않고요. 또 사내하청의 경우, 작은 회사는 노동자들이 편하게 일할 수 있도록 작업환경을 바꿀 권한이 없어요.

우리 집 주인도 제가 벽에 못 하나 박지 못하게 해요.

큰 공장 안에 들어와 일하는 작은 회사는 그보다 사정이 더 열악하죠. 집주인은 세입자가 사는 데 불편한 일이 생기면 집을 수리해줘야 하잖아요.

당연하죠. 집에 물이 샌다거나, 벽지가 찢어져 있으면 수선을 해주죠. 우리 집 주인도 그런 건 해줘요.

회사는 그런 걸 별로 고려하지 않아요. 회사가 집주인만큼이라도 성의를 보이는지 의심스럽다는 얘기예요.

사내하청이 없어져야 작업환경도 좋아지겠네요.

노동자가 위험하거나 불편한 환경을 직접 찾아내 회사 측에 개선을 요구할 수 있어야 해요. 일하는 것은 회사가 아니라 노동자니까요.

이것 역시 노동조합이 있어야 해결되는 문제일 것 같아요. 혼자 입바른 소리 할 순 없으니까.

깨달으셨군요. 노동자들이 바른말을 할 수 있으려면 역시 가장 필요한 게 노동조합이에요. 노동조합이 있는 곳은 그나마 노동자들이 안전하게 일할 권리가 보장되지만, 그렇지 않은 곳의 노동자들은 노동환경을 개선해야 한다는 생각을 아예 못해요. 먹고살아야 하니 그냥 참고 일만 하는 거죠. 더 나아가서 노동자가 도저히 일할 수 없을 경우에는 작업을 중지할 수 있는 권리가 실질적으로 보장되어야 해요. 계속 일하다가는 몸이 망가질 것을 알면서도, 화학물질에 손을 담갔다가는 암에 걸릴 것을 알면서도 일을 멈추지 못하는 건 너무나 비인간적이에요.

이런 문제는 정부가 적극적으로 나서야 할 것 같아요.

독성화학물질과 관련해서는 정부의 역할이 특히 중요해요. 안전성이 완전히 입증된 물질만 사용할 수 있게 하고, 발암물질의 사용은 막아야죠. 유럽은 이미 그렇게 하고 있어요.

한국 정부는요?

한국 정부의 태도는 달라요. 일단 한국 정부가 발암물질로 지정한 것은 2010년 기준으로 90종류에 불과해요.[21] 게다가 위험하다는 사실이 입증되지 않은 물질은 사용을 허용하고 있어요.

이게 그 사전예방의 원칙 아닌가요? 지난번 유해물질 공부할 때 인상적이었던 얘기예요.

정부가 사전예방의 원칙을 지키지 않는 것이죠. 위험이 밝혀지지 않은 물질은 사용을 금지하고 안전한 것으로 확인된 물질만 사용하도록 만들어야 해요. 이걸 기업이 직접 할 수는 없거든요.

기업이야 독성물질이라도 값이 싸면 일단 쓰겠죠. 그런데 꼭 필요한 물질이 독성물질이면 어떻게 해요?

보통 안전한 대체물질을 찾죠. 그렇게 하도록 정부가 규제해야 해요. 또 제품을 만드는 공정 자체를 개선해서 화학물질을 적게 사용하는 방법도 있어요. 기업이 이런 노력을 하지 않는 이유는 물론 돈이 들어가기 때문이에요. 그래서 정부가 다양한 방안을 강구해야 해요. 미국 매사추세츠 주에는 독성물질사용저감법이라는 게 있는데, 대체 물질을 사용하도록 촉진하고 유해물질을 많이 사용하는 기업은 돈을 내도록 하는 법이에요.[22] 이런 노력을 한국 정부도 해야 해요.

오늘도 많은 걸 배웠네요. 그런데 제가 소비자로서 할 일은 없나요?

소비자의 역할도 중요해요. 공장에서 독성물질을 사용하면, 제품에도 독성물질이 들어가게 돼요. 나중에 폐기될 때는 쓰레기 소각 과정에서 독성물질이 공기 중으로 배출되고요. 예컨대 자동차에는 200가지가 넘는 화학물질이 사용돼요. 새 차 냄새는 인체에 안 좋은 화학물질 때문에 나는 거예요. 자동차만이 아니라 우리가 사용하는 가전제품들, 아이들이 사용하는 장난감, 문구류에도 독성화학물질이 사용돼요. 이런 제품들은 직접적으로 사람의 건강을 위협해요. 소비자들이 이 문제에 관심을 갖고, 유해물질이 나오지 않는 제품을 고르려 노력하면 회사도 독성물질 사용을 줄일 수밖에 없어요.

✦ 독성물질 누출 ✦

인도 보팔이라는 곳에서 엄청난 사고가 났대요. 사람들이 굉장히 많이 죽었다는데요? 어떤 공장에서 유독가스가 유출됐다나 봐요.

최근에 일어난 사건이에요?

텔레비전에 나왔는데, 언제 있었던 일인지 자세히는 못 봤어요. 일요일 낮에 졸다가 본 거라서요.

그럼, 아마 1984년에 일어났던 사건인 것 같아요. 인도 보팔 시에서 벌어졌던 유독물질 누출사건 말이에요. 유니온카바이드라는 살충제 회사 공장에서 밤중에 맹독성 유독가스가 누출되었어요. 집에서 잠을 자고 있던 사람들이 느닷없이 극심한 고통에 시달렸고, 하나둘씩 죽어갔죠. 사건 당일에만 3,000명이 사망했어요.

당일에만 3,000명이요?

네, 역사상 가장 끔찍한 유독물질 누출사건이었죠. 이후에도 사망자는 계속 나와 총 2만 명 가까운 사람이 죽었어요. 죽지 않은 사람들은 암에 걸리거나 눈이 멀거나 심장병이 생겨 온갖 고통에 시달렸죠. 피해자들의 자녀들이 기형이나 심장 질환 등을 안고 태어나는 경우도 많았어요. 피해자가 총 50만 명을 훌쩍 넘었을걸요.

공장에서 폐수가 흘러 나와 강이 오염됐다는 얘기는 들어봤어도, 이런 사건은 처음 들어봐요.

공장에서 사용하는 유독물질이 잘못 관리될 경우에는 그런 끔찍한 일이 발생할 수 있어요. 보팔처럼 참혹한 대형사고는 아니지만 한국에서도 매년 화학물질 누출사고가 10건 이상 일어나요. 2013년에는 87건을 기록하기도 했죠.

일주일에 두 건씩 터졌네요.

화학무기는 핵폭탄과 함께 대량살상무기여서 전쟁에서도 사용하지 못하도록 국제적인 약속이 되어 있어요. 그 위력이 너무 파괴적이고 비인간적이기 때문이에요.

» 공장 밖으로 지속적으로 넘어오는 물질

그건 몰랐어요. 공장에서 독성물질이 유출되면 그것도 화학무기나 마찬가지잖아요. 사고가 발생하지 않도록 조심해야겠네요. 그런데 사고가 아니더라도 공장에서는 폐수와 연기가 나오잖아요. 그런 것도 환경을 오염시킬 텐데, 어때요?

굴뚝이나 하수관을 통해 독성물질이 사람들 모르게 조금씩 나올 때가 많죠. 일단 공장에서 사용된 독성물질 가운데는 물에 섞여 버려지는 것들이 있어요. 이런 물질은 지하수나 강물을 오염시켜요. 몇 년 전 환경부가 조사했더니 페놀, 벤젠 등 유해물질을 배출하는 업체가 조사대상 업체의 50퍼센트가 넘었어요.[1] 이런 물질은 조금만 물에 섞여도 생태계에 중대한 해를 끼쳐요. 사람 몸에는 당연히 안 좋죠.

대기업은 그래도 잘하지 않나요. 보는 눈이 있으니까.

대기업이 더 신경 쓸 것 같지만 그렇지도 않아요. 허가 받지 않은 유해물질 배출업체 가운데는 대기업도 있었거든요. 물론 중소기업도 있고요. 심지어 어떤 공장은 자신들이 그런 유해물질을 배출하는지 모르는 경우도 있었어요.

옛날에나 있는 일인 줄 알았는데 지금도 그런 일이 많다니 찝찝하네요. 굴뚝으로 나오는 것도 많아요?

지속적으로 굴뚝을 통해 독성물질이 배출되는 일이 많죠. 대구에 안심연료단지라고 있어요. 연탄공장, 레미콘공장 등이 있는 곳이에요. 이 근처 동네 사람들 가운데 여러 명이 진폐증에 걸린 일이 있었어요. 호흡곤란, 천식 같은 증상을 호소하는 주민들도 다른 곳에 비해 많았는데요, 알고 보니 공장에서 나온 분진과 관련이 있었어요.[2] 충북 제천·단양, 강원도 영월·삼척 등지에서는 시멘트공장 근처에서 10년 이상 거주한 주민이 진폐증에 걸린 사례도 있어요.

제가 사는 아파트에도 비슷한 일이 있어요. 가끔 담배 냄새가 집으로 넘어와요. 우리 아이는 냄새만 나면 "옆집 아저씨 또 베란다에서 담배 피우나 봐." 이러면서 인상을 써요. 이웃에서 잠깐 피우는 담배 냄새도 불쾌한데, 이건 뭐, 담배 냄새에 비할 바가 아니네요.

심지어 2013년 전남 여수에서는 하늘에서 쇳가루 섞인 검은 비가 내린 적도 있었죠.

검은 비요? 비가 밤에 내렸겠죠.

검은 비는 옥수수나 고추 같은 작물, 자동차, 주택 지붕을 까맣게 만들었어요. 이 기사 좀 보세요.

> 허허, 태어나서 57년을 살았지만 이런 일은 처음이에요. 요즘 이장님이 밭에서 캔 채소를 먹지 말라고 계속 방송하고 그래요. 빨리 원인이라도 밝혀졌으면 불안하기라도 덜하지. 나 원 참….[3]

검은 비가 내렸는데, 자동차나 지붕이 하얀 색으로 물들었으면 더 놀랐을 거예요. 언론 인터뷰에서 한 주민이 원인이 밝혀지지 않아 불안하다고 했는데, 나중에 조사가 이뤄졌겠죠?

노동환경건강연구소라는 단체에서 조사를 해보니까 비가 내린 지역에서 카드뮴, 납 등이 다른 곳보다 13~20배씩 높게 검출됐어요. 카드뮴은 독성이 아주 강한 물질로 사람 몸에 들어가면 뼈를 무르게 만들어 쉽게 부러지게 해요. 납은 뇌나 척수 같은 중추신경계를 손상시키는 독성물질이고요.

공장에서 나온 독성물질이 비에 섞여 내렸나보다.

맞아요. 검은 비가 내린 마을 인근에 산업단지가 있었거든요.

» 화학물질 대량 유출사고

산업단지 근처에 살면 신경이 많이 쓰일 것 같아요. 혹시 큰 사고라도 나면 주민들 피해가 훨씬 클 테니까요.

사고가 나면 갑작스럽게 공장 밖으로 독성물질이 넘어올 수 있고, 그렇게 되면 인근 주민들에게 곧바로 영향을 미쳐요. 인천 남동공단이나 대구 성서공단 시흥 반월산업단지 같은 곳은 공단에서 길 하나 건너면 바로 아파트촌이고 주택가인데요. 만약 사고가 나서 유독가스가 새어 나오면 주민들은 무방비 상태에서 당할 수 있어요.

담배 냄새가 넘어오는 정도가 아니라 옆집에서 농약을 뿌리는 수준이네요. 저는 옛날에 낙동강 페놀유출사건이 기억나는데, 그런 일이 많나요?

1991년 낙동강 페놀유출사건은 유명해요. 소화기, 신경계통에 이상을 일으키는 페놀이 구미 두산공장에서 유출돼 낙동강으로 흘러들었어요. 대구 등지의 수돗물에서 악취가 났고 물을 마신 사람들은 두통과 구토에 시달렸죠.

최근에도 심각했던 사고가 있었나요?

그럼요. 2012년 구미 불산 누출사고가 유명했죠.

불산이요? 그게 뭐예요? 황산이나 질산은 지난번에 미세먼지 공부할 때 나왔는데 불산은 처음이에요.

불산은 반도체산업에 꼭 필요하지만 매우 위험한 독성물질이에요. 염산이나 황산은 사람 피부만 상하게 하는데 불산은 사람의 피부를 뚫고 들어와요. 불산에 닿은 피부는 마치 젤리처럼 흐물흐물해지면서 괴사하죠. 피부 속으로 들어온 불산은 뼈를 상하게 하고, 심하면 심장마비까지 일으켜요.

무서운 물질이네요. 그런데 불산이 누출됐다는 거예요?

네, 불산은 섭씨 20도만 되어도 증발해요.

좀 더운 날에는 공기 중에 떠다니겠어요.

그렇죠. 불산 증기를 마시면 폐 조직이 죽고, 심하면 사망해요. 구미 불산 누출사고로 5명이 죽었는데요, 치료를 받거나 검사를 받은 사람은 만 명이 넘었어요. 농작물이 완전히 노랗게 말라버리고 심지어 차량도 2,000대 이상 부식됐죠.[4]

진짜 무서운 일이다. 공포영화 같아요.

비슷한 사고는 그 이후에도 계속되었어요. 2013년에는 삼성전자 화성공장에서도 불산이 누출되었고요, 충남 금산군의 한 공장에서도 같은 해에 불산이 새어나와 물고기가 떼죽음당하는 사고가 일어났죠. 그 공장에서는 2014년에도 불산가스가 유출됐어요.

한 번 사고가 난 곳에서 또 사고가 나는 건 정말 이해할 수 없네요. 왜 이렇

게 계속 일어나죠? 불산 말고 다른 사고들도 많을 것 아니에요.

동시에 여러 질문을 하시다니. 사고가 자꾸 나는 원인은 뒤에서 말씀드릴게요. 불산 누출사고 이외에 다른 사고 이야기만 조금 더 할게요. 2014년에는 여수 GS칼텍스에서 대형 송유관이 파손되는 사고가 있었어요. 이 사고로 원유, 나프타 등이 유출되었죠. 원유를 끓이면 온도에 따라 경유, 휘발유 등이 분류되듯이 나프타라는 물질도 나와요. 사람 몸에 매우 안 좋은 물질이죠. 기름 냄새를 맡으면 역겹고 머리가 아프고 토할 것 같은 느낌이 드는 건 원유에서 벤젠 같은 발암물질이 나오기 때문이에요. 나프타에는 원유보다 유독성 물질이 많이 들어 있고요.

» 안전 비용을 늘리자

미리미리 신경 쓰고 준비하면 사고는 막을 수 있는 것 아닌가요? 한 번만 사고가 나도 사람이 죽고 다칠 수 있는 일은 아예 처음부터 철통방어를 해야죠.

기업이 안전문제에 소홀한 것은 역시 비용이 들기 때문이에요. 기업은 비용을 최대한 낮추는 게 언제나 큰 관심사예요. 본성이 그래요.

전 본성이 착해요.

그동안 눈치 못 챘어요. 어쨌거나 그래서 정부의 역할이 중요해요. 정부가 강하게 규제하지 않으면 기업은 유해물질을 그냥 밖으로 내보내요. 당국의 관리가 소홀하면 있는 규제도 어기고요.

정부가 제대로 역할을 못하면 공장에서 나온 독성물질에 저 같은 사람이 피해를 볼 수도 있겠네요.

그렇죠.

그런 일이 벌어지면, 제 착한 본성이 흔들릴 것 같아요. 혹시 또다른 이유는 없나요?

석유화학산업단지가 너무 오래된 것도 유독물질 누출사고가 잦은 이유 중 하나예요. 1970년대에 건설돼 40년 이상 된 공장들이 많거든요. 시설이 낡을수록 사고 가능성도 커지죠. 이 기사 좀 보세요.

> 지난 ○일 새벽 5시경 포항 포스코제철소 2고로 개보수공사 현장에서 가스누출 폭발사고로 철야작업을 하던 노동자들이 중경상을 입었습니다. 이 사고는 배관밸브가 거의 마모되어 교체를 하던 중에 발생했는데, 밸브 수명이 끝나기 전에 미리 교체했으면 이런 사고가 안 일어났을 것입니다.[5]

공장들이 1970년대생이라고요? 저랑 비슷하네요. 그러니까 저처럼 평소에 관리를 잘해야지 안 그러면 몸 여기저기가 고장 난다니까요. 때가 되면 건강검진도 하고 말이에요.

맞아요. 물론 오래된 설비라도 적절하게 수선만 잘하면 사고는 예방할 수 있어요. 당연한 얘기예요. 그런데 그렇게 안 해요. 사고가 날 수밖에 없죠. 석유화학회사들이 쓰는 수선비 비중은 지난 10년간 꾸준히 줄었어요. 특히 2008년 이후에는 다른 비용보다 훨씬 많이 줄었어요. 경제 위기가 닥쳤을 때인데요,[6] 공장을 돌릴 수 있을지 알 수 없던 때라 유지·보수에 돈을 더 쓸 리가 없었죠.

수선비 비중이 꾸준히 줄었다고요? 힘들 때일수록 몸 관리를 잘해야죠. 돈벌이 시원찮다고 건강을 챙기지 않으면 더 큰일이 벌어져요.

석유화학공장들을 민간회사가 운영하는 것도 수선비 비중이 낮아진 것과 관련이 있어요. 공기업보다는 민간회사가 확실히 안전에 신경을 덜 쓰거든요. 예컨대 발전소가 과거 한국전력에 속해 있었을 당시에는 수선비 규모가 다른 산업보다 훨씬 컸어요. 반면 석유화학산업은 애초부터 수선비 비중이 낮았고, 그 마저도 최근 계속 줄고 있죠.[7]

아무래도 당장 한 푼이라도 더 버는 데만 관심이 있어서겠죠? 수선비가 그렇게 줄면 수선은 제대로 되나요?

줄어든 수선비 때문에 설비를 보수하는 하청업체에 예를 들면 2주일 동안 해야 할 일을 일주일 안에 끝내라고 요구할 수밖에 없어요. 압박을 받은 노동자들은 무리할 수밖에 없겠죠. 그러다 시간에 쫓겨 작업이 부실하게 될 때도 있을 테고요. 이러면 결국 둘 중 한 가지 일이 벌어져요. 무리하게 작업하다 노동자가 사고를 당하거나, 부실작업으로 나중에 사고가 발생해 주민들이 큰 피해를 입거나.

» 정보 공유가 중요하다

노동자가 당하느냐 주민이 당하느냐, 완전 복불복이네요. 그런데 저는 평소 공장에서 어떤 독성물질을 사용하는지 전혀 몰라요. 우리 집 주변에 공장이 없긴 하지만요.

바로 그 점이 가장 큰 문제예요. 노동자와 지역사회 주민이 공장에서 사용하는 유해물질에 대해 전혀 모르고 있다는 점 말이에요. 석유화학산업단지에서 설비 유지·보수 일을 하는 노동자들은 자기들이 일하는 곳에서 어떤 화학물질이 사용되고 있고, 이 물질들이 얼마나 몸에 안 좋은지 전혀 몰라요. 자기들이 보수해야 하는 설비가 몇 년 된 건지, 얼마나 낡았는지도 모르고요. 회사는 이런 정보를 전혀 제공하지 않아요. 노동자는 이런 상태에서 가스 밸브를 바꾸고, 용접을 하고, 전기를 만져요.[8]

정말요? 이건 뭐, 파출부가 일을 해주러 간 집에서 강도 당하는 꼴이네요. 아무것도 모르고 갔다가 당하는 거잖아요.

이런 상황이니 사고가 나면 노동자들이 대처할 수가 없어요. 구미 불산 누출사고로 사망한 5명의 노동자들은 달랑 마스크 하나 쓰고 일하다 불산을 뒤집어 써 죽었어요.

불산에 마스크요? 쓰나미가 몰려오는데 물안경 쓰고 대처하는 꼴이네요.

도망을 가야 할 판에 사고 현장 근처에 모여 구경하는 노동자들도 있었어요.[9] 회사에서는 불산이 얼마나 위험한지 노동자들에게 알려주지 않았어요. 삼성 불산 누출사고 때도 마찬가지였죠. 이때 사망한 노동자는 새어 나오는 불산을 비닐봉지로 막았어요.

할 말이 없네요. 공장에서 일하는 노동자들도 이 정도인데, 공장 밖 주민들은 정말 아무것도 모르겠어요.

공장 밖 주민들은 말할 필요도 없죠. 주민들은 단지 공장 옆에 살고 있다는 이유만으로 지속적으로 혹은 갑작스럽게 유해물질의 피해를 입어요. 구미 불산 누출사고 당시 근처 주민들은 불산의 위험성을 몰랐어요. 그뿐 아니라 현장에 출동한 소방관도, 경찰도, 시청 공무원도 불산이 어떤 물질인지 몰랐다고 해요. 불산 누출사고가 나면 어떻게 대처해야 하는지 아는 사람도 없었고, 당연히 불산을 중화시키는 물질이나 장비도 준비되어 있지 않았어요. 평소 그 공장에서 불산을 쓴다는 걸 알았고, 불산이 얼마나 위험한지 지역사회가 알고 있었다면 피해가 훨씬 줄었겠죠. 더 심한 사례도 있어요. 2014년에 있었던 충남 금산의 불산 누출사고 때는 업체가 사실을 은폐해 주민이 대피할 시기를 놓치기도 했어요.[10]

아무래도 전 본성이 착하지 않은가봐요. 참을 수가 없네요.

생각해봐야 할 문제가 또 있어요. 원유 누출사고가 생기면 인근 주민들이 바닷가 바위에 묻은 기름을 닦아내는 등 복구작업에 참여하는 경우가 많아요. 태안 앞바다에서 유조선이 다른 배와 충돌해 원유가 유출됐을 때는 전국에서 자원봉사자들이 몰려들었죠.

제가 그랬다니까요.

그러나 원유가 건강에 미치는 나쁜 영향을 고려하면, 사람들을 오히려 대피시켰어야 했어요. GS칼텍스 사고가 났을 때도 많은 주민들이 제대로 된 장비도 없이 복구작업에 참여했는데, 미담으로 치장됐지만 옳지 않은 일이에요. 유해물질이 어느 정도 휘발되어 날아갈 때까지 사람의 접근을 막는 게 맞아요.[11]

듣고 보니 그러네요. 그때 컨디션 회복한다고 먹은 고깃값이라도 돌려받아야겠어요.

유해물질에 대한 정보를 누구도 제공해주지 않으니까 그런 일이 생기는 거죠.

불이 나면 "불이야, 불이야" 하고 외치고, 홍수 때는 방송을 해서 주민들에게 피하라고 일러주는데, 유독물질에 대해서는 정보를 안 주다니, 사람 사는 도리에 안 맞아요.

그렇죠. 참, 아까 집 주변에 공장이 없다고 하셨는데, 정말 그런지 한번 알아보세요. 공장이 있는데 모르고 사는 경우가 아주 많거든요.

» 규제완화와 낡은 설비의 위험

대책을 의논해보도록 해요. 제 본성이 폭발하기 전에요.

그럴까요? 첫째로, 물이나 공기 중으로 나오는 유해물질을 최소화하는 역할은 정부가 맡아야 해요. 그동안 관련 규제들이 꾸준히 개선되었어요. 꽤 괜찮은 제도들이 있죠. 그런데 시민사회의 관심이 멀어지거나 기업의 요구가 강하면 이런 규제들이 완화되곤 해요.

우리 아이도 제가 조금만 신경 쓰지 않으면 공부 안 하고 딴짓하는데, 비슷하네요.

아이는 좀 놀아야죠. 부모가 시킨다고 억지로 공부가 되는 것도 아니고요.

저도 알아요. 규제완화가 어떻다고요?

현재 법에는 산업시설별로 대기오염물질 배출 허용기준이 정해져 있어요. 2015년부터는 이 기준이 그전보다 강화되었죠.[12] 갈수록 대기오염물질이 많이 나오고 미세먼지도 증가한다는 전망에 따른 것이에요. 특히 수도권 및 특별히 필요한 지역의 경우 환경부장관이 사업장마다 대기오염물질을 배출할 수 있는 총량을 할당하도록 되어 있어요.[13] 사업장은 이 기준 아래에서만 오염물질을 내보낼 수 있죠. 또 정부는 굴뚝원격감시체계를 운영하고 있어요. 대상 사업장의 굴뚝마다 측정기를 달아 굴뚝에서 나오는 대기오염물질을 감시하는 시스템이죠.

오호, 뭔가 그럴 듯해요. 집집마다 담배 연기 내뿜는 양을 정해놓고 베란다에 측정기를 달아놨다 이거죠?

뭐, 그런 거죠. 또 하천으로 흘러나오는 유해화학물질을 관리하기 위해 비교적 최근에 도입된 제도로는 생태독성관리제도가 있어요. 유해화학물질의 종류가 너무 많기 때문에 물질 하나하나마다 기준을 세워 감시하는 건 불가능하기에 고안된 제도예요. 선진국에서

많이 시행하고 있죠. 한국에서는 물벼룩을 이용해 공장 폐수의 독성을 감시해요.[14]

나쁜 물질이 너무 많으니까 일일이 검사는 못하겠고, 대신 물벼룩을 넣어놓은 다음 '얘가 비실비실하면 물 상태가 안 좋아진 것'으로 판단한다, 뭐, 이런 논리죠?

맞아요.

지난번 식품첨가물 공부할 때는 첨가물 하나하나는 검사할 수 있어도 서로 섞여 아이들에게 어떤 영향을 미치는지는 경우의 수가 너무 많아 알 수 없다고 했잖아요. 그런데 하천 관리에 대해서는 이미 그런 점을 생각하고 대책도 마련했네요!

가끔 기억력에 탄복할 때가 있어요. 이런 식으로 제도는 나아지고 있지만, 정부가 규제를 강화하고 이를 확실히 집행할 의지가 있는지가 더 중요해요.

규제를 강화하기보다는 자꾸 완화하려 한다는 거죠? 하기야, 10년 넘게 신문이나 방송에서 '규제완화'라는 말을 귀에 못이 박히게 들었어도, 규제강화라는 말은 들은 기억이 없어요.

이 분야도 마찬가지로 규제완화 시도들이 있어요. 대기오염물질을 초과해 배출하는 기업에게는 경고나 영업정지 같은 처분을 내리는데, 2011년 이명박 정부는 그 기준을 완화했어요. 기존에는 30분에 연속으로 2번 기준을 넘거나 일주일에 7번 기준을 넘으면 행정처분 대상이 되었는데, 이제는 30분에 3번, 일주일에 8번으로 바뀌었죠. 기준이 바뀐 이유는 기업 측의 요구 때문이에요. 전국경제인연합회 등은 그 이전부터 기준 완화를 꾸준히 요구했거든요.[15]

그런 일이 있었군요. 전혀 몰랐어요. 또다른 규제완화도 있었나요?

박근혜 정부는 2014년 사람들이 사용하는 식수원 주변에 일부 공장을 지을 수 있도록 규제를 완화했어요. 전에는 상수원, 그러니까 식수로 사용할 수 있는 물을 얻는 원천지 근처에는 어떤 공장도 짓지 못하도록 되어 있었거든요. 자칫 유해물질 같은 게 식수원으로 들어가면 큰일이 나기 때문이에요. 하지만 이제는 커피·떡·빵 같은 걸 만드는 제조업 공장은 식수원 주변에 들어갈 수 있게 되었죠.

아주 큰 규제완화는 아닌 것 같은데요?

별것 아닌 듯해도 이런 작은 규제완화가 나중에 어떤 결과로 이어질지 지켜봐야죠.

그렇긴 하네요. 고기 딱 한 점 맛보겠다고 먹었다가 배가 아플 때까지 먹기도 하니까요.

바늘 도둑이 소도둑 되고, 작은 눈뭉치가 큰 눈덩이 되는 법이죠. 아무튼, 국민이 어떤 정부를 뽑느냐에 따라 제대로 운영되던 규제가 완화되기도 하고 없어지기도 해요.

40년 이상 된 공장들은 어떻게 해야 하죠?

낡고 오래된 설비에 대해서는 빨리 대책을 세워야 해요. 설비가 낡아가는 만큼 기업은 적정한 유지·보수를 계속 해야 하고요. 그리고 정부는 유지·보수의 선을 정해 철저히 감독해야 합니다. 감독을 위해서는 감독기관이 있어야 하는데, 거기에 시민이 참여할 수 있다면 더욱 좋겠죠.

그래도 유지·보수를 하지 않고 돈을 아끼려는 기업이 있을 것 같아요.

그런 기업은 강력히 처벌해야 해요. 시한폭탄을 싣고 달리는 차는 당장 멈추게 해야죠. 노동자와 주민들의 안전을 볼모로 돈을 벌겠다는 발상은 철저히 막아야 합니다.[16] 화학물질과 관련해서는 법을 좀더 강화할 필요가 있어요. 시민단체, 노동조합 등이 노력해서 '화학물질의 등록및평가등에관한법률(화평법)'과 '화학물질관리법(화관법)'이 새로 만들어졌는데요, 줄여서 화평법, 화관법이라 불러요.

》 '화평법'과 '화관법'

처음 듣는 법이에요. 화평법, 화관법이요?

하나씩 설명드릴게요. 정부는 공장에서 어떤 화학물질을 사용하고 있는지 파악해야 해요. 등록된 물질의 위험성도 평가해야 하고요. 그런 다음에야 위험한 물질을 엄격하게 관리할 수 있고, 사용하지 못하게도 할 수 있죠. 국민들도 관련 정보를 접할 수 있게 될 것이고요. 이것이 '화평법'을 만든 목적이에요.

아하, 그러니까 화평법은 저 같이 깐깐한 주부한테 어울리는 법이겠네요. 저는 냉장고에 어떤 음식이 들어 있는지 늘 목록을 정리해놓거든요. 요즘에

는 냉장고 속 음식물을 관리해주는 스마트폰 앱을 사용해요. 리스트가 잘 정리되어 있으면 냉장고 속 음식 중 어떤 걸 빨리 먹어야 할지, 또 어떤 음식은 버려야 하는지 쉽게 알 수 있거든요. 이런 걸 법으로 만들었으면, 아마 이름이 '냉장고 속 음식물의 등록 및 평가에 관한 법률(줄여서 '냉평법')'쯤 됐을 것 같아요.

맞아요. 화평법이 바로 그런 취지로 만든 것이에요. 화평법이 생긴 덕에 비로소 국가 전체적으로 어떤 화학물질이 만들어지거나 새로 수입되어 사용되고 있는지 파악할 수 있게 된 것이죠.

연애할 때 남편 자취방에 가보면 냉장고 속이 장난이 아니었어요. 유통기한이 2년쯤 지난 마요네즈가 들어 있고. 집에 갈 때마다 "어휴, 이건 뭐야. 이건 상했고, 이건 유통기한 지났잖아." 이 말이 안 나온 적이 없었어요. 남편은 냉장고 안에 뭐가 들어 있는지 알지도 못하더라고요. 화평법이 왜 필요한지 알 것 같아요. 그럼, 화관법도 설명해주세요.

냉장고 안에 어떤 음식물이 들어 있는지, 그러니까 음식물 목록과 영양성분에 대해 파악하는 게 화평법이라면, 그 음식들을 어떻게 관리할지 정해놓은 게 화관법이에요. 예를 들어 냉장실에 넣을지, 냉동실에 넣을지, 플라스틱 반찬통에 보관할지, 유리 반찬통에 보관할지 등을 정하고, 하루에 먹는 음식물과 거기서 나오는 음식물 쓰레기의 양은 얼마나 되는지 파악하는 것이죠. 이처럼 등록된 화학물질을 어떻게 잘 관리할지를 정한 법이 '화관법(화학물질관리법)'이에요. 좀더 구체적으로 말씀드리면, 화관법은 국가·지방자치단체·사업주가 유해화학물질을 잘 관리하기 위해 해야 할 일을 정해놨어요. 전국적으로 화학물질을 얼마나 사용하는지 통계조사를 하고, 특정

사업장들이 화학물질을 어느 정도 공장 밖으로 내보내는지 배출량도 조사하고 있어요. 조사 결과는 바로 공개되고요.

좋은 법이네요. 역시 저처럼 깐깐한 사람들이 만든 게 틀림없어요.

그런데 이 법들에 꽤 한계가 있어요. 우선 화평법에서는 모든 화학물질이 아니라 정부가 정한 물질만 등록하도록 규정하고 있어요. 보통 전 세계적으로 13만 가지가 넘는 화학물질이 사용되고 있다 해요. 어떤 곳에서는 그 수가 24만 가지라고 주장하기도 하고요.[17] 한국에서 사용되는 화학물질도 국가가 파악하고 있는 것만 1만 가지가 넘어요. 자료에 따라서는 4만 가지 이상이라는 견해도 있어요. 그런데 2015년 정부가 등록 대상으로 지정한 화학물질은 518종에 불과해요.

그럼, 나머지는 등록하지 않아도 되는 거예요? 냉장고에 음식물이 차고 넘치는데 그중 목록에 써야 하는 음식은 극히 일부에 불과하다는 얘기잖아요. 이러면 뭔지 모르고 꺼내 먹었다가 탈이 나는 경우가 생길 수밖에 없을 것 같아요. 저처럼 깐깐한 사람이 만든 게 아니군요. 문제가 더 있을 것 같아요.

둘째는 완제품에 들어가 있는 화학물질은 따로 등록하지 않아도 된다는 거예요. 이를테면, 화학물질 자체가 아니라, 자동차나 장난감, 가습기 살균제처럼 완제품을 수입하는 경우 이미 들어간 화학물질을 등록할 필요가 없어요.

정말요? 예전에 남편한테 가습기 청소 좀 하라고 했더니 남편이 가습기 살균제를 사왔던 적이 있어요. "이 약을 가습기 물 넣을 때 섞으면 따로 청소

하지 않아도 된다 이거지?"라고 제가 물었거든요. 남편이 그렇다고 해서 "이거 안전한 거야?"라고 또 물었더니, "물비누 비슷한 거겠지 뭐. 나도 잘 몰라." 이랬어요. 그냥 사용했죠.

딱 맞는 사례를 생각하셨네요. 가습기 살균제처럼 완제품에 나쁜 화학물질이 들어가 있더라도, 현재 법으로는 등록하지 않아도 돼요. 그런데 유럽은 이 경우에도 화학물질을 등록해야 해요. 완제품에서도 소비자가 사용하거나 나중에 폐기할 때 화학물질이 나올 수 있기 때문이에요.

혹시 화관법에도 문제가 있나요?

화관법 문제도 있죠. 우선 화학물질 배출량 조사에 한계가 있어요. 조사하는 물질의 가짓수가 다른 나라에 비해 적어요. 미국은 650가지가 넘는데, 한국은 415가지에 대해서만 조사해요.[18]

아까 가짓수가 적다는 얘기는 하셨잖아요.

그건 현재 존재하는 화학물질 가운데 등록해야 하는 물질의 종류가 적다는 얘기였고요, 지금은 공장 밖으로 배출할 때 조사 대상에 포함하는 화학물질 가짓수가 다른 나라보다 석나는 얘기에요.

아하, 그렇군요.

화관법에는 또다른 문제도 있어요. 법에는 통계조사와 배출량 조사 결과를 곧바로 공개하도록 했지만 회사가 영업비밀이라는 이유로 거부할 수 있게 되어 있어요. 이 규정을 이용해 기업 대부분은 실제로 자신들이 사용하는 유해화학물질을 공개하지 않아요. 한 자료에 따르면 2010년 화학물질 유통량 조사 때 전체 기업 가운데 대기업은 90퍼센트 이상, 중소기업은 85퍼센트 이상 자료 공개를 거부했어요.[19]

뭔가 찔리니까 공개하지 않는 게 아닐까요? 하다못해 음식물 쓰레기 버릴 때도 생선가시나 조개껍질 같은 것 골라내기 귀찮아서 그냥 섞어 버리는데, 기업도 그럴 것 같아요. 그래놓고 비밀로 하는 거죠.

그러니까 자료 공개를 거부하는 건 문제라고 생각해요. 법을 더 강화해야 해요. 무엇보다 인근 주민들이 공장에서 어떤 유해물질을 사용하고 있는지 알도록 하는 '지역사회알권리법'이 필요해요.

» 지역사회알권리법

그런 법이 있으면 공장에서 어떤 물질을 어느 정도 사용하고 있는지, 독성이 있다면 어떤 종류인지 주민들이 사전에 알 수 있겠네요.

지방자치단체나 소방서는 화학사고에 미리 대비할 수 있고, 주민들은 어떻게 행동해야 하는지 사전에 판단할 수 있죠. 미국에는 이와 유사한 법이 있고, 캐나다 토론토에는 조례가 있어요. 캐나다 토론토에서는 아예 인터넷을 통해 자기 지역 어떤 공장에서 어떤 유해물질을 다루고 있는지, 그 종류와 양 등을 공개해 누구나 찾기 쉽게 해놓았죠.

제가 문득 예리한 질문이 떠올랐어요. 미국에 그런 법이 있으면 미국에 있

는 한국 기업은 자료를 다 공개하나요?

맞아요. 삼성은 미국 텍사스의 오스틴이라는 도시에 반도체공장이 있어요. 그런데 삼성은 그 공장에서 사용하는 유해화학물질을 '지역사회알권리법'에 따라 모두 공개했어요. 반면 한국에 있는 공장에서 사용하는 화학물질은 영업비밀이라면서 공개하지 않은 상태예요. 이 문제를 다룬 한 언론의 기사예요.

> 삼성 오스틴 반도체공장이 현지 당국에 매년 제출한 화학물질 관련 보고서에는 사업장에서 사용, 관리하고 있는 화학물질의 이름, 고유번호, 구성 성분, 보유량 등이 기록돼 있다. 유출, 폭발 등 화학물질 사고 발생 시 신속하고 효과적인 대응를 위해 보관 장소까지 표시하고 있다. (중략) 국내에서 여러 차례 누출사고가 발생해 유독성이 익히 알려져 있는 불산의 경우 오스틴 공장에 320파운드(약 145킬로그램)가 있으며, 보관 장소와 불산의 인체 유해성 관련 정보도 명시돼 있다. 그러나 삼성 디스플레이의 아산 사업장 안전보건 진단보고서를 보면 삼성은 안전검사 실시 현황, 유해 및 위험 요인 관리상황 등 사실상 공장의 안전관리 실태를 평가할 수 있는 내용 대부분을 영업비밀로 분류해 비공개 처리했다.[20]

이건 정말 한국인으로서 자존심이 팍 상하네요. 삼성은 한국 기업인데, 한국 사람은 무시하고 미국 사람만 좋아하는 거예요?

그런 문제는 전혀 아니에요. 자본이야 돈만 벌면 되니까 국적을 따질 이유는 없죠. 다만 '비용이 드는지 안 드는지'가 기준일 뿐이죠. 제도가 다르면 기업의 태도도 달라지는 것이고요.

그럼, 우리도 빨리 지역사회알권리법을 만들어야겠네요.

사실, 2015년 1월부터 시행되는 '화학물질관리법'에도 지역사회 알권리를 위한 조항이 있긴 해요.

아예 없는 게 아니었어요?

네, 그러나 몇 가지 점에서 아쉬움이 있어요. 지역사회에 알려야 할 위험한 화학물질의 종류가 적어요. 미국은 고위험 물질 355종을 알리도록 하고 있는데, 한국은 약 70가지만 대상이에요.[21]

한국은 무조건 적네요. 등록해야 하는 화학물질 수도 적고, 배출량 조사 대상 화학물질 종류도 적고, 지역사회에 알려야 하는 가짓수도 적고요.

게다가 문제가 생겼을 때를 대비한 계획을 사업체가 만들도록 해놨지만 이때 지방자치단체와 주민이 참여하지 못해요. 계획이 적합한지 여부를 동네 사람들이 판단할 수 없다는 것이죠. 사고가 나면 주민들에게 통보하는 규정도 허점이 있어요. 특히 사람이 많은 학교나 병원 같은 곳에는 사고 즉시 신속한 통보가 이뤄져야 아이들이나 환자들이 대피할 수 있어요. 그런데 현재 법에는 소방서, 지방자치단체 같은 관계기관에만 통보하도록 되어 있죠.[22]

» 안전을 쟁취하자

법을 좀더 세게 만들려면 어떻게 해야 할까요?

화학물질 관련법을 강화하는 일은 저절로 되지 않아요. 그동안 사회운동단체들의 힘이 컸어요. 단체들은 지금까지 유해물질을 직접 조사하는 일부터 법 만드는 일까지 열심히 활동해왔어요. 이런 단체들을 후원하고, 또 이들의 활동에 관심을 갖고 함께 참여하면 우리 몸속에 유해물질이 들어오는 일이 훨씬 줄어들 수 있죠.

역시 노동조합의 역할도 중요하겠죠?

노동자가 위험한 환경에서는 작업할 수 없다고 얘기할 수 있어야 해요. 그러기 위해서는 노동조합이 제대로 건설되어 있어야 하죠. 낡은 시설을 새 설비로 바꾸거나 제때 보수하는 것도 그래야 가능하고요. 유독물질이 낡은 배관이나 밸브 등을 통해 누출될 때 결국 가장 먼저 피해를 당하는 쪽은 노동자예요. 이런 일이 노동자의 안전을 위협한다는 것을 노동조합이 명확히 지적하고 개선책을 마련할 수 있도록 해야 해요. 공장에서 노동조합이 적극적으로 역할을 한다는 것은 곧 공장 밖 가족들의 안전을 지키는 것이기도 하니까요.

+ 감정노동 +

무대 위의 배우처럼, 늘 정해진 표정을 지어야 하는 사람들이 있어요.

'감정노동자' 말이죠?

앗! 어떻게 아셨어요?

오늘 감정노동에 대해 이야기하기로 했잖아요.

그렇군요. 감정노동은 다른 사람의 기분을 위해 자기 감정을 통제하는 일을 말해요. 감정노동자는 일하는 동안 자신의 진짜 감정보다는 직업적으로 필요한 감정만을 드러내죠. '고객 만족'을 위해 언제나 미소를 지어야 하고, 친절해야 하죠.

저도 감정노동 많이 해요. 특히 시댁에 가면 그래요. 우리 아버님은 아무리

열심히 해도 수고했다는 말을 안 해주세요.

나이를 불문하고 며느리들이 흔히 하는 이야기인 것 같아요. 윗세대일수록 대체로 시집살이가 심했죠. 이 때문에 많은 며느리들이 오랜 기간 화를 억누르면서 지내는데요, 그러다 화병에 걸려요. 화병은 화를 낼 수는 없는 분위기 때문에 참고 또 참다가 몸이 아파오는 병이에요.

저도 약간 그런 것 같아요. 친구들도 그렇고요.

40~50대 여성에게 특히 많은데요, 요즘에도 화병으로 병원에 가는 사람이 매년 10만 명이 넘는다고 해요.[1]

그렇게 많은 줄 몰랐어요. 그런데 감정노동자들은 직장에서 비슷한 경험을 하는 사람들이죠?

그렇죠. "몸은 힘들어도 마음은 편해요." 살다 보면 가끔 이런 얘기 듣잖아요. 그만큼 마음이 편한 게 몸 편한 것만큼 혹은 그보다 훨씬 중요할 때가 있어요. 그런데 감정노동자는 도통 마음이 편할 수 없는 사람들이에요.

저도 직장맘이라 어느 정도는 이해할 수 있어요.

감정노동자들은 매우 자주 욕설이나 협박, 성희롱 등을 참아내야 해요. 이런 일이 몇 달씩 계속되면 병이 생기죠. 이 때문에 어떤 노동자들은 자기 월급이 '욕 값'이라고 하더라고요. '건설노동자들은 떨어져 죽고, 서비스 노동자들은 미쳐 죽는다'는 말이 있을 정도예요.

» 감정노동을 하는 노동자들

어떤 사람들이 주로 감정노동을 하죠?

백화점, 대형 마트, 편의점, 음식점 등 상품을 파는 사람들은 모두 감정노동을 해요. 사람에게 서비스하는 직업 종사자 역시 감정노동자고요. 항공기 승무원, 병원 간호사, 전자제품 AS노동자, 요양보호사나 간병인 같은 돌봄노동자, 아파트·건물의 경비원 등이죠. 사람을 직접 만나지는 않지만 높은 강도의 감정노동을 수행하는 분들도 있어요. 하루 종일 전화를 걸고 받아야 하는 콜센터 노동자들이에요.

상품 판매하는 분들은 아무래도 고객한테 잘 보여야 하니까 감정노동이 상당할 것 같아요.

맞아요. 백화점 상품 판매 노동자들은 하루 종일 서서 일을 해요. 화장품을 판매하는 노동자의 경우 손님에게 얼마나 친절하고 살갑게 대하느냐가 판매량을 좌우해요. 백화점에 들어와 있는 입점업체들은 물건을 팔면 그중 40퍼센트 정도는 백화점에 내요. 한 달에 정해신 만큼만 임대료를 내는 게 아니라 물건을 많이 팔면 많이 내고 적게 팔면 적게 내는 구조죠. 이러다 보니 입점업체는 백화점으로부터 매출에 대한 압박을 심하게 받아요.[2] 입점업체는 노동자를 계속 압박하고요.

스트레스가 이만저만이 아니겠네요. 그래도 하나라도 더 팔려면 웃어야 할 것 아니에요.

그러니까요. 물건을 팔다 보면 여러 상황이 발생하죠.

> 고객 부주의로 문제가 생긴 건데 소리 지르는 것은 기본이고 욕을 하거나 제품을 던지거나 따귀를 때리는 경우도 있어요.[3]

언론에서 어떤 노동자가 한 이야기예요. 이렇게 온갖 일로 트집을 잡고 억지를 부리는 손님들이 종종 있어요. 제품 설명을 잘못한 것을 꼬투리 잡아 보상을 요구한다거나, 사용한 제품의 환불이 안 된다고 욕을 하는 일도 있다고 해요. 화장품을 얼굴이나 손등에 발라달라고 말하는 남자 손님도 있고, 판매원이라고 무시하면서 인격을 모독하는 사람도 있고요.[4]

» 고객 응대 서비스 노동자들

비행기 승무원은 감정노동의 대명사가 된 것 같아요.

비행기 승무원도 그렇고, 병원, 호텔 등에서 이른바 '고객 서비스'를 하는 노동자들의 감정노동 수준도 매우 높아요. 그중에서도 비행기 승무원들은 감정노동이 가장 심한 직업 1위예요.[5]

그럴 줄 알았어요. 외국 나가는 비행기는 길면 10시간 이상 서비스를 해줘야 하는데 만만치 않을 것 같아요.

이 시간 동안 시종일관 미소를 짓고 손님들의 온갖 요구를 들어줘야 해요. 스트레스가 상당하죠. 한 대기업 임원이 "덜 익었다" "너무 짜다"면서 라면을 세 번이나 다시 주문하고, 나중에는 "너 왜 라면 안 줘? 나 무시해?"라면서 승무원을 때린 '라면 상무' 사건도 비행기 안에서 일어난 일이었어요. 대한항공에서는 한 승무원이 손님으로 탑승한 부사장에게 봉지째 마카다미아를 건넸다가 부사장이 규정을 문제 삼아 출발한 비행기를 되돌리고 승무원들을 내리게 한 사건도 있었죠.

지위가 높은 분들이 라면, 땅콩 같은 먹을 것 때문에 그렇게 화를 내다니, 참 소박하네요.

집에서 냉장고나 세탁기, 에어컨 같은 게 고장 났을 때 부르는 AS노동자들도 감정노동이 심해요. 노동자들은 회사에서 친절교육을 철저하게 받죠. '눈을 맞추며 인사할 것' '명함을 공손하게 전달할 것' '제품 청소도 해줄 것' '방문 시간을 사전에 전화해 확인할 것' 등의 내용인데요. 하지만 노동자들은 생각지도 못한 어려움을 겪는다고 해요. 문의받은 부분 말고 제품의 다른 부분 문제를 찾아주면 일부러 고장 낸 것 아니냐고 오해를 사는 일이 많다고 해요. 청소기 속에 들어간 개똥을 치워달라는 요청을 거절할 수 없었다는 사례[6]처럼 제품 하자와 관계없는 일을 요청받는 경우도 흔해요. 고객의 의견에 '토를 달아' 욕을 먹기도 하고, 멱살을 잡히거나 맞는 경우도 있어요. 심지어 '못 생긴 기사가 왔다'는 불만을 제기하는 사례도 있고요.[7]

너무 심하네요. 지난번에 엄마가 아파서 병원에 입원하셨거든요. 병원에서 일하는 분들은 어때요? 어떤 간호사는 친절하고, 어떤 간호사는 무뚝뚝하

던데요.

병원 노동자들도 감정노동이 많아요. 환자나 환자 보호자들은 아무래도 예민해져 있는 상황이기 때문에 간호사들과 갈등을 빚는 일이 꽤 있어요. 폭언을 하거나 심지어 폭행을 하는 일도 있고요.[8] 병원은 환자를 고객으로 보고 간호사들에게 친절을 강요해요. 이 때문인지 환자들도 간호사들이 친절할 것을 기대하죠. 부르면 바로 와야 하고 무슨 요구든 곧바로 들어주는, 말 잘 듣는 보조자 정도로 대해요. 의사에게는 "선생님"이라고 하면서도 간호사에게는 "어이" "이봐요" "아가씨"라고 부르는 환자들이 많은 것도 이 때문이죠.[9]

전 때리진 않았어요. 간호사한테 아가씨라고 부르긴 했지만…. 앞으로 그러지 말아야겠다. 또다른 직업도 얘기해주세요.

사회복지노동자들의 감정노동도 만만치 않아요. 그분들은 처지가 좀 복잡해요. 어려운 사람을 돕는 것이 업무라서 감정노동도 다른 측면이 있어요. 이 사람들이 만나는 분들 가운데는 알코올의존증 환자도 있고, 정신질환을 앓고 있는 사람도 있어요. 복지 대상자들이 자신의 어려움을 몸으로 마음으로 표현하고, 때로는 거친 말로 괴로움을 호소할 때, 사회복지사들은 굉장히 높은 수준의 감정노동을 하게 되죠. 아무리 힘들고 어려운 일이 있더라도 일단 따뜻한 미소를 지어줘야 하고, 공감해줘야 하니까요.

공감하는 건 정말 힘든 일이에요. 우리 아이한테 공감해주려고 참고 또 참다가 흰머리가 늘었거든요. 속은 새까맣게 타고요.

사회복지사 분들이 그런 것 같아요. 공감하는 노동 역시 굉장히 힘이 들죠. 피로도도 높고, 상담 대상자와의 관계에서 때로는 정신적 고통을 느낄 때도 있고요. 사회복지사 가운데는 자신이 담당했던 사람이 자살하거나 아파서 죽기도 하는데, 이런 때 이루 말할 수 없는 고통을 느낀다고 해요. 게다가 사회복지사 한 사람당 한 달에 최소 100명은 담당해야 하니 어려움의 무게가 보통이 아니죠.

아르바이트하는 사람들은 어때요? 좀 무시당할 것 같다는 생각이 들어요.

오늘 감이 좋으신 것 같아요. 편의점 등에서 일하는 알바 노동자들도 감정노동을 해요. 한 조사에 따르면 알바 노동자들은 몸이 아니라 마음이 힘들어서 일을 그만두고 싶은 충동에 시달리는 경우가 많대요. 내 감정과 상관없이 무조건 친절하게 사람을 대해야 하는 데서 오는 자괴감 때문이죠.[10]

» 전화상담 노동자

여보세요? 네? 저 지금 바빠요. 그리고 제 번호는 어떻게 아셨어요? 앞으로 전화하지 마세요.

보험 가입하라는 전화인가요?

네, 요즘 이런 전화가 너무 많이 와요.

그런 전화를 하는 노동자들이야말로 대표적인 감정노동자들이에요.

그렇겠네요. 혹시 제가 짜증을 많이 냈나요?

약간이요. 갑자기 전화가 와서 불쑥 상품 설명을 하면 짜증나죠. 한참 바쁠 때 관심 없는 얘기를 듣고 있으면 그럴 수도 있어요. 그렇다고 격하게 반응하면 안 돼요.

갑자기 반성이 되네요. 아까 먹은 고기 소화시키는 데 지장이 생길 것 같아요.

고객 중에는 이런 사람도 있었대요.

> 그 전에도 전화하지 말라고 했는데 왜 또 전화했어! 담당자 바꿔. 내가 술 먹고 찾아갈 거야. 죄송해? 죄송하다고? 그럼 스피커폰 틀어놓고 죄송합니다, 100번 말해!"[11]

드문 사례가 아니에요.

소화에 확실히 지장이 생겼어요.

지방자치단체부터 공기업, 민간회사에 이르기까지 요즘에는 고객의 불만을 상담해주는 콜센터를 운영하고 있어요. 여기서 일하는 노동자들도 마찬가지예요. 대부분 여성인데다 계약직이 많아요. 하루에 100~150통가량의 전화를 받는데요, 이것만으로도 매우 힘든 노동이죠. 그런데 이들은 일상적으로 폭언과 욕설, 성희롱에 시달려요. 폭언은 한 달에 15건 정도, 성희롱은 한 달에 한 번 이상 당한대요.[12] 하루에 몇 차례씩 폭언, 욕설, 거친 말을 듣는다는 조사도 있어요.

스트레스 받아서 어떻게 일한대요?

"니가 그 정도니까, 그런 데서 일하는 거지. 너 한 달에 월급 얼마니?" "머리가 나쁘니까 그런 일 한다"처럼 인격을 모독하는 말 등 폭언의 종류도 다양해요. 노동자가 당황해하는 걸 즐기면서 집요하게 성희롱을 하는 경우도 꽤 된다고 하고요.[13]

그럴 때는 확 끊어버리는 게 상책이에요.

이런 전화를 받아도 회사 규정상 노동자가 먼저 전화를 끊으면 안 돼요. 노동자들은 상대방이 폭언, 욕설, 집요한 괴롭힘, 성희롱 등을 마칠 때까지 그저 듣고 있어야 해요. 오히려 10명 가운데 7명은 자신이 먼저 사과를 하고요. 이러니 전체 콜센터 노동자 3명 중 2명이 우울증에 시달릴 수밖에 없어요.[14] 이직률도 매우 높아요. 한때 서울시 다산콜센터의 경우 10명 중 4명은 6개월을 버티지 못했고, 10명 중 8명은 일 년 내에 퇴사했어요.[15]

» 감정노동이 일으키는 문제들

머리가 빠질 것 같은데요? 저도 누군지 말은 못하지만 전화만 오면 심장이 벌렁벌렁하는 사람이 있거든요.

싫어하는 사람이 만나자고 하거나 시도 때도 없이 전화할 때 받는 스트레스가 얼마나 큰지 경험해본 사람은 알아요. 감정노동 때문에 받는 압박감도 이런 종류와 비슷해요.

정말 공감가요. 그런데 저희 언니는 서비스 직종에 오래 근무했는데도 잘 버티더라고요. 별종인가?

감정노동을 하는 사람들이 다 똑같은 마음 상태인 것은 아니에요. 자기 마음은 그렇지 않은데 고객에게 억지로 친절하게 대하는 경우가 있고, "직업이 그런 걸 어떡해" 하면서 실제 마음속으로부터 친절한 감정을 품는 경우도 있어요. 이건 사람마다 다르지만, 같은 사람이라도 처한 상황이나 조건에 따라 바뀌기도 해요. 예를 들어 회사가 쉬고 싶을 때 쉴 수 있는 분위기라거나, 쉴 수 있는 휴게실이 있다거나, 폭언을 들었을 때 잠시 일을 중단할 수 있다거나, 전문 상담원에게 심리상담을 받을 수 있는 조건이라면 좀 괜찮겠죠. 하지만 쉴 시간도 장소도 없고, 욕을 들어도 일을 중단할 수 없으며, 상담은커녕 무조건 먼저 사과할 것을 강요받는 회사라면 노동자가 억지 친절에 의지할 가능성이 커요.

상처 받는 일이 있을 때는 쉬는 게 정말 중요할 것 같아요. 저도 사실 오늘 아침 남편하고 대판 붙었는데요. 못 참겠더라고요. 고래고래 소리를 질렀어요. 그래도 분이 안 풀려서 좀 잤더니 괜찮아졌어요.

맞아요. 아침부터 싸우면 하루 종일 기분이 나빠요. 그럴 땐 좀 쉬어야 해요. 더 안 좋은 상황도 있어요. 한쪽이 일방적으로 참는 거요. 그렇게 되면 마음속에 분노가 차곡차곡 쌓일 수 있거든요. 그럴 바에야 소리라도 지르는 편이 낫죠.

전 절대 안 참아요. 참으면 아프거든요.

그런데 감정노동자는 고객과 싸울 수 없잖아요. 욕하는 고객에게도 미소를 지어야 하니까요.

먹고살아야 하니 어쩔 수 있나요.

웃음과 친절을 팔아 먹고사는 건 이렇게 끔찍한 일이에요. 이런 일을 반복적으로 경험하는 노동자는 자기 존재의 근원이 침해당하는 느낌을 받아요. 자존감이 낮아지죠. 세상을 긍정적으로 바라보려 해도 잘 안 돼요. 신경질이 늘어서 괜히 주변 사람들에게 화내는 일이 잦아지죠. 가끔은 걷잡을 수 없이 폭발해요. 더 심해지면 정신적으로 소진되고 고갈되죠.

안 그래도 저만 만나면 "인간적으로 너무 모멸감이 느껴진다." "가슴이 답답해서 참을 수가 없다." "다 싫다. 사람도 싫고, 세상도 싫고." 이렇게 말하는 친구가 있어요.

그런 호소가 바로 정신적으로 완전히 소진된 상태에서 나오는 거예요. 이럴 경우 사람들은 몸도 마음도 극도로 피곤한 상태가 되고 무기력증에 빠져요. 더이상 일을 할 수 없죠. 정신적 소진이 계속되면 병으로 발전해요. 대인기피증, 불면증, 수면장애, 두통, 위장장애, 탈모 등으로요. 심한 경우에는 공황장애, 우울증에 시달리죠. 자살하는 노동자도 생겨요.

» 감정노동을 내면화한 사람들

감정노동에 잘 적응하는 사람들은 어떤 사람들이에요?

그런 분들도 물론 있죠. 마음속 깊은 곳에서부터 고객에 대한 친절을 내면화한 사람들이에요. 이분들은 친절한 습관이 몸에 배어 있어요. 고객을 위하는 마음이 단단해요.

훌륭하네요. 직업적으로 단련된 모습, 멋져요.

하지만 이것도 자기감정을 제대로 느끼거나 이해하지 못하는 일종의 마비 상태와 같아요. 이런 상태가 계속되면 감정이 비틀어지고 왜곡돼요. 사람은 주변에서 일어나는 일들에 대해 기쁨, 슬픔, 괴로움, 즐거움 등의 감정을 끊임없이 느끼면서 '살아 있음'을 실감해요. 그런데 직업이 요구하는 감정이 마음속까지 지배하게 되면 역동적인 인간은 사라지고 마치 로봇과 같은 존재만 남는 거죠.[16]

어쩐지 저희 언니가 저한테 하는 게 꼭 로봇 같았어요. 평생 고기 한 번 사준 적이 없다니깐.

그런 경우는 별 문제 없이 감정노동을 잘 수행해나가고 있는 것처럼 보이지만 실제로는 감정이 망가진 상태라고 할 수 있어요. 그런 사람들은 주변에서 그 사람의 감정을 알아차리기 어려워 해요. 회사 밖에서 인간관계가 무너지기도 하고, 잘 지내다가 병이 나기도 하죠. 억압되었던 감정이 느닷없이 다른 쪽으로 분출되기도 하고, 갑작스럽게 폭력적인 성향을 띠기도 하고요.

» 문제의 원인은 기업의 요구와 감시

고객이 왕이라고 하니까 사람들이 진짜 왕 행세를 하는 것 같아요.

그런 면이 있죠. 그러나 감정노동으로 오는 스트레스는 오로지 악성 고객 때문만은 아니에요. 기업이 노동자들에게 어떤 경우에도 친절할 것을 강요하는 것이 더 문제예요. 기업은 노동자에게 고객은 왕이라 가르치고 친절을 강요해요. 노동자는 무조건 고객이 원하는 대로 해야 하죠. 하지만 가만히 생각해보면 고객이 일방적으로 감정을 표출하고, 부당한 요구를 할 때는 적절한 조치가 있어야 해요.

신혼여행 때 비행기가 멈추기 전에 짐을 내리려고 일어났거든요? 그러니까 승무원이 무서운 얼굴로 저에게 뭐라고 하더라고요. 제가 왕인 줄 알았는데 아니었어요.

한국의 항공사는 승무원에게 절대 친절을 요구해요. 그러나 모든 나라의 항공사가 그런 것은 아니에요. 항공기는 안전이 무엇보다 중요하기 때문에 다른 고객의 안전에 지장을 초래할 수 있는 부당한 요구에 승무원은 때로 매우 단호하게 대처해요.

이제 이해가 가네요. 그 승무원이 절 싫어하는 줄 알았어요. 회사가 노동자에게 무조건 친절하라고 요구하는 건 좀 문제라는 생각이 들어요.

게다가 기업은 친절을 요구하는 데서 그치지 않아요. 노동자들을 지속적으로 감시하고 평가하죠. 아침마다 친절 교육을 하는 회사는 약과고요, 백화점 중에는 곳곳에 CCTV를 설치해놓고 매장 노동자가 인사는 잘하는지, 미소를 띠고 있는지 등을 감시하는 곳도 있어요. 노동자들은 이런 감시망 속에서 하루 종일 일해요. 누군가 나를 CCTV로 지켜보는 건 정말 끔찍한 일이며 명백히 인권을 침해하는 행위예요.

열심히 일하는 사람은 어차피 CCTV 같은 건 신경 쓰지 않잖아요. 게으른 사람들이 괜히 찔려서 싫어하는 것 아닌가요?

이게 왜 인권침해인지는 다음 상황을 떠올려보면 쉽게 이해가 돼요. "공부 열심히 하는지 보려는 거야." 이렇게 말하고 자녀 방에 CCTV를 설치한다면 어떨까요.

아이와 사이가 엄청 나빠지겠죠. 아이를 믿지 않는다는 거니까.

바로 그거예요. 아이는 부모가 자신을 독립된 인격체로 인정하지 않는다고 여길걸요. 이런 행위는 명백히 아이의 인간으로서의 권리를 침해한 거예요. CCTV 문제는 생각보다 훨씬 심각해요. CCTV 말고 다른 식으로 감시하는 곳들도 있어요. 백화점 가운데는 가짜 손님을 고용해 노동자가 친절한지 여부를 평가하는 제도를 운영하는 곳이 많아요.

암행어사인가요?

그런 식이죠. 가짜 손님은 백화점 노동자에게 유난히 까다롭게 굴고, 무리한 요구까지 하면서 노동자가 끝까지 친절한지 살펴요. 노동자는 누가 가짜 손님인지 모르기 때문에 늘 긴장할 수밖에 없어요.

혹시 '해피콜' 제도도 감정노동과 관련이 있어요?

해피콜 제도를 아시는군요. 전자제품 AS기사들은 '해피콜' 제도가 큰 압박이에요. 제품 수리 서비스가 끝나면 나중에 회사에서 고객에게 전화를 걸어 AS기사가 친절했는지 물어요. 어떤 대기업의 경우에는 10점 만점에 7~8점이 나오면 노동자들에게 큰 압박을 줘요. 어쩌다가 고객으로부터 불만 사항이라도 접수되면 그건 정말 큰 일이죠.

어쩐지 그분들이 오면 항상 "해피콜 전화 오면 점수 잘 말해달라"고 부탁하더라고요.

이 밖에도 콜센터는 상당수가 직원들의 친절도를 등수로 매겨 정기적으로 발표하고, 인사고과에 반영해요. 기차 승무원의 경우 친절 평가 점수가 낮았을 때 회사로부터 인격모독을 가장 많이 당하는 것으로 나타났고요.[17]

회사의 평가나 감시 때문에 스트레스가 정말 클 것 같아요.

어떤 조사에서는 고객을 상대하는 것을 회사가 지속적으로 감시하고 있는지 묻는 질문에 100명 중 83명이 그렇다고 대답했어요.[18]

» 감정노동을 심화시키는 '갑의 횡포'

회사한테 그러지 말라고 말할 수는 없겠죠? 저도 회사 다녀서 알지만….

사실 좀 어렵죠. 그래서 상대적으로 '을'의 위치에 있는 사람들일수록 감정노동을 많이 해요.

돈도 없고 빽도 없는 사람들이 먹고살려면 힘 있는 '갑'들에게 잘 보일 수밖에 없잖아요.

대표적인 것이 비정규직이에요. 비정규직 노동자는 자기 일자리를 지키기 위해 굴욕적인 행위를 강요받기도 하는데, 이것이 감정노동에 내몰리는 요인이에요.

괜히 나섰다가 "쥐뿔도 없는 게 자존심만 세워봐야 잘리기밖에 더해?" 이런 말 들을 것 같아요. 얌전하게 굴어야지 어쩌겠어요.

그렇죠. 한두 가지만 예로 들게요. 콜센터는 하청업체가 많아요. 증권회사든 보험회사든 같은 건물에서 일하지만 콜센터 업무는 정직원이 아니라 하청회사 직원이 맡죠. 그런데 고객 응대를 잘못했다가 원청회사에 민원이 들어가면 하청회사는 정말 곤란해져요. 그래서 노동자들한테 어떤 경우에도 친절하라고 강요할 수밖에 없어요. 게다가 상담원들은 하청업체에서도 보통 계약직인 경우가 많아요. 잘못했다가는 재계약이 불투명해져요. 삼성전자서비스 노동자들은 삼성마크가 붙은 옷을 지급받지만 외주회사에 속해 있어요. 고객의 평가 점수가 낮으면, 자기반성문 같은 걸 써서 발표했대요.

> 대책서를 아침 조회 때 전 직원 앞에서 읽으며 '자기비판'을 해야 한다. 정신교육 명목의 강제 산행도 여러 센터에서 해왔던 것으로 확인됐다. 충청남도 한 지역 기사는 "점수가 낮은 동료가 있는 조는 모두 새벽에 불려나와 산으로 올라가 정상에서 확인사진을 찍어와

야 했다"고 말했다. 울산시 한 센터에는 여러 대 카메라가 설치된 역할극 방이 따로 있어 독방에 들어가 (낮은 점수를 받은 상황을) 재연하는 동료를 밖에서 다른 이들이 카메라로 지켜보기도 했다. 이곳 기사 정상호 씨는 "인간적으로 늘 비참했다. 지금도 그대로 남아 있는 그 방은 공포의 대상"이라고 말했다.[19]

신문기사인데요, 이런 일이 있어도 노동자가 불만을 제기하지 못했던 것은 이들이 비정규직이었기 때문이에요.

다른 직종의 노동자도 비슷하겠네요.

그렇죠. 백화점 매장 노동자들은 백화점이 아니라 입점업체 소속이에요. 노동자들이 악성 고객에게 적절한 대응을 하지 못하는 것은 그랬다가는 백화점 측으로부터 나쁜 평가를 받고, 잘못하면 일자리를 잃을 수 있기 때문이에요. 사회복지사의 경우에도 비정규직이 정규직 보다 감정노동을 더 많이 수행하는 것으로 조사됐고요.[20]

가만히 보면 남자 직원한테는 고객들이 함부로 대하지 않는 것 같아요.

성별에 따라 확실히 감정노동의 정도에 차이가 있어요. 여성 노동자가 남성 노동자보다 감정노동을 많이 해요. 아무래도 서비스직 노동자 가운데 여성이 많기도 하고, 욕설이나 폭언, 성희롱을 남자가 여자에게 하는 경우가 많기 때문이에요. 콜센터 상담원들은 대부분 여성 노동자거든요. 백화점이나 대형 마트 판매 노동자도 그렇고, 병원 간호사도 마찬가지죠. 사회복지사의 경우에도 남성보다 여성이 감정노동을 더 많이 하는 걸로 나타났어요.[21]

아파트 주민 때문에 분신한 경비 아저씨도 있었잖아요.

그런 일이 있었죠. 사회적인 지위의 높낮이를 이용해 노동자들을 괴롭히는 경우가 있어요. 이럴 때도 노동자들은 자신의 감정을 다스려야 해요. 말씀하신 사건은 아마 2014년 서울 압구정동의 한 아파트에서 있었던 일 같아요. 일부 입주민들이 경비 노동자한테 먹다 남은 빵을 5층에서 던지는 등[22] 인격을 무시했대요. 이에 항의해서 분신했다 돌아가셨죠. 아파트 경비원 노동자는 언어폭력이나 정신적 폭력을 의외로 자주 당해요. 대부분 아파트 입주자에 의한 것이죠.[23]

» 지나친 노동강도

그런 일을 당하면 일단 쉬고 싶을 것 같아요.

감정노동이 심하더라도 일의 강도가 낮거나 충분히 쉴 수 있다면 문제는 달라질 수 있어요. 그러나 극심한 감정노동에 시달리는 사람들은 대부분 일의 강도도 매우 높아요. 콜센터는 보통 시간을 몇 분, 몇 초 단위로 쪼개서 노동자들이 잠시도 쉬지 못하게 만들어요. 전화를 평균 몇 초 안에 받는지, 불만 고객으로부터 전화가 왔을 때 몇 분 동안 통화하는지, 상담 내역 등을 적는 '후처리' 시간은 얼마나 사용하는지 등을 철저히 통제하죠.

화장실 갈 시간도 없겠다.

정말 그래요. 점심시간까지 줄여 일하고, 퇴근 후에도 업무를 보는 노동자들이 많아요. 화장실을 가면 그만큼 통화를 못하게 되는데요. 그래서 어떤 노동자는 일부러 물도 마시지 않아요.[24]

백화점 같은 곳은 어때요?

백화점·대형 마트·쇼핑몰 판매 노동자는 대부분의 시간을 서서 일해요. 이것 자체가 큰 고통이죠. 휴게 공간이 있어도 제때 쉴 수 없고, 자유롭게 밥 먹고 화장실 가는 것도 제약을 받는 경우가 꽤 많아요.[25]

어휴, 전 오래 서 있으면 다리가 퉁퉁 부어요.

누구나 그렇죠. 사회복지사도 일이 많아요. 2010년 기준으로 사회복지공무원 한 사람당 맡아야 할 인구가 4,720명이었어요.[26] 큰 병원의 간호사는 보통 3교대제로 일하는데 일의 강도가 높기로 유명하죠. 일 자체가 너무 고되면 감정노동의 강도는 더 높아져요.

» 좋은 제도를 도입하고 활용하자

감정이 상하면 회사에 알리면 되지 않을까요?

고객으로부터 피해를 당해 상급자나 회사에게 알리더라도 별 대책이 없는 경우가 대부분이에요. 그냥 참으라는 얘기를 듣거나, "고객에게 무조건 사과하라"고 오히려 지적을 받는 경우가 많죠.[27]

그럼 안 되죠. 적절한 제도를 만들어주든가 해야죠.

노동자들의 인권이 보장되는 다양한 장치를 마련해야 합니다. 일단, 일이 너무 많을 경우 일자리를 나누고 노동 강도를 낮춰야 해요. 그렇다고 비정규직을 뽑아서는 안 되고요. 일자리가 안정된 사람만이 자기 일에 자부심을 느끼고 인간답게 일할 수 있는 거니까요. 둘째, 회사는 감정노동자들의 감정을 회복시켜주기 위한 다양한 제도를 운영해야 해요. 참고 견디라고만 할 게 아니라, 충분히 쉴 수 있게 하고, 쉴 수 있는 공간도 마련해줘야 해요.[28] 휴게 공간에 침대나 소파가 있으면 좋죠. 물리치료실이나 상담센터가 있다면 더 좋고요. 정도가 심할 때는 휴가를 쓸 수 있도록 해줘야 해요.

쉬었다가 다시 일을 시작했는데, 또 그 사람이 와서 괴롭히면 어떡하죠? 분노가 폭발할 것 같아요.

실제로 그런 일들이 있어요. 악성 고객은 고발할 수 있어야 하고, 이를 사전에 미리 알려 고객이 폭언이나 욕설을 하지 못하도록 막는 것이 중요해요. 일부 금융회사에는 콜센터 노동자가 성희롱을 당할 경우 먼저 전화를 끊게 하고 또 전화가 오면 남자직원이 받게 하는 등의 지침이 있어요. 어떤 회사에서는 감정수당을 지급하거나 감정휴가를 일 년에 하루 정도 주기도 하고요.

좋은 제도가 있긴 하네요. 빨리 모든 회사에 도입되면 좋겠어요. 정부는 할 일이 없을까요?

정부의 역할도 중요해요. 대기업이나 공기업이 콜센터를 외주업체에 맡기지 못하도록 법을 바꿔야 해요. 감정노동으로 마음과 몸에 입은 피해를 산재로 인정해줘야 하고요.

노동조합은요? 노동조합의 역할이 여러모로 중요하다고 늘 강조하시는데, 감정노동 문제는 특히 그럴 것 같아요.

회사가 지나치게 노동자들을 통제하지 못하도록 노동조합이 힘써야 해요. 과도한 업무를 줄이는 것, 휴식시간을 갖는 것, 휴게소를 만드는 것들은 모두 노동조합이 있을 때 가능해요. 휴게소가 있어도 회사가 권위주의적인 문화에 찌들어 있으면 마음 놓고 쉴 수 없어요. 노동자가 한 명의 인간으로 존중받으려면 노동조합이 목소리를 내야 해요.

실제 그렇게 하는 노동조합이 있는 거죠?

그럼요. 서울시 다산콜센터 노동자들은 노동조합을 만들고 나서야 휴식이 충분히 보장되었고, 정시 출근도 할 수 있게 되었어요. 그 전에는 휴식시간도 짧았고 출근도 정해진 시간보다 20분 정도 빨리 해야 했죠.[29] 그런데 이제는 감정휴가도 생겼고, 약간의 임금도 인상됐어요. '적정콜' 받기를 하면서 비로소 "우리도 사람이라고 느꼈다"는 노동자도 있었고요.[30]

전 뭘 할까요?

매우 좋은 질문이에요. 마지막으로 소비자들이 해야 할 일이 있어요. 고객으로서의 권리를 내세우기보다는 인간으로서 서로 존중해야 한다는 생각을 가져야 해요. 노동자들은 이렇게 말합니다. "저희도 같은 사람이잖아요. 고객들은 저희한테 그러죠. '니네 진짜 웃긴다. 왜 안 된다고만 하냐. 높은 사람 나와라.' 같은 사람으로서 한 번만 더 일하는 사람에 대해 생각해줬으면 좋겠어요."[31]

✚ 노동안전을 위해 세상을 바꾸는 사람들

» 민주노총 www.nodong.org
노동사고·직업병 등 노동안전 전반에 관련해 활동하고 있는 노동조합 총연맹체다. 화학섬유연맹과 금속노조는 직장 내 발암물질을 추방하기 위해 지속적으로 활동해왔다. 건설현장에서의 안전문제 개선은 건설노조가, 산업단지 노후설비 교체 요구는 플랜트 건설노조(산업단지에서 비정규직으로 일하는 배관공, 용접공 등의 노조)가 앞장선다. 감정노동 관련 활동은 전국서비스산업노동조합연맹, 사무금융노조 등이 주력하고 있다.

» 알권리 보장을 위한 화학물질 감시네트워크 watch.safedu.org
민주노총, 환경단체, 건강 관련 시민단체 들이 함께 만든 네트워크다. 이 네트워크는 지역사회알권리법을 만들기 위한 캠페인 등 관련 활동을 활발히 하고 있으며, 우리동네위험물질지도를 제작해 스마트폰 앱으로 보급할 계획이다.

» 발암물질 없는 사회 만들기 국민행동 nocancer.kr
발암물질 없는 '건강한 자동차 만들기' '안심산업단지 만들기' 운동 등을 벌이고 있다.

» 반올림(반도체 노동자의 건강과 인권 지킴이) cafe.daum.net/samsunglabor
삼성 등 반도체 및 전자산업 노동자들 가운데 백혈병이나 다른 직업병 피해를 입은 사람들의 진상을 규명하고, 직업병으로 인정받을 수 있도록 싸우며, 삼성 노동자들의 건강권 등 노동의 기본권을 쟁취하기 위해 노력하는 단체다.

» 일과 건강 www.safedu.org
발암물질 및 안전보건 자료나 관련 뉴스 등을 누구나 손쉽게 접할 수 있도록 제공한다. 건강권 헌정방송 〈나는 무방비다〉도 들을 수 있다.

» 노동건강연대 www.laborhealth.or.kr
노동과 건강이라는 계간지를 발간한다. '일하는 사람의 인권'을 생각하는 의사를 위한 '열 개의 진료실 가이드'를 다운 받을 수 있다.

» 산업재해노동자협의회 sanjae.jinbo.net
산업재해를 당한 노동자들의 단체로 산재 상담을 받을 수 있다.

» 연구소 및 그 밖의 단체
- 노동환경건강연구소 www.wioeh.org
- 한국노동사회연구소 www.klsi.org
- 연구공동체 건강과 대안 www.chsc.or.kr
- 한국노동안전보건연구소 www.kilsh.or.kr

chapter 14
핵발전소

chapter 15
자연재해

chapter 16
기후변화

chapter 17
도시형 재난

4부는 핵발전소, 자연재해, 기후변화, 도시형 재난에 대해 이야기한다. 모두 한번 발생하면 막대한 피해로 이어지는 재난들이다. 자연으로부터 멀어져 자기만의 성을 쌓겠다고 만든 '도시'는 그 자체로 온갖 재난의 집합소가 되었다. 자본주의 방식의 삶은 지구의 기후를 아예 통째로 바꾸는 생각지도 못한 결과를 낳았는데, 이 때문에 인간을 포함해 많은 생물들이 측정 불가능한 엄청난 피해를 입고 있다.

거대한 재난은 식품안전이나 생활안전 문제처럼 개인이 조심하면 어느 정도는 해결되는 그런 문제가 아니다. 물론 재난이 발생했을 때 대처 방법이 있긴 하지만 거대한 사고가 벌어졌을 때 생사를 좌우하는 건 사실 운이 더 크게 좌우한다. 그렇다고 이런 재난이 모두에게 똑같이 영향을 미치는 것은 아니다. 수해로 피해를 입는 사람들은 결국 가난한 사람들이다. 저지대에 살거나, 산 밑에 사는 사람들, 배수가 잘 되지 않는 주택가에 사는 사람들이다. 도시형 재난도 대부분 마찬가지다. 화재나 가스 폭발은 잘 관리되는 부유한 집보다 가난한 집에서 많이 일어난다. 핵발전소 폭발사고나 기후변화로 인한 피해도 그렇다. 가난한 사람들은 결국 그 지역을 벗어나지 못하기 때문이다. 핵발전소 복구에 동원되는 사람들 역시 가난한 노동자들이다. 돈이 없으면 방사능에 오염된 식재료를 사먹지 않을 도리가 없다.

결국 재난을 막는 일은 무엇보다 이 사회의 구조를 바꿔야 가능하다. 한국 사회는 거꾸로 가고 있다. 인건비를 아끼기 위해 비정규직을 고용하거나 인력을 축소하는 관행은 건설현장 노동자에서부터 가스 안전검침원, 소방관, 핵발전소 안전점검원에 이르기까지 모두에게 적용된다. 이러한 관행은 어느 곳에서는 싱크홀을 만들고, 어느 곳에서는 가스 폭발과 연결되며, 또 어느 곳에서는 방사능 누출로 이어진다.

각종 규제완화는 어지러울 정도다. 오래된 원전은 수명을 연장해 계속 사용한다. 건물을 더 높이 올리는 것과 관련해 풀린 규제도 있다. 소방안전점검 규제도 풀렸고, 하다못해 승강기 정기검사와 관련한 규제도 느슨해졌다. 정부는 규제가 '암 덩어리'라면서 '단두대'에 올려야 한다고 말한다. 그러나 정작 단두대에 올라가고 있는 건 서민들의 생명이다.

chapter 14

+ 핵발전소 +

발전소의 기본 원리는 다 똑같은 것 아닌가요. 터빈을 돌려서 전기 만드는 것, 이 분야는 제가 좀 알아요.

터빈을 돌리는 힘이 오는 곳이 다를 뿐이죠.

옛날에 자전거 페달을 열심히 밟으면 라이트가 켜지곤 했잖아요. 발을 좀더 구르면 불빛이 더 환해지고, 천천히 달리면 좀 어두워졌죠. 이때 전기를 만드는 힘은 제 다리에서 나왔어요.

석탄화력발전소는 석탄을 태워 물을 끓인 다음 거기서 나온 증기로 터빈을 돌리죠. 바람으로 터빈을 돌리면 풍력발전, 파도의 힘으로 돌리면 파력발전, 밀물과 썰물로 돌리면 조력발전이고요.

자전거 탈 때는 제 다리로 전기를 만들었으니까 족ᡇ력발전이라고 불러주세요. 줄여서 족발…. 배고프다.

생각할 시간이 필요할 것 같아요. 어쨌든 핵발전도 다른 발전과 같아요. 물을 끓이는 연료가 우라늄, 플루토늄 같은 방사성물질이라는 점이 다를 뿐이에요.

» 후쿠시마 핵발전소 폭발사고

후쿠시마 사고 이후 핵발전소에 대한 믿음이 사라졌어요.

그동안 전 세계 핵발전소에서는 크고 작은 사고들이 무수히 일어났어요.

체르노빌하고 후쿠시마, 이렇게 두 번 사고가 난 것 아니었나요?

알려진 사고는 세 번이에요. 1979년 미국 스리마일이라는 섬에서 사고가 있었어요. 처음 듣는 분들이 많을 거예요. 1986년 소련 체르노빌 사고는 유명하죠. 후쿠시마 사고도 그렇고….

섬 이름이 '3마일'이에요? '5킬로미터'군요.

주제와 상관없는 지식 자랑 좀 하지 마세요. 아무튼 스리마일 사고에서는 핵연료봉이 절반 가까이 녹아내렸어요. 방사성물질이 후쿠시마처럼 공기 중으로 퍼지지는 않았지만 근처 주민들은 정신적으로 큰 충격을 받았다고 해요. 그 이후 미국은 오바마 정부에서 핵발전소를 새로 지어도 된다고 허가해주기 전까지 30년 이상 핵발전소를 만들지 않았죠.

체르노빌 사고는 그보다 더 컸잖아요.

　체르노빌 사고 때는 수많은 사람들이 죽었어요. 유럽 전체에 방사능 재가 흩어졌고, 사고 후 10여 년이 지나면서부터는 각종 암 환자가 증가했어요. 기형아 출산도 많아졌죠. 사고가 터지고 30년 가까이 흘렀지만 체르노빌은 예전의 사람 살던 도시로 언제 돌아올지 알 수 없는 상황이라네요.

그래도 금메달은 역시 후쿠시마 사고 아닌가요.

　후쿠시마 사고는 최악이죠. 여파는 지금도 계속되고 있어요. 후쿠시마로부터 350킬로미터까지 고농도 방사능이 퍼졌어요. 일본 전체의 70퍼센트가 방사능에 오염되었다는 연구도 있어요.[1] 고리 핵발전소가 있는 기장에서 서울까지는 직선거리로 320킬로미터고, 한빛 핵발전소가 있는 영광에서 북한 개성까지는 직선거리로 290킬로미터 정도예요.

후쿠시마 수준의 사고가 나면 한국에는 피할 데가 없겠네요.

　그렇죠. 후쿠시마에서도 핵연료봉이 녹아내렸어요.

아까부터 계속 핵연료봉 얘기를 하시는데, 그게 뭐죠? 말대로라면 핵연료를 봉처럼 만든 것?

　맞아요. 우라늄 같은 핵연료를 원통형으로 압축시킨 것이 핵연료봉이에요. 이걸 여러 개 다발로 묶어 사용해요.

담배 여러 개피를 손으로 말아 쥐면 비슷한 모양일 것 같아요.

담배 피우세요?

담뱃값 올라서 끊었어요. 열 받아서.

핵연료봉은 너무 뜨거워서 스스로 녹아내리기 때문에 사용 중이든 사용 후든 항상 물속에 넣어 식혀야 해요.

열 받으면 식히긴 해야겠더라고요.

그런데 후쿠시마 경우에는 사고로 이 물이 다 빠져나왔어요. 그러자 사용 중이던 핵연료봉이 녹아내린 거죠.

열 식힐 물이 빠지면 열이 더 오르죠.

후쿠시마 3, 4호기에서는 사용 중이던 연료봉 말고 사용하고 난 핵연료봉을 저장하고 있던 물통의 물마저 샜어요. 폭발이 일어났고, 역시 연료봉이 녹아내렸어요.

심각했네요. 그걸 어떻게 했어요?

이 이야기는 방사능 오염 식품 설명할 때도 했는데요. 도쿄전력은 핵연료봉이 더이상 녹아내리지 않도록 물을 계속 부었어요. 그런데 이 물이 몇 년 동안 바다로 흘러들었어요. 방사능에 오염된 물이 하루에도 몇 백 톤씩 태평양으로 쏟아진 거죠. 이 상황이 앞으로 수십 년 동안 계속될 것으로 예상하는 전문가도 있어요. 우리가 살아 있는 동안 오염수 유입이 멈추지 않을 수 있다는 말이죠. 후쿠시마 사고가 인류에게 미칠 재앙은 누구도 다 알지 못한다고 봐야할 것 같아요.

지난번에 석면도 제가 살아 있는 동안 전부 없애지 못한다더니 이것도 그러네요. 핵발전소 사고는 한 번 나면 그 규모가 상상 이상이네요.

그러니까 핵발전을 하면 안 되죠.

» 핵발전의 천문학적 비용

그래도 핵발전소가 값이 싸다고 하던데요. 대기오염도 없고요. 안전하다는 얘기는 신뢰가 좀 안 가지만요.

저렴하지 않아요. 한국 정부는 핵발전소에서 만드는 전기 단가가 석탄, 천연가스보다 싸다고 주장하지만, 그 반대의 연구 결과들이 많이 있어요.[2] 게다가 발전소 건설 비용을 따지면 다른 발전소보다 핵발전소가 훨씬 비용이 많이 들어요. 폐기물 처리 비용을 합하면 무한대가 될 수도 있고요. 핵발전이 다른 발전보다 저렴하다는 사람들은 이 문제를 고려하지 않고 말하죠.

뒤처리 비용이 그렇게 많이 드나요.

그럼요. '아름다운 사람은 머문 자리도 아름답습니다.' 고속도로 남자 화장실에 가면 붙어 있는 오묘한 문구예요. 그런데 핵발전이 경제적이라는 사람들은 뒤처리 비용은 생각하지 않아요. 아름답지 못한 발상이죠.

좀더 구체적으로 말씀해주세요. 어떻게 뒤처리를 하는 건지…. 쓰레기 분리수거랑은 다를 것 같은데요.

쓰레기 분리수거장은 동네 곳곳에 있죠. 종이, 플라스틱, 금속, 비닐, 스티로폼 등을 분류해 내놓으면 되잖아요. 그러나 핵발전소에서 나오는 방사능 오염 폐기물 처리는 당연히 쓰레기 분리수거와는 달라요. 핵발전소 쓰레기 가운데는 방사능에 오염된 정도가 낮은 폐기물들이 있어요. 이 중 가장 낮은 폐기물을 저준위, 중간쯤 되는 건 중준위 폐기물이라 하고 보통 합쳐서 중저준위 폐기물이라 불러요.

중저준위 폐기물이요?

네, 장갑이나 작업복 등이 여기에 속해요. 중저준위 폐기물은 300~400년 정도 잘 보관하면 방사성물질이 줄어들어요. 경주의 핵폐기물처리장이 중저준위 폐기물을 보관하기 위한 시설이죠.

300년이요? 갑자기 말문이 막히는데요. 그리고 경주 핵폐기물처리장이 핵연료봉 같은 걸 버리는 데 아니었나요?

핵연료봉 같은 건 고준위폐기물이라 불러요. 처리 기간이 엄청 길어요. 300년은 아무것도 아니죠. 그래서 골칫덩이에요. 장작이 꺼져도 한동안 뜨거운 것처럼, 사용하고 난 핵연료에도 열이 남아 있어요. 이걸 찬물에 넣어 식혀요. 30년 정도 걸립니다. 장작하고는 차원이 달라요. 다음에는 공기로 식히죠. 역시 몇 십 년이 걸려요. 마지막에는 500~1000미터쯤 되는 지하에 묻죠. 그 후 얼마나 보관해야 할까요?

500년? 1,000년?

최소한 10만 년이에요. 길면 100만 년까지도 필요하고요. 인간의 감각을 넘어선 시간이죠.

완전 놀라워요!

더 놀라운 건, 고준위 폐기물을 보관하는 시설이 전 세계에 아직 한 군데도 없다는 사실이에요.

네? 정말요? 무슨 그런 일이 다 있어요? 버릴 곳도 만들어놓지 않고 일단 사용만 한 거예요? 지난 수십 년 동안?

기절초풍할 일이죠. 믿어지지 않는 게 당연해요. 핀란드에서 현재 지하 450미터 깊이의 고준위 핵폐기물처리장을 하나 만들고 있을 뿐이에요.

그럼, 사용하고 난 핵연료는 어디에 보관하고 있는 거죠?

보통은 발전소 한쪽 임시 수조에 넣어둬요. 한국은 2016년부터 이마저 부족할 것으로 예상돼요.

번듯한 아파트에 화장실이 없어서 요강에 볼일을 보는 상황하고 똑같네요.

이 요강도 넘치기 직전인 거죠. 또다른 고민도 있어요. 핵폐기물을 10~100만 년 동안 완벽하게 보관하는 구조물을 과연 만들 수 있는가 하는 점이에요.

오래 가는 건물들 많잖아요. 피라미드, 콜로세움, 남대문 같은 것. 남대문은 불타서 새로 지었지만.

그래봐야 몇 천 년이에요. 10만 년 전에 지구 위에는 네안데르

탈인이 살았어요. 시저, 클레오파트라, 유비, 관우, 장비, 단군 이런 분들은 아주 먼 옛날 사람들이잖아요. 그렇지만 고작해야 몇 천 년 전에 불과해요. 10만 년이 그렇게 긴 시간인 거예요. 앞으로 10만 년 동안 무슨 일이 일어날지 아무도 몰라요.

그러게요. 지진이 핵폐기장을 덮치면 끔찍할 것 같아요.

전쟁 때문에 파괴될 수도 있죠. 한반도 역사 5,000년 동안 전쟁이 936번 났다는 조사도 있던데, 10만 년이면 전쟁이 2만 번쯤 날 시간이잖아요. 100만 년이면 20만 번이고요.

그럼, 그걸 누가 책임져요?

결국 핵폐기물을 끝까지 책임질 수 있는 사람은 단 한 명도 없어요. 우리는 지금 우리 편하자고 후손들에게 두고두고 치명적인 쓰레기를 남기는 셈이에요. 뭐, 이런 지독한 조상들이 다 있나 싶어요.

» 철거는 더 문제다

핵폐기물은 답이 없는 것 같네요. 그런데 핵발전소도 수명이 있잖아요.

수명이 있죠. 보통 30-40년 정도예요. 수명이 끝난 발전소는 그 자체로 거대한 핵폐기물 덩어리가 돼요. 고준위 폐기물과 중저준위 폐기물이 쏟아져 나오니까요.

수명 끝난 핵발전소는 엄청 공들여 분리수거 해야겠네요.

핵발전소를 폐기하는 방법은 두 가지예요. 하나는 그냥 문을 닫아두었다가 수십 년이 흐른 뒤 방사능이 좀 줄어들면 해체하는 방법이고, 또 하나는 당장 해체하는 방법인데요. 앞의 방법은 60년 정도가 걸리고, 뒤의 방법은 15년쯤 필요하다고 해요.[3] 장단점이 있어요. 곧장 해체하면 사람이나 자연 모두 방사능에 노출될 위험이 커요. 대신 나중에 해체하면 핵발전소 내부를 아는 사람들의 작업 참여가 어려울 수 있죠. 원자로 안은 엄청 복잡하기 때문에 그 내부를 잘 아는 사람이 꼭 함께 해야 하거든요.

두 방법 다 어려움이 있군요.

문제가 또 있어요. 한국은 지금까지 발전소를 해체한 적이 한 번도 없다는 사실이에요. 제대로 해체할 수는 있는 것인지, 사고 위험은 없는지, 비용은 얼마나 드는지 현재로서는 전혀 몰라요. 공사를 하다 보면 공사비가 눈덩이처럼 불어나는 경우가 많죠. 핵발전소 폐쇄가 그렇게 되지 않을까 걱정이에요.

조보운전도 불안한데, 이건 아예 무면허자가 운전을 해야 하는 상황이 온다는 소리네요.

어쨌든 결과적으로 핵발전소는 전혀 경제적이지 않아요. 쓰레기 처리 비용까지 감안하면 핵발전에 들어가는 돈은 그야말로 어마어마해져요.

» 안전하지 않은 핵발전소

안전문제는 어때요? 전 후쿠시마 사고 같은 걸 보고도 왜 핵발전소를 찬성하는 사람들이 있는지 이해가 안 가요.

핵발전 업계는 핵발전소 사고 확률이 몇 백만분의 1이라 안전하다고 주장해요.

그게 무슨 소리죠? 로또는 확률이 수백만분의 1이지만 매주 당첨자가 나오잖아요.

스리마일, 체르노빌, 후쿠시마 말고도 핵발전소가 있는 국가에서는 지금까지 매우 위험한 사고가 400번 이상 일어났다는 통계가 있어요.[4] 탈핵 강의로 유명한 김익중 교수가 강연에서 이런 말씀을 하셨어요.

> 그동안 사고가 난 나라의 공통점이 있어요. '핵발전소 개수가 많다. 핵 선진국이다. 원천기술 보유국이다. 수출국이다.' 이 네 가지 조건을 완비하고 있는 나라가 한국, 프랑스입니다. 한국, 프랑스가 그다음 선수예요. 모든 조건 완비했어요. 준비가 끝났습니다. 사고 날 준비.[5]

한국에서 사고가 난다고요? 피할 데가 없다면서요.

그는 앞으로 30~40년 안에 한국에서 핵발전소 사고가 발생할 수 있다고 예측해요. 우리 아이들이 한참 가정을 꾸리고 살 때쯤일 겁니다. 초반에 말씀드렸지만 후쿠시마 수준의 사고가 터진다면 한국은 정말 아무 데도 갈 곳이 없어요. 그리고 핵산업계가 그동안 유독 거짓말이 많았어요. 도쿄전력이 후쿠시마 핵발전소에서 방사능에 오염된 물이 하루에도 수백 톤씩 바다로 흘러들어가고 있다는 사실을 2년 동안 감췄던 것은 하나의 예일 뿐이죠.

위험한 물건을 다룰수록 솔직해야 하는 것 아닌가요?

그래야 하지만 현실은 달라요. 한국에서도 그동안 대형 폭발사고만 없었지 크고 작은 사고가 많았어요. 원래 법에는 사고가 나면 24시간 내에 국민들에게 알리도록 되어 있어요. 하지만 사고 사실을 숨겼다가 나중에 드러나는 일들이 비일비재해요. 핵발전소에서 사용하는 부품 관련 비리도 심심치 않게 발각되고요. 규격 미달이거나 품질이 좋지 않은 부품을 괜찮은 것처럼 서류를 위조해 사용한 사례가 많아요.

갑자기 눈물 나려고 해요. 그런 일이 있으면 안 되죠. 비리 저지를 게 따로 있지….

2013년에만 이런 사건으로 25명이 구속됐어요. 구속된 사람들 중에는 핵발전소를 운영하는 공기업인 한국수력원자력에 속해 있는 사람도 있었고, 부품을 제조하는 업체 소속 직원도, 부품이 적합한지 시험하는 회사 직원도 있었어요.[6] 또 사고가 걱정되는 부분도 있어요. 경주 핵폐기물처리장이 지진이 일어날 가능성이 있는 땅 위에 지어졌다는 주장이 있거든요.[7] 처리장이 결국 지하수로 가득 차고, 그 지하수가 빠져나와 주변을 방사성물질로 오염시킬 것이라는 얘기도 있고요.[8]

만약 그렇게 되면 사람 몸에 정말 안 좋을 텐데요.

그럼요. 방사능은 인체에도 치명적이고 땅과 물도 아주 오랫동안 오염시켜요. 이것이 다시 사람에게 안 좋은 영향을 미치고요.

얼마나 오랫동안 영향을 미치죠?

방사능이 반으로 줄어드는 기간을 반감기라고 해요. 방사성물질마다 반감기는 다 달라요. 요오드는 반감기가 8일인데, 짧아서 다행이죠. 세슘은 종류에 따라 뒤에 137, 134 같은 숫자가 붙는데요, 세슘137의 경우에는 반감기가 30년이에요. 플루토늄은 반감기가 무려 2만 4400년입니다.

몇 만 년 정도는 이제 별 느낌이 없네요. 플루토늄이 한번 유출되면 한반도 역사가 다섯 번 지나야 겨우 반이 사라지는군요.

나머지 절반이 없어지려면 다시 2만 4400년이 걸려요. 이런 식으로 반감기가 열 번쯤 지나야 완전히 없어지죠. 플루토늄이 땅을 오염시키면 인간은 24만 년 동안 그 땅에서 살 수 없다는 얘기예요.

확실히 핵발전소는 안전하지 않네요.

여러 측면에서 볼 때 핵발전소는 결코 안전하지 않아요. 만약 핵발전소가 안전하다면 전기를 가장 많이 사용하는 서울에 지어야죠. 하지만 정부는 절대 그렇게 하지 않아요. 어떤 나라들은 핵폐기물을 다른 나라에 넘기려 했었죠. 대만이 북한에 넘기려다 들통난 적이 있었고, 일본과 미국은 몽골에 넘기려다 실패했어요.

아니, 대체 왜들 이러는 거죠? 그건 치사한 일이잖아요.

핵발전소와 핵폐기물이 안전하다면 이런 짓을 안 했겠죠.

» 계속 늘어나고 있는 핵발전소

도저히 안 되겠어요. 오늘부터 열심히 핵발전소를 줄여나갑시다. 대통령 하면 좋을 것 같아요.

대통령은 사양할래요. 정부도 그 정도 생각은 있지 않을까요?

정부마다 핵발전소에 대한 입장이 달라요. 독일은 2021년까지 지금 있는 핵발전소를 모두 없애기로 했어요. 벨기에, 스위스, 대만도 그렇고요. 이탈리아는 체르노빌 사고가 난 직후 국민투표를 진행해 핵발전소 건설을 금지했고요.[9]

멋지군요. 그럼 한국은요?

우리가 사는 동북아시아 지역은 사정이 달라요. 한국, 일본, 중국은 세계에서 핵발전소가 가장 많이 몰려 있는 곳이에요. 2014년 기준으로 일본이 48개, 한국이 23개, 중국이 21개로 전 세계 435개의 핵발전소 중에서 92개가 모여 있어요.

후쿠시마 사고 이후 핵발전소를 줄이겠다는 발표는 없었나요?

박근혜 대통령이 2014년 어느 국제회의 연설에서 이렇게 말했어요. "지금 북한의 영변에는 많은 핵시설이 집중되어 있는데, 한 건물에서 화재가 나면 체르노빌보다 더 심각한 핵재앙으로 이어질 것이란 지적입니다." 영변 핵발전소가 보통 핵발전소의 200분의 1 규모밖에 되지 않아서, 이 얘기는 사실과 다르다고 곧바로 반박[10]되기는 했지만 대통령이 핵발전소의 위험성을 알고 있다는 건 다행이죠.

정말 다행이네요. 거봐요 제가 대통령 안 해도 된다고 했잖아요.

그런데 한국 정부는 2015년에 현재 23개인 핵발전소 가운데 고리 1호기를 폐쇄하고 대신 2029년까지 핵발전소 13기를 더 짓기로 결정했어요.

이렇게 되면 제가 대통령에 나서야 하는 건가요. 우리 아이가 할아버지 될 때까지 핵발전소가 있을 거란 얘기잖아요.

이 핵발전소들의 수명이 끝나는 시기는 2080년 이후가 되는 거니까, 지금 초등학생들이 여든이 넘을 때죠.

가만히 있으면 안 되겠어요.

게다가 박근혜 정부는 사우디아라비아에 한국 독자기술로 만들었다는 중소형 핵발전소를 수출할 계획도 가지고 있어요.

부끄럽군요. 일본이나 중국은 어때요?

일본은 후쿠시마 사고 이후 3년 동안 모든 핵발전소 가동을 멈췄지만, 2014년 9월 일부 핵발전소를 다시 가동하기로 결정했어요. 이해할 수 없는 결정이에요. 중국도 심각해요. 중국은 지금 가동 중인 21개 발전소 말고도 28개를 더 짓고 있어요. 앞으로 지을 계획인

발전소는 100개가 넘어요. 중국은 미세먼지와 초미세먼지가 거의 재앙 수준으로 심각해요. 전기의 70퍼센트 이상을 석탄을 태워 만들기 때문에 미세먼지가 발생할 수밖에 없죠. 중국 정부가 이 문제를 해결하기 위해 선택한 게 하나는 재생가능에너지이고, 또 하나가 핵발전이에요.

아수라 백작 같아요.

왼손과 오른손이 하는 일이 정반대니까요. 게다가 한국 입장에서 중국이 문제인 이유는 핵발전소 대부분이 중국 동해안, 그러니까 한국 쪽에 밀집해 있다는 점이에요. 중국 핵발전소에서 사고가 나면 방사성물질이 바람을 타고 한국으로 오는 데 반나절이면 족하다고 해요. 체르노빌 사고 당시 벨라루스 같은 옆 나라들이 바람 때문에 엄청난 타격을 입었는데요, 중국에서 사고가 나면 한국이 그처럼 직격탄을 맞게 됩니다.[11]

후쿠시마 때는 바람이 서쪽에서 동쪽으로 부니까 한국은 그래도 좀 안전하다고 했던 것 같아요.

중국은 바닷가에서 멀리 떨어진 내륙에도 핵발전소를 지으려 해요. 중국 내륙은 지진이 자주 일어나는 곳이잖아요. 만약 핵발전소가 지진 등으로 사고가 나면 그 역시 한국에 직접 타격을 줄 것으로 보여요. 한국으로 방사성 오염 물질이 넘어오는 시간이 3~4일 정도로 조금 더 늘어난다는 차이만 있을 뿐이죠.[12]

» 핵발전소의 완전 폐기만이 답이다

역시 핵발전소를 완전히 없애는 것만이 답인 것 같아요. 무엇부터 해야 할지 알려주세요.

구체적인 탈핵 시나리오들은 이미 많이 나와 있어요. 2030년, 그러니까 지금으로부터 15년 뒤 한국을 핵발전소 없는 나라로 만들기 위해 많은 사람들이 부단히 노력 중이에요. 일단, 자꾸 수명을 연장하고 있는 낡은 발전소들을 당장 폐기해야 해요. 고리 1호기는 폐쇄가 결정되어 그나마 다행이지만, 월성 1호기는 설계 수명 30년이 지났지만 다시 10년간 수명을 연장해 가동 중이에요.

세월호도 수명을 연장했잖아요.

그렇죠. 핵발전소 수명 연장은 매우 위험해요. 핵연료봉이 들어 있는 압력용기, 이걸 원자로라 부르는데요, 이게 두꺼운 금속으로 되어 있어도 오랜 시간 열과 방사능을 받으면 깨질 위험이 있어요. 만약 이 용기가 깨지면 후쿠시마처럼 큰 사고가 발생하죠. 수명 연장으로 버티고 있는 오래된 핵발전소는 반드시 폐기해야 해요.

앞으로 건설하겠다는 발전소는 어떻게 해요?

새 발전소 건설 계획은 취소되어야 합니다. 사람들의 노력이 중요하죠. 삼척 주민들이 최근 벌였던 투쟁은 주목할 만해요. 정부에서는 새로운 핵발전소 지을 땅을 고르고 있는데요, 삼척 주민들은 삼척시장이 자기 마음대로 핵발전소를 삼척에 유치하겠다고 신청한 것에 반발해 꾸준히 반핵 투쟁을 벌였어요. 지방선거에서도 반핵

후보를 시장과 시의원으로 선출했죠. 삼척시민들이 직접 주민투표를 진행해 반대 여론이 많다는 것을 확인하기도 했고요.

밀양에서도 움직임이 있지 않았나요?

밀양에서 송전탑 건설 반대운동을 벌인 주민들의 노력도 눈물겨워요. 밀양 송전탑은 경남의 핵발전소에서 수도권으로 전기를 보내기 위한 것이에요. 핵발전소가 많아지면 송전탑도 많아져요. 그래서 송전탑 건설을 반대하는 운동은 핵발전소 건설을 막는 운동이기도 하죠. 삼척, 밀양 주민들과 같은 노력이 핵발전소 건설을 막는 데 큰 힘이 돼요.

핵발전소를 없애도 전기가 모자라진 않겠죠?

대안이 있어요. 독일은 2021년까지 핵발전소를 모두 없애기로 하고, 2050년까지 전체 전력의 80퍼센트를 재생가능에너지로 만든다는 계획을 세웠어요. 스웨덴은 재생가능에너지로 생산하는 전기가 이미 나라 전체에서 사용하는 에너지의 44퍼센트를 차지하고 있고요.[13]

그러니까 재생가능에너지를 늘리자, 이런 거죠?

맞아요. 전 세계적으로 태양광발전소가 계속해서 늘어나고 있고, 풍력발전도 꾸준히 늘고 있어요.

비싸지 않다고 하셨죠?

재생가능에너지는 더이상 비싸지 않아요. 재생가능에너지 가운데는 태양광이 가장 비용이 많이 드는데, 핵발전소가 이와 비슷하고 나머지 지열, 풍력 발전소는 모두 경제적이라는 보고서들이 최근 나오고 있어요.[14] 정부가 핵발전소를 키우기 위해 그동안 들였던 돈과 노력을 재생가능에너지 쪽으로 돌린다면 재생가능에너지는 더욱 확대될 수 있겠죠.

혹시 다른 문제는 없을까요?

재생가능에너지를 만들 경우 전기 공급이 들쭉날쭉할 가능성이 없지 않아요. 바람이 없는 날, 날씨가 흐린 날에는 전기 생산이 줄어들 테니까요. 계절에 따른 차이도 있을 거예요. 이런 문제를 해결하기 위한 기술이 조금 더 개발되어야 해요. 예를 들어 '스마트 그리드smart grid'라는 기술이 있어요. '똑똑한 망'이라는 뜻인데요, 전기를 만들어 보내고(송전), 나누고(배전), 사용하는 과정에 정보통신기술을 도입해서 공급자 입장에서는 전기를 언제, 어느 정도 공급하는 게 좋은지, 사용자 입장에서는 어느 때 사용하는 게 더 저렴한지 등을 판단하게 하는 기술이에요. 스마트 그리드 기술을 이용하면 재생가능에너지의 단점을 보완할 수 있죠.

전기를 아끼는 것도 좋은 방법 아닐까요?

좋은 방법이죠. "방에서 나올 때는 불 좀 꺼요." "코드 좀 뽑아놓지." 어릴 때부터 아빠가 된 지금까지도 듣는 말이에요.

그런 잔소리는 좀 들어야 돼요. 지구를 지키는 잔소리잖아요.

사실 그렇죠. 전기를 아끼기 위해서 사용하지 않는 전기코드는 꼭 뽑아놓고, 전등은 필요할 때만 켜야 해요. 전기밥솥은 전기를 많이 소모하니 압력밥솥을 쓰면 낫죠. 가전제품을 살 때는 이왕이면 에너지 효율이 높은 걸 고르고요.

저 같은 소시민이 열심히 전기를 절약해야겠어요. 지구도 지키고, 아이들도 지킨다는 마음으로!

그런데 우리 상황에서는 개인이 사용하는 전기 말고 기업이 사용하는 전기를 절약하는 게 훨씬 중요해요. 이 점에 대해서는 다시 이야기할게요.

어쨌거나 문제는 국민이 탈핵에 대한 의지를 어느 정도 갖고 있느냐 하는 점인 것 같아요. 탈핵에 대한 확고한 의지를 갖고, 탈핵 시민단체를 지원하고, 탈핵을 외치는 지방자치단체장도 뽑고요. 핵발전소를 대신해 전기를 만드는 햇빛발전소 같은 데에도 관심을 가지면 좋을 것 같아요.

✤ 자연재해 ✤

한국은 자연재해가 심하진 않은 것 같아요. 지진이나 쓰나미 같은 것도 없고요.

한국에서 일어나는 재해의 대부분은 집중호우나 장마, 태풍으로 인한 물난리와 관련되죠.

맞다. 몇 년 전 서울 광화문네거리하고 강남역 근처에 물이 찼을 때는 좀 황당했어요.

어떻게 서울 한복판에서 그런 물난리가 날 수 있는지 많은 사람들이 무척 놀랐죠. 2011년 서울 우면산 산사태도 유난히 기억에 남아요. 아침 출근길에 갑작스레 도로로 엄청난 흙더미가 쏟아져 내렸잖아요.

자동차 수십 대가 장난감처럼 휩쓸려가더라고요. 집들도 파묻히고⋯.

주택가 도로는 어마어마한 토사로 뒤덮였고, 양재동 예술의 전당 앞길이 산에서 내려온 흙이며 나무 등으로 뒤덮였죠. 이 사고로 18명이 죽었어요.

그때 인터넷에 올라온 영상을 돌려봤던 기억이 나요. 여름철 물난리는 심각한 일이 분명해요.
 여름을 지나 가을로 접어드는 시점에 물난리가 나는 경우도 많았죠. 태풍 때문에….

언제부터인지 모르겠는데 여름 장마 때는 비가 별로 안 오고, 오히려 그 후에 비가 많이 내리는 일이 여러 번 있었던 것 같아요.
 2000년대 이후부터예요. 집중호우가 늘어나면서 전에 없던 물난리가 많았죠.

텔레비전에서 한강공원이 물에 잠기는 것도 많이 봤어요.
 온갖 피해가 많죠. 비가 올 때마다 하천 제방이 무너지고, 다리가 붕괴하고, 기찻길이 물에 잠기고, 산사태로 가정집이 흙에 파묻히죠. 매년 수많은 사람들이 수해로 목숨을 잃고 재산 피해를 봐요. 서울은 반지하방이 유난히 많은데, 이런 곳에 물난리가 나면 물이 사람 사는 방으로 쏟아져 들어와요. 가난한 살림이 물에 휩쓸리곤 하죠.

옆 동네에 반지하방이 많은데요, 물난리가 난 다음 가봤더니 사람들이 골목마다 가구, 옷가지 등을 죄다 꺼내놓고 말리더라고요. 똥오줌 냄새도 많이

났어요. 그 모습을 보고 있으니 눈물이 나더라고요. 자연의 힘 앞에 사람이 참 약한 존재라는 생각도 들었죠.

사람이 약한 존재이긴 하죠.

» 자연재해인가 인재인가

전 강해요.

그 말씀 하실 줄 알았어요. 그런데 해마다 물난리를 당하면서도 대비를 못하면 그건 인재가 분명한 것 같아요.

항상 자연재해냐, 인재냐 가지고 말들이 많죠?

인재가 아니라는 쪽에서는 예를 들면 이런 식으로 얘기하죠. "100년 만에 최고로 많은 비가 와서 도심의 배수체계가 감당을 못해 도로에 물이 찼다." "한강 수위가 50년 만에 최고로 높아져서 침수피해가 있었다."

한 마디로 사람이 막기에는 자연의 위력이 엄청났디, 이런 거군요. 일리가 있는 말인데요?

'인재'라고 주장하는 의견도 들어봐야죠. "비가 많이 올 걸 대비해 준비를 제대로 했어야 했다." "알고 보니 수해 예방 예산을 몇 년 동안 줄였더라." "교량이 오래 되어서 원래 좀 불안했는데 제대로 관리를 안 한 게 문제였다." "하수구에 설치된 불법 시설물 때문에 물 흐름이 방해를 받았다."

이 말도 일리가 있어요. 둘 다 옳아요.

　　황희 정승처럼 말씀하시는군요.

제가 황희 정승 같은 고위공직자처럼 이야기한다고요? 기분이 좋아요. 그런데 고위공직자로서 다시 생각해보니 수해의 원인은 대부분 인재 같아요.

　　자리가 사람을 만들죠. 태풍이나 장마, 집중호우 같은 건 애초에 자연현상이잖아요. 사람과 상관없이 그냥 일어나는 일이에요. 다만 사람이 사전에 대비를 잘하면 피해를 입지 않는 것이고, 그렇지 않으면 피해를 입는 것이 다를 뿐이죠. 자연현상이 재해로 이어질지 말지는 결국 인간에게 달려 있고, 그런 의미에서 자연재해로 인한 피해는 대부분 인재라고 볼 수 있어요.

» 철학이 문제다

해결책은 간단하군요. 이봐요, 더이상 인재가 발생하지 않도록 지금부터 대비를 해나갑시다!

　　계속 고위공직자처럼 말하지 마세요!

인재가 무서워요. 지금부터 대비를 해주시면 안 될까요?

　　그렇다고 그렇게 비굴하게 말하지도 마세요! 그리고 재해를 대비하려면 일단 우리의 철학을 바꿔야 해요.

열심히 대비만 하면 되지 철학을 바꿔야 한다고요?

문제는 인간이 자연과 어울려 살기보다는 자연에 맞서고 자연을 관리하려 했던 데 있거든요.

멋진 말이네요. 대체 무슨 말이죠?

우리는 그동안 물을 이용하기 위해 그리고 물난리를 막기 위해 물을 일정한 범위 안에 가둬두는 방식을 채택해왔어요. 호수든 강이든 흙·돌·콘크리트로 둑을 쌓아 그 안에서만 물이 모여 있거나 흐르게 했죠. 물은 비가 내리면 마땅히 땅속으로 스며들거나 인근 하천으로 흘러 바다로 가는 게 이치예요. 그런데 사람들은 도시를 건설하고 콘크리트로 땅을 덮었어요. 대신 도로 밑으로 배수구를 만들고, 하수관을 땅에 묻어 강으로 연결시켜놨죠. 그러나 자연을 지배하고 통제하겠다는 철학은 결국 자연의 힘을 이기지 못해요.

자연스러운 흐름을 거스르면 결국 다친다, 그런 뜻인가요?

그런 얘기죠.

저는 자꾸 책상 모서리에 부딪혀요. 덤벙대는 성격인가 했는데, 최근 결론을 내렸어요. 가구 배치가 좋지 않아서이고요. 사람이 이동하는 길의 흐름을 가구가 조금씩 방해하더라고요. 그러니까 자꾸 부딪히지.

이상한 사례지만 틀린 말은 아니에요. 흐름을 막으면 충돌이 생기는 법이죠. 현관 앞에 물건을 쌓아놓으면 드나드는 사람들이 자꾸 부딪히잖아요.

등산로를 잘못 만들어놓으면 쓸모가 없어져요. 사람들이 많이 다니는 새로

운 길이 만들어지고요. 이것도 비슷한 사례겠죠?

오랜만에 호흡이 맞네요. 그런 게 바로 '흐름'의 힘이죠. 물길은 말할 필요도 없어요.

그러니까 물은 자기 성격대로 갈 길을 가기 때문에 인간이 쌓은 장벽이 끝까지 버틸 수 없다는 거죠? 자꾸 걸리적거리는 책상을 제가 다른 쪽으로 치운 것처럼?

그렇죠. 그러니까 결국 강물은 둑을 넘어 범람해요. 둑을 무너뜨리고 쏟아져나온 강물은 근처 논밭을 삼키고 집을 덮쳐요. 도시에서는 콘크리트 때문에 흙 속으로 스며들지 못한 물이 하수구로 몰리다가 도로로 넘치고요. 또 무리하게 개발된 산에서는 산사태가 발생하고 물길을 무시하고 지어진 도로는 유실돼요. 안이하게 관리했던 다리는 무너지고, 가난한 사람들의 지하방은 물에 잠겨요. 이런 게 모두 물이 본성대로 움직이면서 생기는 일이죠.

상습적으로 침수 피해가 발생하는 곳도 그런 이유 때문이겠네요.

서울에서 물난리가 자주 나는 강서·양천·구로·마포 등은 다른 지역에 비해 빗물이 땅속으로 흡수되는 비율이 매우 낮아요.[1] 상습적인 침수 피해는 그 동네가 원래 낮은 지대이거나, 해당 지역들의 하수관에 문제가 있거나, 한 번에 몰리는 빗물을 임시로 저장해두는 시설이 부족하기 때문이에요. 그러나 근본적으로는 이 지역에 녹지보다는 건물과 도로, 마당 있는 집보다는 다세대 주택이 들어서 빗물이 땅속으로 스며들지 못하기 때문이죠.

어느 정도 이해가 가요. 그래도 한강공원 같은 곳은 멋있잖아요. 강물을 따라 죄다 개발해놓으니까 멋지던데요?

한강공원이 개발된 게 1980년대에 아시안게임과 올림픽을 치르면서예요. 강변을 시멘트로 쭉 발라놓고, 그 위에 주차장과 운동시설을 만들어놓았죠. 강을 따라 도로도 놓았어요. 중랑천을 따라 동부간선도로가, 한강 본류를 따라 올림픽대로, 강변북로가 건설되었죠.

다른 도시들도 비슷한 곳이 꽤 있던데요?

역시 강변을 시멘트로 바른 뒤 주차장이나 운동시설을 만들었어요. 강 바로 옆에 도로를 건설한 곳도 많고요.[2] 그런데 이때부터 홍수가 나면 천변 주차장에 세워놓은 자동차들이 떠내려가는 피해가 발생하기 시작했어요. 한강에 물난리가 났을 때 동부간선도로, 올림픽대로의 차들이 미처 피하지 못해 휩쓸리는 일도 생겼고요.

자연을 사람에게 맞추려다 생긴 일이라고 말씀하고 싶은 거죠?

그럼요. 하천을 부적절하게 개발한 사례는 이 밖에도 많아요. 도시의 하천을 시멘트로 덮어버리는 하천 복개사업은 한때 유행이었어요. 그런데 하천을 덮어버리자 비가 많이 올 때 그 물이 하천으로 다 빠져 나가지 못해 도로가 침수되는 일이 종종 벌어졌어요. 그리고 서울 같은 대도시에서는 천을 따라 지하철 지상구간이나 고가차도가 지나는데, 이런 경우도 물 흐름에 지장을 주죠.[3]

» 4대강 사업의 결과

그러면 4대강 사업은요?

자연을 이기려 들었다가 실패한 대표 사례가 바로 4대강 사업이에요. '홍수 예방' '생태 복원'을 목표로 강에 콘크리트를 쏟아 부은 건데요, 오점 투성이죠.

어떤 문제들이 있었어요?

강을 가로질러 만든 보에 금이 가거나 보를 지탱하고 있는 물속 바닥이 허물어지고 있는 곳이 많아요. 수질 역시 악화되었어요. 깊게 판 강바닥은 강물이 실어오는 흙으로 덮여 다시 파내느라 막대한 예산이 필요한 상황이고요.[4]

4대강 덕에 홍수가 발생하지 않았다고 옆집 할아버지가 그러던데요.

홍수 예방 효과가 있는지도 의문이에요. 큰 강을 하, 작은 강을 천이라 해서 둘을 합쳐 하천이라 불러요. 큰 강을 본류, 그 강의 가지들인 천을 지류라 하고요. 이 가운데 홍수는 본류 말고, 지류 그러니까 천에서 많이 발생해요.

저는 지금까지 큰 강에서만 홍수가 난다고 생각했는데, 홍수는 천에서 많이 난다 이거죠.

네, 그런데 홍수를 막겠다면서 큰 강인 본류의 바닥을 깊게 팠어요. 바닥이 깊어지면 비가 많이 와도 넘치지 않을 거란 계산이었죠. 그리고 물길을 차단하는 보를 곳곳에 놓았고요. 댐처럼 물을 가

뒤 한꺼번에 강물이 몰리는 것을 조절하겠다는 심산이었죠.

조금 그럴 듯한데요? 그래서 효과가 있었나요?

아니요. 4대강 사업 이후에도 지천의 홍수는 여전했어요. 오히려 피해액이 늘었어요.[5]

그래요? 효과도 없는 일에 돈을 퍼부었군요. 아까워라, 내 세금.

4대강 지류에는 더 큰 문제가 생겼어요. 본류 바닥을 깊게 깎아 놓아 지류와 본류가 만나는 곳의 바닥 높이가 달라졌어요. 낙차가 생긴 거죠.

물속에 폭포가 생긴 거네요?

물속 폭포라. 그런 말이 있는지는 모르겠지만 정확히 이해하신 것 같네요. 그런데 폭포는 보통 뒤로 조금씩 움직이는 경향이 있어요. 물이 떨어지면서 폭포면을 깎기 때문이에요. 4대강 지천에 똑같은 일이 벌어진 거죠.

당연하죠. 제기 물속 폭포라고 했잖아요. 다 이해하고 한 말이에요.

낙차로 인해 유속이 빨라지면서 천의 바닥과 주변 모래가 깎여 나갔어요. 그러자 곳곳에서 제방과 다리 일부가 무너져내렸죠. 전에 없던 홍수도 발생해 피해를 보는 농민들도 늘었고요.[6]

한숨이 나오네요. 그러게 그냥 놔두지, 왜 강에 손을 댔을까요. 수질도 안 좋아졌다고 신문에서 봤어요.

낙동강, 금강에서 녹조가 발생한 것은 보 때문에 유속이 느려지면서 상류에 흙이 쌓이고 강이 마치 호수처럼 변해버렸기 때문이에요. 호수에나 생기는 큰빗이끼벌레가 창궐했고, 물고기가 떼죽음을 당하는 일이 생겼어요. 4대강 사업은 생태 복원은커녕 멀쩡한 강물의 흐름을 막아 생태를 파괴한 사례에요.

» 도시화와 집중호우의 관계

자연의 흐름을 인간이 거스르다가 해를 입는 인재가 대부분이네요.

요즘에는 인간이 자연재해를 스스로 불러일으키기도 해요.

신묘하군요. 마법의 비결은 뭐죠?

지나친 개발과 도시화 때문이에요. 집중호우가 급격히 늘어난 건 도시의 열섬현상이 원인 중 하나예요.

열섬현상이 뭐예요? 전 딤섬밖에 모르는데. 육즙 터지면 답이 없어요.

도시가 도시 바깥보다 기온이 유난히 높은 현상을 말해요. 주변은 안 그런데 도시 지역만 마치 섬처럼 고립되어 열이 높다는 뜻이죠. 이건 답이 없진 않아요.

맞아요. 열대야는 도시에만 생기잖아요. 시골은 밤에 그렇게 덥지 않아요.

자동차 배기가스, 공장 굴뚝 연기 같은 것들이 대기오염을 일으키고 이게 도시의 온도를 높여요. 여름철 아스팔트는 한 낮이 지나고 나서도 한참 동안 후끈후끈하잖아요. 아스팔트나 콘크리트의 열기가 도시를 뜨겁게 만들어요. 대신 온도를 낮춰주는 숲은 도시에서 점점 사라지고 있어요. 시골에는 별로 없는 열대야현상이 도시에 주로 나타나는 것은 이 때문이에요.

이게 집중호우와 무슨 관계예요?

이야기의 흐름을 놓치지 않는군요.

오늘의 주제는 '흐름'이니까요.

뜨거워진 도시의 온도는 기류를 상승시켜요. 그러니까 공기가 위로 흐르도록 만든다는 것인데요, 이때 공기가 주변 수증기를 모아 구름을 만들고 비를 뿌려요. 태풍도 원리가 비슷해요. 하루 종일 햇볕이 뜨겁게 내려쬐는 열대 바다에서는 당연히 공기가 뜨거워져 위로 올라가요. 수증기도 같이 올라가고요. 공기가 위로 올라가 모이면 이런 걸 저기압이라 해요. 이런 열대성 저기압을 태풍이라고 부르잖아요. 도시의 열섬현상이 비를 부르는 것도 같은 원리예요.

듣고 보니 간단하네요. 그럼 몇 년 전 광화문역 주변이 잠겼던 것도 같은 이유였나요?

광화문역 주변이 물에 잠긴 건 중국 쪽에서 넘어온 비구름이 도시에서 올라온 공기와 만나면서 물을 품은 구름덩어리가 폭발적으로 늘어났기 때문이에요. 그때 뉴스를 볼까요?

광화문역 주변은 인도와 차도를 구분하기 힘든 상황. 일부 도로에는 무릎 높이까지 물이 차올라 한 걸음 한 걸음이 위태롭기만 합니다. 긴급 작업반이 투입되고, 급한대로 바가지까지 동원해봐도 일부 상가에는 내부로 빗물이 넘쳐 들어왔습니다.[7]

바가지는 역시 생활의 필수품이군요. 도시의 집중호우는 자연현상이라기보다는 인간이 만든 재해가 분명한 것 같아요. 근데 집중호우는 시골에도 꽤 많잖아요. 논밭 잠기는 것도 많이 봤는데….

맞아요. 집중호우가 도시 지역에서만 일어나는 것은 아니에요. 2000년대 들어 한국은 지구온난화 때문에 장마 기간 이후에도 집중호우가 내리는 일이 잦아졌어요. 피해도 막심해요. 집중호우로 마을이나 애써 농사지은 논밭이 물에 잠기는 일이 많거든요.

지구온난화도 인간이 만든 것이니까, 지구온난화에 의한 집중호우도 결국 인간 때문에 생긴 재난이네요. 인재….

더이상 가르칠 게 없네요. 하산하셔도 될 것 같습니다.

갑자기 뜬금없는 상황극은…. 저의 영향이 틀림없어요! 산 얘기가 나와서 말인데, 한국에서는 산사태도 많이 발생하지 않나요?

산사태도 주로 집중호우 때문에 일어나요. 예년에 없던 비가 내릴 경우 산사태가 일어날 수도 있지만, 산사태의 대부분은 인간의 활동이 또 하나의 원인이 되는 경우가 많죠.

산 옆에다 아파트 짓는 그런 경우요?

네 맞아요. 산에 숙박시설을 짓는다거나 기업이나 공공기관의 연수원을 지을 때 보통 나무를 뽑고, 콘크리트 벽을 세워요. 요즘에는 작은 산을 반쯤 통째로 깎아 절벽 옆에 아파트를 짓는 경우도 있더라고요.

그 유명한 난개발이군요.

난개발이 아니었다면 끄떡없었을 산이 난개발 때문에 집중호우를 견디지 못해요. 물길을 제대로 관리하지 못해 빠져나가지 못한 물을 흙이 잔뜩 머금고 있다가 무너져내리는 경우도 있죠. 결국 사람의 관리 소홀이 산사태로 이어지는 거예요.

집중호우도 사람이 불러오고, 산사태도 사람 때문이고…. 인간이 원래 그렇게 못된 존재였나요.

인간이 원래 못된 건 아니죠. 자본주의 이전에는 도시화도, 난개발이라고 할 만한 것도 없었어요. 결국 재난을 일으키는 것은 '자본주의 방식으로 살고 있는' 인간이에요. 모든 인간이 다 그런 것도 아니고, 인간이라는 존재가 원래 그런 것도 아니에요. 뭐하고 계세요?

» 긴급한 조치들

인재를 막기 위한 계획을 짜고 있어요.

그냥 낙서잖아요.

**머릿속 자연스러운 흐름을 막지 마세요. 일단 당장 일어나는 재해를 막기 위해 긴급 조치들이 필요해요. 그리고 자연재해가 일어나지 않도록 근본적인 대책도 고민해야 해요. 이 홍수 같은 아이디어!

그렇죠. 우선 비가 많이 내리더라도 많은 양의 물이 원활하게 빠져나가도록 계획을 세워야 해요. 특히 물은 당연히 지대가 낮은 곳으로 몰리게 되어 있으니까 그런 지역에는 큰 하수도관을 몇 개 더 만든다거나 하수도를 청소해 물이 막힘없이 흐르도록 할 필요가 있어요. 한 번에 너무 많은 빗물이 모여 감당이 어려운 상황이 벌어지는 걸 방지하기 위해 빗물이 잠시 모였다 빠져나가도록 넓은 공간을 미리 마련해두는 것도 중요하죠. 이런 공간을 보통 저류조라 부르는데요, 저류조 역할을 하는 전용 공간을 만들 수도 있고, 임시로 건물 지하주차장, 공사장 등을 활용할 수도 있어요. 또 많은 물이 도시하천으로 몰려 평소 발목에도 미치지 못했던 하천 물이 무서울 정도로 불어나는 경우가 있잖아요. 이럴 때 다리나 하천에 만들어놓은 산책로가 물의 흐름을 막지 않도록 미리 정비해야 하고요.

그래도 빗물이 넘치면요?

빗물이 행여 넘치더라도 상가나 주택가로 들어오지 못하도록 골목이나 건물 입구에 차단막을 설치하는 것도 필요해요. 오래된 주택은 비 때문에 담장이 무너질 수도 있는데 이런 건 미리 보수해야 하고요.

산사태 방지대책도 알려주세요.

산사태 방지를 위해서는 산사태가 일어날 가능성이 높은 곳들을 미리 점검해야 해요. 물 흐름을 막는 흙이나 나뭇가지들을 치우는 일부터 흙이 쏟아져 내려오는 것을 막는 일까지 보통 정부가 취하는 조치들이 있어요. 산에서 진행되는 토목사업의 경우, 허가받지 않은 공사를 한다거나 부실공사를 하는 등의 잘못된 일들이 벌어지지 않도록 제도를 정비해야 하고요.

대피방송 같은 것도 해야죠.

도시 하천이 넘칠 것을 대비해 자동으로 대피방송이 나가도록 하는 등 최대한 인명 피해를 줄이려는 노력이 필요해요. 산 근처에 사는 주민들은 산사태가 일어났을 때 대피하는 훈련도 미리 해야 하고요.

역시 정부의 역할이 중요하네요.

지금까지 말씀드린 활동들은 자연재해를 막기 위한 정부의 1차 역할이에요. 관련 법이 만들어져 있거나 지방자치단체별로 이미 수행하고 있는 곳들이 꽤 돼요.

그럼, 우리는 이런 게 제대로 실천되는지 지켜봐야겠네요.

그렇죠. 시민들이 관심을 갖고 시켜봐야죠.

» 대책은 있는 걸까?

이제 근본적인 대책에 대해 대화를 나눠봅시다! 아까 했던 '철학' 얘기!

자연을 보는 우리의 시선을 바꿔야 해요. 자연의 흐름을 있는 그대로 받아들이고 그 속에서 조화롭게 살아가는 것이 중요해요.

그럼, 강도 자연스럽게 흐르도록 해야겠네요. 이거 좀 시적인데요.

하천은 일부러 물길을 돌려놓거나 막지 말고, 자연 그대로 흐르게 둬야 해요. 큰 강과 작은 강을 난개발로부터 보호해야 하고요. 하천은 땅의 표면을 깎기도 하고 쌓기도 하죠. 어떤 곳에서는 빠르게 흐르고, 어떤 곳에서는 천천히 흘러요. 잠시 고이는 듯 머무를 때도 있고, 원래 강의 경계를 지나 넘칠 때도 있어요. 자연스러운 과정을 통해 스스로 모양을 끊임없이 만들어나가죠. 하천이 이런 본래의 모습을 유지할 수 있도록 복원하는 노력이 필요해요.

시적으로 질문했다고, 시인처럼 대답하시네요.

천에서 공원으로 올라가는 부분의 경사 지역을 시멘트로 발라놓은 곳이 있다면 걷어내야 해요. 습지는 홍수 때 물을 담아놓는 기능을 하므로 최대한 살려야 하고요. 하천 옆에 저류지, 그러니까 물이 잠시 고일 수 있는 장소를 만들어 평소에는 생태습지나 주민들 휴식 공간으로 활용하다가 홍수가 났을 때 물이 머물도록 할 수도 있어요. 과거에 강물이 흘렀지만 지금은 말라버렸거나 아니면 흐름이 바뀌어 더이상 흐르지 않는 물길이 있는데요, 이런 곳을 찾아 복원해놓는 것도 의미가 있어요. 홍수가 나면 임시로 이 길로 물이 흐를 수 있어 마을에 물난리가 나는 걸 막을 수 있으니까요.

시인의 풍모는 한 번뿐이군요. 지금 설명은 꼭 공무원 같았어요. 그래도 구구절절 맞는 말이에요. 전 복개도로도 좀 걷어냈으면 좋겠어요.

도시에서는 더이상 하천을 콘크리트로 덮어 복개도로를 만들어서는 안 돼요. 강변 공원에 주차장을 만들지도 않아야 하고요. 물이 흐르는 방향으로 다리를 놓거나, 하천변으로 자동차 도로를 놓는 일도 마찬가지고요.

그런데 하지 말라는 것도 많고, 있는 것도 없애자고 하니까 너무 과격한 주장 같아요.

그렇게 보이지만 예전 정부 자료[8]에 다 나와 있는 얘기예요.

그렇군요. 전혀 몰랐어요. 4대강은 어떻게 할까요?

4대강은 당연히 원래대로 복원해야 해요. 4대강 곳곳에 설치된 보는 면밀한 검토와 계산을 거쳐 철거하면 좋겠어요. 한때 4대강처럼 보를 설치했던 유럽의 국가들은 하천에서 대규모 토목공사를 하지 못하도록 제도를 만들었어요. 미국도 비슷해요. 그뿐 아니라 유럽이나 미국에서는 기존에 있던 댐이나 보를 철거해 하천을 원래대로 복원하려 노력하고 있어요.[9] 우리도 이렇게 해야 해요.

산사태를 막는 근본 대책은 역시 나무를 심는 거죠? 푸르게, 푸르게.

아무래도 그렇죠. 다만 요즘 한국의 산은 나무가 부족한 경우가 별로 없어요. 그런데 나무들이 너무 빽빽하게 들어서 뿌리를 제대로 내리지 못할 경우 흙을 잡아주는 힘이 떨어질 수 있어요. 적당한 간격으로 나무를 심거나 좀 솎아줘서 나무뿌리가 쭉쭉 뻗어나갈 수 있도록 해주는 게 좋아요. 그리고 여러 종류의 나무가 섞여 자랄 수 있도록 관리해주는 것이 좋아요.

여러 종류가 어울려 살아야 좋은 건 여기서도 적용되네요.

그럼요. 또 앞에서도 얘기했지만 산을 깎아 숙박시설, 연수시설, 아파트 등을 만드는 난개발은 당연히 중단되어야 해요. 이를 위해 무엇보다도 토목이나 건설업 키우는 데 혈안이 되어 있는 한국경제의 체질을 바꾸는 것도 중요하죠.

도시는요?

도시 역시 이제는 지나친 개발을 하지 않아야 해요. 더운 공기가 아닌 시원한 공기가 도시 내부를 잘 흘러다니도록[10] 곳곳에 공원, 숲 같은 녹지를 많이 만들어야 해요.

공원이랑 숲을 늘리는 건 대찬성이에요!

녹지를 늘려야 비가 많이 올 경우 물이 땅속으로 잘 스며들어요. 이렇게 공기와 물의 흐름을 자연스럽게 만드는 것이 자연재해를 막는 가장 좋은 방법이죠.

녹지가 중요하다는 건 알았는데, 제가 알고 있었던 것보다 더 깊은 의미가 있었네요. 이제 기후변화 얘기만 조금 더 해주세요.

기후변화 때문에 앞으로 한국에는 비가 더 많이 올 수 있어요. 따라서 따라서 자연과 조화를 이루는 대책이 필수예요. 기후변화를 대비한다면서 지금보다 제방을 더 쌓거나 하수관을 더 많이 묻는 식은 곤란해요. 기후변화에 대해서는 다음 장에서 자세히 살펴볼게요.

chapter 16

+ 기후변화 +

기후변화의 원인이 지구온난화인 건 아시죠?

그 정도는 상식이죠. 지구온난화는 태양에서 온 열이 온실가스에 흡수되어 지구 밖으로 나가지 못하고, 그것 때문에 지구의 온도가 상승하는 현상이잖아요?

온실가스가 뭔지 아세요?

식물원에 가면 따뜻한 온실 있잖아요. '온실 속에 화초' 할 때의 그 온실. 안에 들어가 보면 무척 덥고요. 온실가스는 그렇게 지구를 온실처럼 만든다고 해서 붙여진 이름이죠. 이산화탄소, 메탄가스 같은 것들이 있어요.

잘 아시네요. 온실가스가 많아진 건 자본주의 때문이에요. 인간이 만든 자동차, 공장, 발전소는 화석연료를 사용해요. 석탄, 석유 같은 화석연료가 연소되면 이산화탄소가 나오죠. 전체 온실가스의

60~70퍼센트 정도가 이산화탄소예요. 가축의 똥, 트림 등에서 나오는 메탄가스는 전체 온실가스 중 약 15~20퍼센트가량 되고요.

메탄가스 중에 우리 남편이 생산하는 것도 꽤 될걸요. 시도때도 없이…. 아무튼 사람, 자동차, 공장, 발전소, 가축은 산소를 빨아들이고 온실가스를 내뱉네요.

정리의 달인이시군요. 반면 이산화탄소를 흡수하고 산소를 내뱉는 숲은 계속 줄어들고 있어요. 이걸 파괴하는 것은 인간이에요.

당연히 인간이 숲을 파괴하겠죠. 호랑이가 나무를 벤다는 말은 못 들어봤으니까. 그런데 지구온난화가 그렇게 심각한가요?

지구온난화로 산업혁명 이후 지구의 평균온도가 0.5도 정도 올랐고, 앞으로 1~20년 동안 0.5도가 더 오를 것으로 보여요. 자동차, 공장 등이 계속 늘고 있어서 2035년까지 약 2도가 더 올라갈 것으로 보는 견해도 있어요.[1] 2035년이면 지금으로부터 20년쯤 뒤죠.

겨우 2도요? 전 지구온난화로 20~30도씩 올라가는 줄 알았어요. 지구가 펄펄 끓어서 동물이 다 죽는 그런 것 말이에요.

많아야 5~6도 오르는 데 불과해요.

그럼, 대단한 것도 아니네요.

온도가 단 몇 도만 올라도 큰 변화가 일어나요. 사람 체온도 3~4도 변하면 생사가 바뀌잖아요.

그거야 사람이니까 그렇죠. 우리 아이도 최근 40도 이상 열이 오른 적이 있어요. 응급실 가고 난리도 아니었죠.

지구도 마찬가지예요. 1,000년 동안 한 번도 이런 적이 없었어요. 안정된 평균온도에서 나름 균형을 이뤄 유지되었죠. 평균온도가 오르면 큰 문제가 생겨요. 응급실 가야 해요.

» 기후변화가 가져올 위험

지구온난화 하면 북극곰이 떠올라요. 주말에 밖에 나갔다가 "빙하가 녹아 살 곳을 잃은 북극곰들이 깊은 바닷속으로 사라져갑니다."[2] 이런 광고를 본 적도 있어요. 제가 집 없는 설움을 잘 알아요. 한 20년을 2년마다 이사했거든요. 북극곰은 남극으로 이사해야 하나요? 그런데 북극곰은 수영 잘하잖아요.

아무리 수영을 잘해도 물 위로 올라올 수 있어야 살죠.

평생 물에서만 살 순 없겠구나…. 북극곰이 불쌍해요.

사실 지구 전체를 걱정해야 해요. 지구가 더워지면 북극곰만이 아니라 땅도 물도, 그 위에 사는 생명도 큰 피해를 입거든요.

이해해요. 집안이 더울 때는 창문을 열면 되지만 지구에는 창문이 없으니까…. 지구 바깥으로 산책을 나갈 수도 없고.

일단 땅이 말라요. 당연히 사막이 늘어날 테죠. 땅 위의 물도 마르는데, 물이 마르면 호수가 사라지고, 산에서 내려오는 마실 물도 줄어들겠죠. 지구 온도가 지금보다 1도만 더 오르면 수천만 명의 사람이 물 부족에 시달리게 돼요. 가뭄으로 고통받는 사람이 많아지고 흉년이 들어 농작물 수확도 줄어들 거예요.

듣고 있으니 제 입도 바짝 마르네요. 빙하가 녹아 바닷물 수위가 올라가는 것만 알았지, 가뭄이 들 거라고는 생각하지 못했어요.

더위로 인한 피해도 급격히 늘어날 것으로 보여요. 2000년 불가리아에서는 날씨가 너무 더워 전국적으로 100군데 넘는 곳에서 산불이 났어요. 국가 전체가 비상이었죠. 터키에서는 더운 날씨로 기찻길이 녹거나 뒤틀려 열차 탈선 사고도 일어났어요. 2003년 유럽에서는 여름 기온이 40도를 넘어가는 통에 이탈리아, 독일, 스페인 등 여러 나라에서 3만 5000명이 사망하기도 했죠.

3만 5000명이요? 체온이든 기온이든 40도가 넘어가면 정말 큰일이네요.

그런데 30~40년 뒤면 2003년 유럽 사태와 비슷한 일이 늘 벌어질 것으로 예상돼요.

정말요? 우리 아이가 제 나이 될 때인데, 나라가 통째로 사우나가 된다는 얘기잖아요. 어떻게 살아요.

매우 심각한 일이죠. 러시아나 캐나다처럼 원래 추웠던 나라의 경우 날씨가 따뜻해지면 오히려 농사가 잘 되고, 난방도 줄일 수 있을 텐데요. 기온이 3-4도 이상 올라가면 이런 나라들의 피해도 만만치 않아요.[3]

북극곰도 북극곰이지만 우리 걱정을 해야겠네요. 더위에, 가뭄에 있던 물도 말라버리는 일은 임금님 잘못 둘 때나 생기는 일인 줄 알았어요.

지도자를 잘못 뽑으면 지구온난화가 더 심해질 수 있으니 틀린 말은 아니에요.

바닷물 수위가 올라오면 어떻게 되는지도 말씀해주세요.

빙하가 녹으면 바닷물 수위가 높아져요. 그러면 비가 왔을 때 홍수가 더 자주 일어나겠죠. 바다 근처의 도시는 물에 잠길 것으로 예상돼요. 3~4도가 올라가면 방글라데시, 베트남 같은 나라들은 엄청난 홍수 피해를 입을 것이고, 도쿄, 뉴욕, 런던 같은 세계적인 도시들 역시 커다란 침수 피해를 당할 것으로 보여요.[4] 기온이 올라가면서 증발되는 물이 많아져 공기 중에 수증기가 늘어나기 때문에 집중호우가 발생할 가능성이 커지는 곳도 있어요.

한국에 집중호우가 늘어난 이유 중에 기후변화도 포함된다고 지난번 이야기했잖아요? 한국은 어떻게 될까요?

한국은 다른 나라보다 기후변화를 더 많이 겪는 나라로 평가되고 있어요. 온대기후가 아열대기후가 될 것으로 예상돼요.

그 얘기는 텔레비전에서 봤어요. 우리 아이가 "우리도 동남아처럼 되는 거야?" 하고 물어봐서 "일 년 내내 피서 갈 수 있겠다." 이러면서 둘이 좋아했거든요.

그런 점이 잠깐 좋을 순 있겠네요. 하지만 너무 많은 게 바껴 피해도 클 거예요. 바닷물 수위가 올라가면 당연히 침수 피해가 늘어나겠죠.[5] 집중호우는 더 빈번해질 테고요. 온대기후에서 아열대기후가 되면 재배할 수 있는 농작물이나 수산물의 종류도 바뀌어요. 산업 구조나 먹고사는 양상도 달라지고요. 그 전에 없던 말라리아 같은 질병도 생길걸요?

피서는 일 년에 한 번만 갈게요.

땅 위에 사는 생명체가 겪는 어려움은 상상 이상이에요. 곧바로 영향을 받는 동물은 물에서 사는 이들이겠죠. 개구리 같은 양서류는 지구 기온이 1도만 올라가도 30퍼센트가 전멸해요.

집중호우로 비도 더 많이 올 텐데, 개구리가 엄마 무덤 떠내려갈까봐 개굴개굴 슬퍼할 것 같아요.

슬퍼할 개구리가 남아나질 않겠죠. 2도가 올라가면 생물 가운데 최대 40퍼센트가 멸종해요. 3도 올라가면 전체 생물 가운데 절반이 멸종할 가능성이 있어요. 또 기온이 2~3도 오르면 아마존 정글이 회복할 수 없을 정도로 파괴될 거라는 보고도 있어요.[6]

생물도 멸종하고, 숲이 사라지면, 사람은요?

인간이 온전하게 살 리가 없죠.

» 기후변화와 불평등 문제

기후변화가 불평등과도 관계가 있어요? 기후가 바뀌면 부자나 서민이나

피해는 똑같지 않나요?

　기후변화에 잘 적응하는 나라와 그렇지 않은 나라, 기후변화가 생겨도 잘살 사람과 그렇지 않은 사람이 나뉘어요. 사실 어떤 재난이든 피해는 주로 약자가 보죠.

그게 사실이면 속상해요.

　속상한 일이 맞아요. 애초에 기후변화는 공장을 많이 만들고 자동차를 엄청 굴린 나라, 전기를 있는 대로 만들어 쓰는 나라, 예를 들면 미국, 유럽, 중국, 일본 같은 나라들이 온실가스를 많이 배출해 생긴 것이죠. 그런데 피해는 가난한 나라들이 입어요.

사고는 남이 치고, 감당은 내가 하고? 완전히 층간소음이네, 층간소음! 윗집에서 뛰는 소리 때문에 요새 얼마나 신경이 쓰이는지 몰라요. 몇 번씩 올라가 얘기했는데도 여전해요. 정말 분통이 터져요. 윗층에 사는 게 벼슬이야, 벼슬!

　어제 윗층 분과 싸우셨군요. 층간소음이야 윗집과 인간적으로 해결하면 되잖아요. 하지만 선진국이 벼슬인 건 맞아요. 나라별로 지형, 인구, 기상 등을 고려해 기후변화에 영향을 많이 받는 나라들을 추려보면, 아프리카와 아시아의 가난한 나라가 압도적으로 많아요. 아프리카의 에티오피아, 시에라리온, 남수단, 아시아의 캄보디아, 방글라데시, 중앙아메리카의 아이티 같은 나라들[7]이죠.

주로 가난한 나라네요.

　이런 나라들은 대체로 산업이 덜 발달했어요. 의료나 주택, 보육, 일자리 등의 문제가 심각하고 빈곤층이 많죠.

맞아요.

이들이 가난한 것은 원래 이 나라 사람들이 게을러서가 아니에요. 과거에는 선진국의 식민지였고, 독립한 이후에도 선진국에게 다양한 방식으로 부를 빼앗겨왔기 때문이죠. 그런데 이제는 선진국이 내뿜는 온실가스 때문에 또 피해를 당하는 거예요.

한번 피해자는 영원한 피해자네요.

안 그래도 더운 나라들이 기후변화로 더 뜨거워지면 심각한 문제가 생겨요. 당연히 가뭄에 시달리겠죠. 농사는 제대로 안 될 것이고 영양실조로 죽는 사람이 늘어날 거예요. 홍수가 흔하던 나라는 국토 전체가 아예 물에 잠길 지경이 될 테고, 국민 상당수가 집을 잃을 수도 있어요.

우리가 도와줘야 하는 것 아닌가요.

필요하면 도와줄 수도 있겠지만, 그보다 중요한 것은 그들 정부가 이런 어려움을 이겨낼 능력이 있느냐 하는 것이에요. 가난한 나라일수록 모아놓은 돈도 없고 기술도 없어요. 행정시스템도 열악하고요.

기후변화에 대응할 능력이 떨어지겠네요.

그렇죠. 게다가 기후변화로 마실 물이 줄어들거나, 지형이 바뀌거나, 홍수가 많이 나서 사람이 대피해야 하는 상황이 생기면 나라

와 나라 사이에 갈등이 생길 가능성도 커져요.[8]

그 생각은 못했어요. 기후변화가 사람 사이에 갈등까지 유발할 줄이야…. 그러면 나라 안에서도 갈등이 생기겠네요.

일단 나라 안에서도 사람마다 입는 피해가 달라져요. 빈민, 해안가 주민, 어부, 농부, 노동자들은 피해를 크게 입을 거예요. 이런 사람들은 가뭄이나 홍수, 해안가 침수에 취약하니까요. 그러나 부자들은 가물어도 비싼 돈을 주고 물을 살 수 있고, 침수 피해를 당하지도 않아요. 곡물 가격이 올라가면 굶주릴 사람들은 애초부터 가난한 사람들이거나 겨우 중산층 정도의 생활을 유지하던 사람들일 거예요. 그리고 이걸 한 번 보세요.

> 이제 시체들이 두렵지 않았다. 나는 경멸하는 마음으로 시체들을 발로 차서 뒤집었다. G3와 탄약, 권총을 찾았다. (중략) 일과가 점점 군인처럼 변해가면서 나의 편두통도 차츰 가라앉았다. 낮에는 마을 공터에서 축구를 하는 대신 마리화나를 피우고 화약과 코카인을 섞은 '브라운 브라운'을 흡입하면서 초소를 지켰다.[9]

이게 뭐죠? 마피아가 주인공인 소설인가요?

열세 살 때 시에라리온 내전에 동원됐던 이스마엘 베아라는 사람의 회고록 중 일부예요. 아프리카에서는 지금도 곳곳에서 내전이 벌어지고 있어요.

열세 살 아이가 내전에요? 내전이라면 나라 안에서 벌어지는 전쟁 말하는

거죠? 그럼 시체를 발로 차고 마리화나를 피운 게 열세 살짜리란 소리예요? 어떻게 이런 일이 다 있어요? 심장이 콩콩 뛰네. 그런데 이게 기후변화랑 무슨 관계가 있죠?

기후변화가 내전의 원인이 되기도 하고, 내전을 격화시키기도 하거든요. 기후변화로 가뭄이 들고 식량이 줄어들면 아무래도 사람들 사이에 다툼이 늘어날 테니까요.

기후변화가 전쟁을 일으킨다는 생각은 정말 단 한 번도 못해봤어요. 기후변화는 정말 모든 인류의 적이네요.

모든 인류의 적은 아니에요. 기후변화로 이익을 보는 사람들도 있거든요.

그게 무슨 말이에요? 부자는 기후변화가 와도 피해를 안 입는다지만 그렇다고 이익을 볼 것까지야 없지 않나요?

약삭빠른 기업들은 기후변화를 돈벌이 기회로 삼아요. 앞으로도 그럴 것이고요. 예를 들어 GMO를 만들고 퍼뜨리는 초국적 기업들은 GMO가 기존 농사법에 비해 화석연료를 덜 사용하기 때문에 기후변화 시대에 적합하다고 주장해요. 핵발전소를 찬양하는 사람들은 핵발전소가 온실가스를 배출하지 않아 깨끗하다고 말하고요. 한국 정부도 핵발전소를 전 세계에 팔아 돈 벌 생각에 부풀어 있어요.

할 말이 없네요. 옳지 못해요.

2007년에는 이런 일도 있었어요. 전 세계적으로 가뭄이 심해

보통 때보다 수확이 적었는데요, 이때 곡물을 사고파는 초국적 기업들이 투기로 곡물 가격을 엄청나게 올려 이득을 챙겼어요. 이러는 사이 가난한 이들은 세계 곳곳에서 먹을 게 없어 굶어 죽거나, 식량을 요구하는 시위를 벌이다 정부에 진압당했죠.[10]

» 적극적으로 온실가스를 줄이자

어떻게든 기후변화를 막아야겠어요. 기후변화는 사람이 만든 거니까 막는 것도 사람이 할 수 있을 것 같아요. 결자해지!

사자성어를 쓰시다니, 비장한 기운이 느껴져요. 적극적으로 노력해서 온실가스 배출을 줄여나가면 기후변화는 막을 수 있어요. 대신, 기존 방식을 그대로 유지하면서 온실가스를 줄일 수는 없어요.

어떻게 할까요? 방법만 알려주시면 무엇이든 할래요. 더이상 아이들을 소년병으로 내몰 순 없어요.

온실가스는 전기를 만드는 발전소에서 가장 많이 나와요. 공장 혹은 화물이나 승객을 나르는 교통수단에서 나오는 양도 꽤 많고요. 이 밖에 건물 난방이나 농사 짓는 과정에서도 배출돼요. 온실가스를 줄이기 위해서는 이 모든 분야에서 아주 과감한 변화가 필요해요. 인간이 먹고사는 방법을 통째로 바꿔야 가능한 일이에요.

우리가 바꾸지 않더라도 먹고사는 방법은 어차피 통째로 바뀔 것 같아요. 석탄이나 석유가 곧 동난다면서요.

어차피 화석연료는 몇십 년 안에 바닥나요. 우리가 원하지 않더라도 더이상 석유나 석탄을 사용할 수 없어요. 그러니 지금부터 화석연료 이후를 준비하는 게 현명한 일이죠.

지금부터 준비하면 괜찮겠죠?

사실 이미 늦었다는 사람들도 있어요. 지구 온도가 학자들이 생각했던 것보다 더 빠른 속도로 올라가고 있거든요.

더 열심히 하면 되죠. 당장 오늘부터 기후변화와의 전쟁을 선포할래요!

기후변화를 막기 위한 노력을 더이상 늦춰서는 안 돼요. 그런데 이런 상황에서도 기후변화를 오히려 부추기는 일들이 많아서 안타까워요. 거꾸로 가는 거죠. 한국은 요즘 석탄화력발전소를 많이 짓고 있어요.

정부는 청개구리 같아요. 이러다 국민들 열 오르면 어떡하려고….

열 내지 마세요. 아직 할 얘기가 많아요. 셰일가스 문제도 있거든요.

발음이 셰일이 뭐예요? '세일' 해보세요. 가스 세일하면 문제죠. 더 많이 사서 쓸 테고, 그러면 지구온난화가 심해지겠죠.

세일말고, 셰일이에요. 셰일가스라는 게 진짜 있어요. 셰일가스는 요즘 한창 뜨고 있는 천연가스예요. 땅속 깊은 곳의 '셰일'이라는 이름의 암석을 깨고 그 사이에 스며들어 있던 천연가스를 뽑아내는 것인데요, 과거부터 이런 가스가 있다는 건 알았지만 근래 들어 채

굴 기술이 개발되면서 사용이 늘고 있죠.

그런 가스가 있었어요? 신상이네요, 신상.

    신상품 말씀하시는 거죠? 셰일가스가 전 세계에서 가장 많이 매장된 나라는 미국이에요. 셰일가스는 석유, 석탄보다 온실가스를 덜 내뿜는데, 이 때문에 지구온난화를 막기 위한 대안으로까지 거론되고 있어요. 하지만 셰일가스는 뽑아내는 과정에서 엄청난 양의 물과 화학물질을 사용하기 때문에 지하수가 오염돼요. 셰일가스의 주성분은 메탄인데 셰일가스를 땅속에서 끄집어내면서, 그리고 운반하는 과정에서 메탄이 공기 중으로 새어 나갈 수 있어요. 따라서 지구온난화를 더 가속시킨다는 주장도 있고요. 참고로 메탄은 이산화탄소와 같은 양일 때 지구온난화를 20배 더 가속화해요.

메탄가스가 강력하군요. 하긴, 남편을 보면 강력하다는 걸 알 것 같아요.

    아까 선포한다던 지구온난화와의 전쟁이 남편과의 전쟁은 아니죠? 셰일가스에 대해 한 가지 더 말씀드릴게요. 셰일가스가 엄청나게 개발되면 세계적으로 원유 가격이 내려가는데 그것도 문제예요.

그게 바로 아까 말씀드렸던 '가스 세일'이에요.

    결국 맞는 말씀을 하신 거네요. 맞아요. 기름값이 저렴해지니까 오히려 가스와 석유를 더 많이 사용해 지구온난화를 부추길 우려가 커지죠. 화석연료를 대신할 재생가능에너지가 뒤로 밀려날 가능성도 있고요.

» 재생가능에너지에 집중하자

역시 답은 재생가능에너지군요. 핵발전소의 대안이기도 하고, 기후변화의 대책이기도 하고요.

그렇죠. 햇빛이나 바람 같은 걸 이용하는 재생가능에너지에 집중하면 석탄화력발전소, 공장, 자동차 등에서 나오는 온실가스를 대폭 줄일 수 있어요.

좋은 먹거리가 몸을 건강하게 하듯이 좋은 에너지는 사회를 건강하게 만드는군요.

공익광고 같은 표현이지만 맞는 말이에요.

재생가능에너지, 잘할 수 있겠죠?

재생가능에너지와 관련해 한국은 특히 조건이 좋은 나라예요. 한국은 재생가능에너지를 만들 자원이 풍부해요. 독일보다 햇빛이 훨씬 오래 내리쬐죠.[11] 수심이 얕은 서해와 남해는 거의 모든 지형에서 풍력발전이 가능해요. 앞으로 동해의 깊은 바다에 띄워놓고 가동하는 풍력발전 기술이 사용되면 에너지는 그보다 훨씬 많아질 거예요.

왠지 설레요. 한국이 이런 나라였구나….

현재 기술로도 태양광을 통해 만들 수 있는 에너지가 한국이 2015년에 쓸 것으로 예상되는 에너지의 두 배가 넘어요. 태양열 에너지는 네 배고요.[12] 그만큼 한국은 재생가능에너지 자원이 많아요.

한국이 태양의 나라네요. 겨울에 햇빛 내리쬐는 집에 누워 있으면 나른한 게 천국이 따로 없어요.

집이 남향이시군요. 재생가능에너지 사용이 바로 그런 개념이죠. 우리한테 늘 가까이 있는 태양과 바람을 이용하는 거니까요.

» 에너지를 적게 쓰자

모처럼 훈훈한 분위기네요. 어서 우리가 해야 할 일을 더 알려주세요.

애초에 에너지를 적게 쓰는 것도 좋은 방법이겠죠? 그러니 에너지를 지나치게 많이 쓰는 시스템을 바꿔야 해요. 그동안 경제성장에만 몰두하다 보니 공장이나 자동차가 늘어나는 게 굉장히 뿌듯하고 자랑할 일이었죠. 사람들은 에너지를 많이 쓸수록, 한국이 선진국이 되어 가고 있다고 생각했어요. 이러다 보니 사회가 에너지를 지나치게 많이 사용하는 구조가 되었어요. 정부는 앞으로 에너지 사용이 계속해서 늘어날 것이라면서 늘어나는 에너지 수요를 감당하려면 핵발전소가 필요하다는 논리를 펴요.

과식은 몸에 안 좋아요. 저 요즘 고기 줄였어요. 소식해야 오래 살죠. 에너지도 적게 써야 사회가 오래 가는 것 아닐까요. 다른 나라도 에너지를 많이 쓰나요?

유럽은 경제가 성장해도 에너지 소비가 늘어나지 않아요. 기업들이 에너지를 적게 쓰거든요. 한국의 경우 공장에서 에너지를 절약할 수 있도록 다양한 방법을 연구해야 합니다. 우선 전기요금체계를 바꾸는 방안이 있을 거예요. 전체 전기 중 60퍼센트가 산업용으로 쓰이거든요.

그럼, 산업용 전기요금을 올려야겠네요.

기업이 살아야 국가도 산다는 논리 때문에 한국은 기업들이 사용하는 전기요금이 상당히 저렴한 편이에요. 그래서 기업은 아무 거리낌 없이 전기를 사용해요. 필요 이상으로 사용할 때가 많죠. 우리 산업구조가 에너지다소비구조라고 얘기하는 것이 이런 이유 때문이에요. 이걸 바꿔야 해요. 전기요금이 오르면 기업은 전기를 아껴 사용하게 돼요. 전기를 적게 사용하는 생산 시스템을 만들거나 절약하는 기술을 개발하겠죠. 실제 다른 나라에서는 그렇게 하고 있어요.

교통문제는 어떻게 해결하죠?

승객과 화물을 나르는 분야에서는 도로교통, 그러니까 자동차와 화물차가 온실가스를 내뿜는 주범이에요. 그다음이 배, 비행기 순이죠. 철도가 가장 깨끗해요. 따라서 대중교통을 철도 위주로 대폭 바꿔야 해요. 자동차의 경우에는 전기차를 도입하면 되지만, 현재시점에서는 전기를 만들 때도 온실가스가 나오기 때문에 전기차를 쓰더라도 온실가스를 줄이는 효과는 크지 않아요.

» 식량주권과 식생활 개선 그리고 건물 난방

기후변화와 먹거리도 관계가 있죠?

그럼요. 나라와 나라 사이에 고기나 곡물 같은 먹거리 운송을 줄이면 비행기나 배 운항도 줄어들겠죠.

요즘에는 먹는 게 죄다 수입산이라 밥상을 차리면 한국에서 재배된 음식이 별로 없어요.

먹거리 운송이 늘어나는 건 애초에 먹거리를 몇 개의 초국적 거대 기업이 장악하고 있기 때문이에요. 이 나라에서 재배된 밀을 다른 나라로 옮기고, 다른 나라에서 키운 돼지고기를 또다른 나라로 옮기는 배후에는 거대 기업이 자리 잡고 있어요.

어차피 국산이 없으니 수입을 하는 것 아닌가요?

개방으로 들어온 값싼 농산물 때문에 국산이 다 사라진 거죠. 이 때문에 식량자급률이 떨어지는 거고요. 식량자급률이 떨어지면 나중에 기후변화로 세계적인 식량난이 생겼을 때 큰 피해를 입게 돼요. 가뭄이 들자 거대 곡물기업이 가격을 올렸던 사례가 있있잖아요.

그러면 국산 농산물을 자주 먹어야 수입이 줄어들겠네요.

바로 그거죠. 식량자급률을 높여 식량주권을 찾아와야 해요. 그렇게 해야 운송을 줄여 온실가스도 적게 내뿜겠죠. 그리고 고기를 적게 먹는 것도 중요해요.

그 이야기가 왜 안 나오나 했어요. 저야 고기를 별로 좋아하지 않는 사람이라 상관없지만….

사람들이 워낙 고기를 많이 먹어서 소 같은 가축을 대규모로 키우는 공장식 축산이 성행하는데, 공장식 축산도 지구온난화의 주범 중 하나예요. 특히 소는 자라는 내내 트림도 하고 방귀도 뀌어요. 다른 동물도 마찬가지겠지만 소의 트림과 방귀에서 나오는 메탄가스는 지구온난화를 일으키는 여러 요인 중 그 영향이 상당히 커요.

정말이에요? 소는 왜 이렇게 트림을 많이 해요?

소가 트림을 많이 하는 건 풀이 아닌 곡물을 먹어 소화가 잘 안 되기 때문이에요. 현재 전 세계에는 소가 10억 마리쯤 있어요.

10억 마리의 소가 하루 종일 트림하고 방귀 뀌면 양이 엄청나겠네요.

소 네 마리가 자동차 한 대 정도의 온실가스를 내뿜는다고 해요. 전 세계적으로 자동차 2억 5000만 대를 더 굴리고 있는 셈이죠. 게다가 공장식 축산은 또다른 방법으로 지구온난화를 재촉해요. 그 많은 가축이 먹어대는 곡물은 아마존 같은 열대우림에서 생산돼요. 거대 곡물기업들은 원래 정글이었던 곳을 밀어버리고 곡물을 재배할 수 있는 땅으로 만든 거죠. 그 과정에서 정글에 살던 원주민은 쫓겨났고, 수많은 생물이 사라졌어요.

정글이 없어지면 그만큼 이산화탄소를 덜 흡수할 테니까 지구온난화가 심해지겠네요.

그렇죠. 그러니까 고기 소비를 줄이는 것이 곧 지구와 인간을 살리는 길이라는 거예요. 마지막으로는 집이나 건물에서 사용하는 에너지를 줄일 필요가 있어요. 건물이나 집을 개량해 난방에 들어가는 에너지를 줄이는 건 매우 중요한 일이에요. 전기가 난방용으로 사용되고 있는 경우도 많기 때문에 난방을 적게 해도 되는 건물을 만들면 전기도 아낄 수 있죠. 건물 단열을 잘하면 돼요.

내복 입으면 체력을 아낄 수 있듯 건물도 좋은 내복을 입혀야 하는 거죠?

그런 셈이죠.

요새는 벽 전체가 유리로 되어 있는 건물이 많더라고요. 건축계의 '시스루룩' 패션인가. 이런 건물은 지구온난화를 막는 데 도움이 안 되겠네요. 시스루룩 건물은 안 지을래요.

전세 사신다면서요. 요즘에는 지방자치단체들이 시청이나 구청을 그런 식으로 화려하게 짓는 경우가 많아요. 이런 건물은 에너지 효율이 낮아 겨울에는 춥고 여름에는 엄청 더워요.

» 지역공동체의 역할

더 노력할 게 있으면 알려주세요.

지구온난화를 막을 수 있는 다양한 노력이 동시다발적으로 진행되어야 해요. 가장 노력해야 할 곳은 지역공동체와 노동조합이죠. 수도권을 포함한 도시 지역은 자체적으로 에너지를 생산하기 위해 힘써야 해요. 지금처럼 에너지를 생산하는 거대한 기업이 따로 있고, 사람들은 에너지를 사서 쓰는 소비자 처지에 머물러 있으면 안 돼요. 수도권 사람들은 한국에서 만들어지는 전기의 거의 절반을 가져다 쓰지만 그 전기는 대부분 충남 태안·당진·보령 같은 데 있는 화력발전소나 경상도 해안가의 핵발전소에서 와요. 온실가스만이 아니라 미세먼지까지 내뿜는 화력발전소나 핵발전소를 멀리 지어 놓고 필요한 전기만 가져다 쓰는 건 그다지 윤리적이지 않죠. 먼 곳에서 전기를 끌어다 쓰면 송전탑도 자꾸 지어야 하는데 송전탑이 지나는 곳의 숲이 파괴되잖아요. 중간에서 손실되는 전기의 양도 꽤 되고요.

우리 집에서도 항상 저 혼자 밥을 해요. 생산하는 사람 따로, 먹는 사람 따로…. 민주적이지가 않아요.

에너지도 마찬가지예요. 이런 시스템은 민주주의를 파괴해요. 발전소가 들어서는 지역의 주민들은 자기들 의사와 무관하게 혹은 정부의 지원금에 휘둘려 발전소를 유치하죠. 도시 소비자들은 돈 내고 사서 쓰는 행위 말고는 에너지 문제에 관심도 없고 개입도 못해요. 시민은 전기요금이나 석유가격 같은 에너지 요금에 개입하지 못하니까요. 이런 건 민주주의가 아니에요.

어떻게 해야 할까요?

이런 문제를 해결하기 위해서는 도시가, 각 지역이 자체적으로 전기를 생산할 수 있어야 해요. 시민들이 직접 참여해 재생가능에너지 생산시설을 많이 늘려야 한다는 이야기예요. 예를 들면, 건물 곳곳에 태양광 설비 등을 들여놓을 수 있어야 해요.

비용이 들잖아요.

그래서 비용이 들어가는 초기에 정부나 지방자치단체가 지원을 해야겠죠. 지방자치단체 가운데에는 핵으로부터 벗어나 에너지를 생산하고 소비하는 구조를 바꾸자며 '탈핵·에너지 전환 지자체' 선언을 한 곳들이 있어요. 전국적으로 이러한 활동이 벌어져야 해요. 요즘 햇빛발전소라는 이름의 태양광협동조합 등이 많이 생기고 있는데, 이런 일에도 함께하면 좋겠어요.

폐식용유를 모아 연료로 바꾸는 사업도 있다는 것 같은데요.

잘 아시네요. 그런 연료는 청소차량이나 버스 같은 곳에 써요. 바이오디젤 사업이라 부르죠.[13] 시골에서는 고효율 난로, 햇빛 온풍기 같은 적정 기술을 활용하는 일도 많아지고 있는데 이런 것에도 관심을 가지면 좋아요.

전 에너지 아끼는 데에도 관심 많아요. 돈도 절약할 수 있고.

에너지를 절약하는 것도 지역 차원에서 할 일이 많아요. 건물 단열 사업 같은 것은 동네에서 해야 하는 일이죠. 이런 사업은 지역에 일자리를 만들어주기노 해요.

지구를 위해 할 수 있는 일이 많네요. 그동안 신세만 졌는데.

에너지 자립이 가능한 지역은 에너지를 어느 정도 생산할지, 어떻게 소비할지, 가격은 어떻게 매길지 등을 주민 참여로 정할 수 있어요. 평범한 사람들이 에너지에 대한 권리를 가질 수 있는 것이죠. 이런 게 진짜 민주주의예요. 이렇게 되면 에너지로 막대한 이익을 얻는 큰 기업들의 횡포에서 벗어날 수 있어요. 지역 서민경제도 살아나고요. 해외 자원을 개발한다면서 누군가에게 특혜를 주거나, 소중한 세금을 허공에 날리는 일도 줄어들겠죠. 가난한 나라의 자원을 개발하는 과정에서 그 지역 노동자들을 착취하고 인권을 침해하는 일도 막을 수 있을 테고요.

» '정의로운 전환'을 향해

그런데 석탄화력발전소나 핵발전소를 없애고, 대중교통 시스템도 바꾸면 거기 일하던 사람들은 어떻게 되는 건가요?

화석연료를 더이상 사용하지 못하게 하면 해당 분야나 산업에서 일하는 노동자들은 일자리를 잃어요. 일자리를 정의롭고 현명하게 이전시키는 노력을 하지 않는다면 많은 노동자들은 실업자가 되겠죠. 노동조합은 이러한 상황을 미리 준비해야 해요. 자칫 실업자가 될 수 있는 노동자들을 위해 교육훈련 기회를 주고 여타 안전망을 제공하는 방안을 생각해야 합니다. 노동자들이 녹색일자리에서 일할 수 있도록 적극적으로 움직여야 해요. 이런 구상을 '정의로운 전환'이라 불러요.

멋지네요. '정의로운 전환.'

실제로 미국, 캐나다, 호주, 유럽 등에서는 이런 노력들을 해왔어요. 애초에 '정의로운 전환'이라는 구상을 처음 제안한 것은 미국 노동운동이었어요. 캐나다 노총은 정의로운 전환을 위한 기금을 미리 만들어야 한다고 정부에 요구했죠. 독일금속노조는 재생가능에너지를 확대하기 위한 운동을 적극적으로 펼치고 있어요. 독일 노동조합총연맹은 건물의 에너지 효율을 높이는 사업을 개발해 온실가스를 줄이면서 일자리를 창출하는 데 기여했고요.[14] 노동운동의 적극적인 참여는 온실가스 감축에 매우 필수적이에요.

✢ 도시형 재난 ✢

삼풍백화점 붕괴사고 기억이 생생해요. 그때 지방에 내려갔다 올라오는 길이었거든요. 라디오로 사고 소식을 듣고 고속터미널에서 내려 한달음에 달려갔어요. 밤이었는데 사고 현장은 거대한 조명으로 환했어요. 현장에 접근할 수는 없어서 멀리서 마음 졸이며 구조 현장을 지켜보기만 했어요. 팽팽한 긴장감 때문에 숨이 막힐 지경이었어요.

그즈음 성수대교 붕괴사고도 있었죠. 20년이 지났는데도 그때 사고들을 아직도 생생하게 기억하는 사람이 많은 것 같아요.

가스폭발사고도 기억나요.

대구지하철 가스폭발사고 말씀이시죠? 지하철 공사장 위를 임시로 덮는 두꺼운 철판이 나뭇잎처럼 하늘로 날았다는 기사를 본 기억이 나네요. 아현동 가스폭발사고도 떠오르고요.

» 싱크홀의 원인

가만히 생각해보면 사고가 끊이질 않는 것 같아요. 세월호 이후에도 고양종합터미널에서 화재사고가 났었죠. 판교 테크노밸리 환풍구 사고도 있었고요. 그런데 요즘에는 싱크홀이 제일 무서워요. 싱크홀은 땅이 느닷없이 푹 꺼지는 거잖아요. 참 대책이 없어요. 예측할 수도 없고요.

그러게 말이에요. 한국에서는 서울, 인천, 대구, 창원, 충북 음성, 전남 무안 등 곳곳에서 싱크홀이 심심치 않게 발생해요. 깊이가 10~20미터짜리도 꽤 되고, 30미터나 되는 곳도 있어요.

30미터요? 전 싱크홀이 생기면 대체 어디까지 이어지는지 궁금했어요. 우리 아이가 싱크홀로 들어가면 지구 반대편이 나오는 것 아니냐고 묻더라고요.

지하로 30미터는 10층 건물이 쏙 들어가는 깊이죠. 그리고 지구 반대편까지는 아니지만 외국에는 지하 수백 미터까지 내려가는 싱크홀이 있긴 해요.

무섭다, 무서워. 싱크홀은 대체 왜 생기는 거죠?

몇 가지 이유가 있어요. 첫째는 땅이 물에 잘 녹는 석회암으로 되어 있는 경우, 겉으로 보기에는 멀쩡하지만 지하수가 닿는 깊은 곳에서부터 조금씩 돌이 녹아요. 시간이 흘러 땅속 빈 공간이 점차 커지면 땅 표면만 남는데요, 어느 순간 표면마저 견디지 못해 푹 꺼지죠. 이게 바로 싱크홀이에요.

쉽게 이해가 되네요. 석회암 동굴도 같은 원리죠?

맞아요. 유명한 동굴 중에는 석회암 동굴이 많은데요, 다 석회암이 녹아서 땅속에 빈 공간이 생긴 거예요. 싱크홀과 원리는 똑같아요.

한국에 이런 땅이 많이 있나요?

사실 한국에서는 석회암 싱크홀이 많이 생기지는 않아요. 석회암으로 된 땅이 드물기 때문이에요. 강원도 동해, 삼척 등 강원도 일부가 석회암 지역이고요, 전남 무안 등지에서도 석회암층이 발견돼요. 서울 인근의 경우에는 광명에 석회암층이 많아요. 부천, 구로 일부에서도 나타나고요.[1] 전체적으로 보면 석회암층이 많다고 볼 순 없어요.

그렇군요. 싱크홀이 생기는 둘째 이유는 뭐예요?

둘째는, 지하수를 지나치게 많이 사용해 공간이 생기는 바람에 그 위의 땅이 무너지는 경우예요.

물이 빠졌다고 땅이 무너지다니, 말이 돼요?

땅을 떠받치는 물의 힘이 그 정도로 센 거죠. 물이 꽉 들어차 있는 소방호스 본 적 있어요? 압력이 대단해요. 사실 자동차 바퀴도 꽉 찬 공기의 압력 덕에 굴러가는 거잖아요. 이렇게 물이든 공기든 가득 들어찼을 때는 상당한 힘을 발휘해요.

그러니까 지하수가 빠져나간 지하 공간은 바람 빠진 타이어고, 물 새는 호스다, 이런 얘기죠? 푹 꺼질 가능성이 있겠네요.

그렇죠. 특히 서울은 지하철이 다니는 길 부근의 지하수 높이가 유난히 낮아요. 지하철 터널로 지하수가 새어 나오고, 이걸 늘 퍼내거든요. 이 때문에 지하철 근처 지하수 높이가 2000년 이후 1.7미터나 낮아졌어요. 보통 서울 땅은 10미터 정도 파고 내려가면 지하수가 나오는데, 이 평균 깊이가 1.7미터 더 내려갔다는 소리예요. 25~30미터를 내려가야 지하수를 만날 수 있는 곳도 있어요. 대부분 지하철 환승역 인근이 그래요.[2]

호스에 물이 반쯤 빠져 있는 셈이네요.

딱 그 비유가 들어맞는 건 아니지만, 지하철 부근 땅을 예의주시할 필요는 있죠.

석회암이 녹아서 생기는 싱크홀, 지하수가 없어져서 생기는 싱크홀. 이 두 가지는 이제 알았어요. 셋째 경우도 있어요?

네, 세월호 사건이 났던 그해에 서울 송파구 석촌동에서는 깊이 5미터짜리를 포함해 여러 개의 싱크홀이 발견되었어요.

기억나요. 그때 처음 싱크홀이라는 걸 알았으니깐.

땅 밑에서 80미터의 크고 긴 구멍도 확인되었죠. 모두 지하철 9호선 공사를 하던 회사의 잘못 때문이었어요. 회사가 터널 윗부분을 제대로 다지지 않은 것이죠. 이 지역 땅은 모래와 자갈이 많이 섞여 있어 연약해요. 그래서 터널을 뚫을 때는 터널 윗부분을 단단하게 만들어주는 별도의 작업을 해야 해요. 이 작업을 부실하게 했다가 터널 위의 땅이 허물어지고, 그 위의 도로가 주저앉은 거죠.[3]

정말이요? 상식적으로 그렇게 부실하게 공사를 한다는 게 말이 되나 싶네요. 해변에서 모래 놀이를 하더라도 그런 식으로 안 하잖아요. 우리 아이도 팔 위로 모래를 쌓은 다음 윗부분을 정성스럽게 다지면서 늘 "아빠, 여기 좀 꽉꽉 눌러주세요." 이렇게 말해요. 그래야 터널이 안 무너지니까요.

현실에서는 그런 부실공사가 종종 있어요. 2012년에는 인천에서 깊이 27미터, 지름 12미터짜리 거대한 싱크홀이 생겼는데요, 역시 지하철 공사장 때문이었어요. 지하에서 진행하는 잘못된 공사, 이것이 싱크홀이 생기는 셋째 이유예요.

첫째 이유 빼고는 모두 사람이 잘못해서 생기는 거였군요.

싱크홀이 생기는 이유가 하나 더 있어요. 상하수도관에서 물이 새는 바람에 주변의 흙이 깎여 갑자기 도로가 내려앉는 경우죠.

그럴 때도 싱크홀이 생긴다고요?

어릴 때 호스 끝을 손으로 눌러 물을 세차게 뿌리며 놀았던 기억 있죠?

그럼요. 그 물을 흙 위로 뿌려대면 흙이 파였어요.

하수관에서 물이 새어 나오면 주변 흙이 파일 수밖에 없어요. 꼭 그런 식이 아니더라도 물이 흐르는 곳은 늘 흙이 깎이잖아요. 하천이 그런 것처럼요. 이런 일이 지하에서 항상 있는 거예요. 서울에서는 일 년에 크고 작게 도로가 꺼지거나 주저앉는 일이 400~700회나 돼요. 대부분은 하수관 손상이 원인이죠. 20년 이상 된 하수관이 아주 많아서 부식된 하수관에 균열이 일어나는 일이 잦거든요.

» 싱크홀 대책은 있다

싱크홀을 막는 대책이 있을까요? 원인을 알고 나니까 막연한 두려움은 좀 사라지는 것 같긴 한데, 그래도 여전히 무서워요. 얼핏 생각하면 싱크홀은 뒤집어놓은 두더지 게임 같은 느낌이거든요.

뒤집어놓은 두더지 게임이요?

두더지 게임을 뒤집어놓았다고 상상해보세요. 언제 어디가 꺼질지 몰라 긴장될 거 아니에요. 싱크홀이 생길 거라는 사실을 미리 알 순 없으니까 완전히 속수무책으로 당할 수밖에 없잖아요.

그렇지 않아요. 사실 피하지 못할 싱크홀이란 없어요. 사람이 만드는 싱크홀은 애초부터 생기지 않도록 조심하거나 관리하면 되고, 자연이 만드는 싱크홀은 미리 알아내 피하면 돼요.

땅속의 일을 미리 어떻게 알아요? 두더지를 훈련시키나요?

석회암 땅에서 생기는 싱크홀 사례가 많은 미국에서는 싱크홀을 미리 알아내는 시스템을 개발하는 등의 노력을 하고 있어요. 각종 장비로 몸속 장기도 쉽게 살피는 세상이니 땅속 들여다보는 것도 어려운 일만은 아니죠. 레이더를 쏘아서 땅 밑 빈 공간을 알아내는 첨단 탐사장비들이 있어요. 이런 장비들은 석회암 싱크홀 말고도 다른 원인으로 생긴 싱크홀도 탐지할 수 있어 서울, 부산 등에서는 도입할 계획에 있거나 이미 도입을 한 상황이에요.

그래요? 최첨단 두더지인 셈이네요. 일단 안심이에요.

나머지 이유, 그러니까 지하수를 너무 많이 사용해 생기는 싱크홀이나, 무분별한 지하 공사로 발생하는 싱크홀, 하수관에서 새는 물로 만들어진 싱크홀은 얼마든지 막을 수 있어요.

그런 것도 최첨단 두더지로 파악하나요?

아니요. 처음부터 싱크홀이 생기지 않도록 관리하면 되죠. 일단 오래된 하수관을 빠르게 정비해나가야 해요. 지하철 터널 같은 거대한 시설 주변의 지하수 높이가 어떻게 변하고 있는지도 늘 파악해 관리해야 하고요. 땅을 파는 공사현장에 대한 관리도 확실히 해야 합니다. 특히 단단한 바위가 아니라 강물이 옮겨다 놓은 진흙이나 자갈로 된 땅에서 이뤄지는 굴착공사에 대한 감독은 더욱 철저해야 해요. 서울 강남, 송파 등이 이런 곳이거든요. 이와는 좀 다른 얘기지만, 시민들이 동네에서 크고 작은 싱크홀이 발생한 곳, 싱크홀까지는 아니더라도 땅이 조금씩 가라앉는 현상이 생기는 곳을 관청에 신고하는 습관을 갖는 것도 좋겠죠.

관리를 잘해야 한다는 것도 알겠고, 시민들이 해야 할 일도 알겠는데요. 도시가 계속 개발되는 한 싱크홀이 생길 가능성도 계속 늘어나는 것 아닐까요? 행여 개발을 멈추더라도 이미 깔아 놓은 하수관은 낡아갈 것이고, 지하철 터널을 통해 지하수는 계속 빠져나가잖아요.

맞아요. 그러니까 싱크홀이 생길 가능성은 계속 있죠. 이런 점을 감안할 때 싱크홀을 막기 위해서는 당장의 대책 외에 보다 근본적인 노력을 해야 해요.

어떤 노력이요?

일단 지하를 개발할 때 지질 조사나 지하수의 흐름에 대한 조사, 지하 시설물에 대한 조사를 제대로 해야 해요. 지하공사가 땅과 지하수에 미치는 영향도 사전에 충분히 검토해야 하고요. 그러기 위해서는 정부가 관련 제도를 정비해야 하고, 기술적으로는 지하에 어떤 시설들이 어떻게 설치되어 있는지 알 수 있도록 지도를 만들어야 해요. 이 가운데 일부는 이미 추진되고 있어요.

땅속 지도는 좋은 생각이네요. 그런데 지도를 만들어도 회사가 공사를 마구잡이로 하면 별 소용이 없을 것 같아요.

공사를 맡은 회사는 비용을 아끼려고 공사를 빨리 마치려 해서는 안 돼요. 예를 들어 지하철 9호선 같은 대형 사업은 정부에서 민간회사를 고르죠. 보통 회사들 간의 경쟁 때문에 적정한 가격이 아니라 저렴한 공사업체가 선정돼요. 당연히 인건비가 깎이고, 안전 예산이 줄어들 수밖에 없어요.

싱크홀도 결국 그런 문제와 연관되어 있는 거네요.

그렇죠. 적정한 가격을 적어낸 업체, 그러니까 노동자 인건비, 안전 예산 등에서 제대로 된 가격을 써낸 업체를 선정하도록 관련 제도의 운용이 바뀌어야 해요. 그리고 짧은 시간 안에 공사를 마치도록 요구하는 문화도 달라져야 하고요. 공사가 제대로 이뤄지고 있는지도 감시해야 하죠.

그래도 걱정되는 건 있어요. 지하수가 빠져나가는 문제는 어떡하죠?

빗물이 땅속으로 잘 스며들도록 도시 안에 녹지를 넓혀야 해요. 이건 매우 중요해요. 도시 녹지는 수해를 막는 데도 도움이 되고, 물이 땅으로 스며들게 해 지하수 높이가 줄어들지 않게도 해줘요. 미국 플로리다 주는 싱크홀이 자주 발생하는데, 지하수의 양을 그대로 유지하려 무척 노력해요. 지하수를 웬만하면 사용하지 않고 빗물을 재활용하거나 바닷물을 민물로 바꿔 사용하죠.[4]

녹지를 만들면 공기가 맑아지는 것 말고도 이런 점이 좋군요. 우리 동네도 녹지가 많아졌으면 좋겠어요.

도시 건설 구상 단계에서부터 시민들이 참여할 수 있다면 더 좋겠죠. 다른 유형의 도시형 재난에 대해서도 알아볼까요? 평소에 또 걱정되는 사고가 있어요?

» 가스사고

가스 문제가 걱정돼요. 저는 "가스불 껐지? 밸브도 잠궜고?" 이 말을 입에 달고 살아요. 아이하고 남편 귀에 못이 박혔을 거예요.

어릴 때 부모님한테 자주 듣던 얘기네요. 주부들은 외출할 때 다른 건 몰라도 가스레인지 밸브는 꼭 확인하죠. 사실 가스사고는 '폭발' 사고이기 때문에 유독 무서워요.

가스사고가 많이 있는 것 같진 않지만, 잊어버릴 만하면 한 번씩 뉴스에 나오는 것 같아요.

도시가스와 LPG 가스사고를 합하면 매년 100건 넘는 가스 폭발사고가 발생해요. 이마저도 과거에 비하면 많이 줄어든 것이지만요. 도시가스의 경우 통계상 일본 등 다른 나라에 비하면 사고가 적어요. 도시가스를 집집마다 공급하는 시설이나 이 시설을 관리하는 체계가 비교적 좋거든요.

다행이네요. 그동안 사람들이 많이 노력했나봐요.

1990년대 중반 대구 지하철공사장 가스폭발사고와 아현동 가스폭발사고 이후로 제도가 강화됐기 때문이에요. 도시가스배관의 경우 15킬로미터마다 점검원 한 명 이상을 둬 늘 점검하고 있어요. 굴착공사정보지원센터라는 곳도 있어요. 구멍을 뚫거나, 말뚝을 박거나, 건물을 짓기 위해 터를 파는 굴착공사를 할 때 공사하는 쪽이 도시가스업체와 연락해 도시가스관이 어디에 어떻게 묻혀 있는지 정보를 주고받죠. 공사를 하다 도시가스배관이 파손되는 일이 없도록 하기 위해서예요.[5]

좋은 제도네요. LPG는 어때요?

LPG사고와 관련해서도 그동안 다양한 안전장치들이 도입됐어요. 가스가 샐 때 자동으로 차단하는 장치가 보급되었고, LPG 통에서 집으로 들어오는 호스가 고무인 경우에는 금속배관으로 바꾸는 작업도 진행되고 있어요.

보수단체 회원들이 LPG 통에 불을 붙여 시위하는 장면 본 적 있어요.

요즘은 고의 사고를 막기 위해 LPG 통에 가스 차단장치가 설치되어 있기도 해요. 가스레인지 불을 켜놓고 깜빡하는 바람에 화재가 나곤 하는데 이를 막기 위해 시간이 어느 정도 흐르면 자동으로 가스를 끊어주는 장치도 보급되고 있고요.

꽤 안전해진 거네요.

과거에 비하면 그렇죠. 그런데 위험요소는 아직도 많아요. 특히 규칙을 위반하는 업체들, 그리고 규칙을 바꾸려 시도하는 정부가 문제예요.

또 기업과 정부가 등장했군요. 언제 나오나 싶었어요.

대표적인 게 배관안전점검원제도와 관련한 규제완화예요. 배관안전점검원은 가스관이 안전한 상태에 있는지 점검하고 유지·보수 역할을 하는 사람이에요. 현재 법에는 가스관 15킬로미터마다 한 명씩 두도록 되어 있는데, 이 제도가 계속 공격받고 있어요. 도시가스업체들은 사고도 많이 줄었으니 비용이 많이 드는 안전점검원을 좀 줄여도 되지 않느냐는 논리를 펴고 있어요.

"이제 성적이 잘 나오니까 공부는 그만 해도 되겠어"라는 말이네요. 납득이 안 가는데요?

사고가 줄어드는 것은 안전점검원들의 노력이 있었기 때문이에요. 굴착공사정보지원센터가 있지만, 사전에 신고하지 않고 무단으로 굴착공사를 하는 사례는 일 년에 수백 건이거든요.[6] 이런 걸 안전점검원들이 발견하고 대응하기 때문에 대형사고가 다행히 없었던 것이죠.

» 줄어드는 안전점검원

사고가 줄었으니까 안전점검원도 줄이자고 하다니, 요즘은 왜 이렇게 걸핏하면 사람 줄일 생각만 하는지 모르겠어요.

그러니까요. 가스 분야 안전 인력도 부족한 상태예요. 1990년대에 비해 전국적으로 도시가스를 많이 보급했고 천연가스를 사용하는 발전소가 많아지면서 역시 배관망도 늘었어요. 반면 인력은 별로 늘지 않았어요. 이명박 정부 이후 가스산업에 규제완화가 추진되면서 안전 인력을 오히려 줄이고 있는 실정이거든요.[7] 몇 년 전부터는 안전점검원에게 다른 일을 시킬 수 있도록 법이 바뀌었어요.

안전점검원은 안전점검만 해야지 뭘 하라는 거예요?

기업 쪽 요구는 갈수록 강해지고 있어요. 안전점검원의 업무를 늘리려는 거죠. 좀 전에 15킬로미터마다 한 명씩인 기준도 완화하려 한다고 얘기했죠?[8] 줄어든 인력 때문에 노동자들은 일의 강도가 더 세졌어요.[9]

안전점검원이 힘들어하면 우리 안전이 위협받을 수도 있잖아요.

그렇죠. 게다가 사고가 나도 노동자들은 대부분 신고하지 않아요.

이건 또 무슨 소리예요?

배관망을 순회하다가 가스가 새는 걸 발견하거나 배관이 손상되는 등 시설물이 훼손된 걸 목격하고도 신고하지 않고 자기 선에서 처리하는 점검원이 90퍼센트가 넘어요.[10] 시설물 훼손 등의 사고가 생기면 노동자들에게 불이익이 가해지기 때문이에요.

문제점을 찾아내면 상을 주는 게 아니라 불이익을 준다고요?

관리 소홀의 책임을 묻는 거죠.

한국이 다른 나라에 비해 사고가 적다고 했는데 그것도 사실이 아니겠네요.

사고 자체가 적다기보다 작은 사고가 보고되지 않는 것이죠. 이렇게 작은 사고들이 자꾸 감춰지다 보면 결국 큰 사고로 이어질 수 있어요.

바늘 도둑이 소도둑 되듯 작은 사고가 큰 사고로 이어지는 것 아닐까요?

물론이죠. 그러니까 가스사고를 근본적으로 줄이기 위해서는 현재 진행되고 있는 규제완화 흐름이 중단되어야 해요. 또 정규직 안전점검원을 뽑아야 책임감을 갖고 안전업무를 수행할 수 있어요. 아울러 배관에 상처가 나는 등 작은 사고가 발생했을 때 보고할 경우 책임을 묻는 게 아니라 상을 주는 식으로 제도를 바꿔야 하고요.

» 붕괴사고

이번에는 '붕괴사고'에 대해 얘기해보죠. 20년 전에 있었던 성수대교, 삼풍백화점 사고부터 최근에 벌어진 경주 마우나리조트 붕괴사고, 판교 환풍구 추락사고까지 대체로 그 원인이 비슷해요.

부실공사 말씀하시는 거죠?

맞아요. 이런 사고들은 언제나 설계를 부실하게 하거나, 공사를 설계대로 안 하거나, 제3자의 감독과 관리 그러니까 감리를 부실하게 하거나, 애초 건축 허가 과정에서 공무원과 유착해 불법을 저질렀다거나 하는 일들과 항상 연관되어 있어요. 경주 마우나리조트도 부실자재 사용, 부실 시공, 부실 감리, 인허가 과정의 비리가 포함되어 있었죠.

왜 그런 일이 벌어지는 거죠?

비용을 아끼려 하기 때문이에요. 공사를 맡은 회사가 하청업체에 일을 맡기면 하청업체 역시 이윤을 남기려고 인건비를 깎거나 값싼 자재를 사용하죠. 마우나리조트처럼 대기업이 만드는 창고나 체육관 같은 건물은 애초 관청에서 느슨하게 관리한다는 주장도 있고요.[11]

원칙이 무너지면 건물도 무너지는군요.

그렇죠.

판교 환풍구 추락사고도 그랬나요?

그 사고는 규제완화와 관련이 있어요. 원래 공연장 아닌 곳에서 공연을 할 경우 안전요원을 배치하고, 환풍구 같은 곳에는 안전선을 설치해야 했어요. 그런데 이 규정이 2014년 초 3,000명 이상의 사람이 모이는 축제에 대해서만 적용하는 것으로 바뀌었어요. 3,000명까지 모이지 않을 것이라 예상했던 판교 축제 주최측은 그래서 안전요원도 배치하지 않았고 안전선도 설치하지 않았죠.[12]

» 거대 시설물의 안전점검

안전점검을 소홀히 한다는 얘기도 있던데요.

잘 아시네요. 성수대교 같은 다리, 지하철이 지나는 고가철로, 민자 고속도로, 터널, 댐 등의 거대한 시설물은 그 시설물의 주인이 시설물에 대한 안전진단을 전문 업체에 맡겨야 해요. 이런 업체가 전국에 700개 가까이 있는데요, 안전점검 자체가 매우 부실해서 문제예요.

안전점검이 부실한 이유가 뭐예요?

가장 큰 이유는 거대 시설물의 주인들이 안전점검에 돈을 적게 쓰려고 하기 때문이에요.

그 업체들도 저처럼 생계가 어려운가요? 그런 일에 돈을 아끼다니요.

예를 들어 서울지하철 3, 4호선은 2013년 지하철의 고가구조물 정밀진단 검사를 민간업체에 맡기면서 6억 원 정도를 지출했어요. 그런데 원래 정부가 계산한 적정 가격은 10억 원이 넘었어요.[13]

적정 가격이 10억 원인데, 6억 원을 썼다고요?

이렇게 되면 안전진단업체에서는 뭐든 아껴 비용을 줄일 수밖에 없어요. 그나마 서울지하철은 공기업이라 좀 나은 편이에요. 민간회사인 지하철 9호선은 7억 원 정도의 비슷한 검사를 1억여 원에 맡겼어요.[14] 아파트는 더 심해요. 적정 가격의 10퍼센트 정도만 주고 검사를 맡기는 경우가 다반사죠.

아이들이 레고로 만든 건물도 아니고, 수많은 사람들이 이용하는 거대한 시설물의 안전점검을 이런 식으로 하다니요. 서울이나 부산 같은 대도시에서는 하루에도 수백만 명이 이런 시설을 이용하잖아요.

거대 시설물의 안전 평가는 그야말로 형식적으로 이뤄지고 있어요. 이 때문에 전국적으로 매년 시설물 붕괴사고가 200~300건씩 생기는 거죠.

붕괴사고가 그렇게 많이 난다고요? 삼풍백화점 빼고는 한 번도 못 봤는데요?

붕괴사고는 끊이지 않아요. 현재 한국에는 30년 넘은 오래된 시설물이 2,400개에 달해요.[15]

안전검사가 이런 식이면 앞으로 붕괴사고는 계속 일어날 수밖에 없겠네요.

규제완화가 한몫 거들죠.

또 뭔데요?

세월호의 경우 선박 증축이 문제 중 하나였죠. 그런데 2014년 기존 건물의 층수를 높일 수 있도록 규제가 완화되었어요. 15년 된 아파트 위에 두세 층을 더 올릴 수 있게 된 거죠.[16]

옥상옥은 무너진다던데, 걱정이네요. 어떻게 해야 하죠?

부실시공, 부실한 안전검사를 막기 위해서는 무엇보다 최저가 입찰제를 없애야 해요. 형편없이 적은 돈으로 공사나 안전검사를 하지 못하도록 막아야 하죠. 노동조합의 역할도 중요해요. 건설 쪽 노동조합들은 인력을 축소하는 문제, 하도급에 또 하도급을 주는 문제 등에 대해 꾸준히 문제제기를 하고 있어요. 이런 노력은 건물의 안전성을 높이는 데 기여하죠.

» 화재사고

도시에서 일어나는 재난은 워낙 규모가 커서 생각만 해도 마음이 진정이 안 돼요. 예전에 옆집에 불이 난 걸 본 적이 있어요. 새까만 연기가 창문 밖으로 나오는 걸 보는데 저도 모르게 울고 소리 지르고 그랬어요.

대형 건물, 버스터미널이나 쇼핑몰, 지하철역, 지하상가처럼 다수의 사람이 이용하는 시설에서 큰불이 날 때는 더 그래요. 누전, 가스폭발, 방화 등 이유도 여러 가지예요. 그런데 사고가 날 때마다 항상 지적되는 문제가 있어요. 사전에 대피하는 연습을 한 번도 한 적이 없다거나, 대피해야 할 통로에 물건이 쌓여 있다거나, 비상구가 잠겨 있다거나 하는 일들이에요.

매번 반복되는 이런 이유들 때문에 죽지 않아도 될 사람이 죽는 것 같아요.

이런 문제를 해결하기 위해서는 소방당국이 안전점검을 제대로 해야 하죠. 그런데 강화되어야 할 규제가 오히려 풀리는 추세예요.

또 규제완화? 정부는 왜 이렇게 규제완화를 좋아한대요?

2010년 소방검사 기준이 완화됐어요. 소방검사를 나갈 때 원래는 건물주에게 24시간 전에 알려주기로 되어 있었지만 7일 전에 알려주는 것으로 바뀌었죠. 건물주들은 그사이 준비할 시간을 갖게 돼요.

짜고 치는 고스톱이잖아요.

2011년에는 일정 규모의 건물에 대한 소방검사를 샘플링 방식, 그러니까 몇 군데만 뽑아 점검하는 방식으로 바꿨어요.

> 소방안전관리에 대한 자기책임 강화와 선진적인 소방안전점검시스템 도입을 위하여 일반적·전수적으로 이뤄지던 소방검사를 선택과 집중을 통해 일정한 경우에 보다 효율적이고 상세하게 조사를 실시할 수 있도록…[17]

이건 뭐죠?

당시 법을 바꾸면서 제시됐던 이유예요. 이후에는 대상 건물 가운데 5퍼센트 정도만 뽑아 점검하고 나머지는 자율에 맡겼어요.

말이 좋아 선택과 집중이지, 각자 알아서 관리하라는 거잖아요.

사실 이 제도가 완화된 건 소방당국에 점검 인력이 모자랐기 때문이라는 지적이 있어요.[18]

사람은 안 뽑고, 말만 그럴싸하게 자율이라 붙여 책임을 회피했다는 거네요.

게다가 법이 바뀌자 소방당국은 인력을 더욱 줄였어요. 일이 줄었으니 인력도 줄이는 게 맞다는 식이죠. 서울의 경우 소방검사 인력이 반으로 축소됐어요.[19]

그래서야 소방검사가 제대로 될까요? 자율학습도 진짜 자율로 놔두면 안 되던데요.

    소방검사를 자율로 맡겨놓으면 당연히 검사가 제대로 안 되겠죠. 자주 불이 나고 인명 피해가 큰 곳 가운데는 노래방, 술집, 음식점, 고시원 같은 곳이 있는데요, 매년 800건 가까이 불이 나요. 가게 주인이 알아서 안전점검을 하도록 되어 있는데 잘 안 되는 거죠.[20]

영세상인들이 먹고살기 바빠 그런 것까지 신경 쓰지 못할 것 같아요.

    그렇죠. 소방안전규제는 다시 강화되어야 해요.

» 화재에 취약한 초고층 빌딩

초고층 빌딩도 불에 취약하지 않나요?

    지금은 서울, 부산, 인천 등 대도시에 50층 넘는 초고층 빌딩이 많이 생겼고, 초고층까지는 아니더라도 30~40층 정도 되는 아파트나 빌딩들도 많아졌어요. 그런데 초고층 빌딩은 불이 났을 때 다른 건물보다 여러 가지 이유에서 위험해요.

일단 소방차 사다리가 안 닿을 것 같아요.

    맞아요. 사다리보다 높은 곳에서 불이 나면 끄기도 어렵고, 사람을 구하기도 힘들어요. 게다가 높은 곳은 바람이 강해 불길이 빨리 퍼질 소지도 있어요. 유독가스와 불길이 계단이나 엘리베이터 통로를 타고 위쪽으로 급격하게 퍼지는 것도 문제고요. 건물 안에 있는 사람 입장에서는 화재 위치를 파악하기가 힘들고, 건물에서 나오기도 어려워요. 엘리베이터를 사용하면 안 되니까 계단으로 내려와야 하는데 50~60층 건물에서 계단을 이용하면 빠져나오는 데만 한 시간씩 걸리죠. 휠체어를 사용하는 장애인은 아예 대피할 방법이 없고요.

초고층 빌딩을 지으려면 그런 문제에 대한 대책을 세워놔야 하는 것 아닌가요?

문제를 해결하기 위한 방안들은 이미 많이 나와 있어요. 중국, 대만 등 다른 나라들은 피난층을 갖추도록 했어요. 몇 층에 한 층씩 피난층을 만들어놓고 불이 났을 경우 나더라도 그곳에서 두 시간 정도 버틸 수 있게 해놓았죠. 바로 연결된 계단을 통해 피난층에서 1층이나 옥상으로 이동할 수도 있어요. 유독가스나 불길이 엘리베이터 통로를 타고 이동하지 못하도록 방비된 피난 전용 엘리베이터를 탈 수도 있죠.[21] 한국도 2012년 초고층 빌딩 재난과 관련한 법이 만들어지면서 피난안전구역을 두도록 했어요. 하지만 그 전에 지어진 수많은 빌딩들은 피난층을 만들기 어려운 실정이죠.

저는 처음부터 초고층 빌딩이 별로 마음에 들지 않았어요. 바벨탑 같아요. 내 건물도 아니고….

근본적으로 초고층 빌딩을 그렇게 마구 올리는 게 잘하는 일인지 성찰해야죠.

**어릴 때는 "우리나라에서 제일 높은 건물은?" "63빌딩!" "세상에서 제일 높은 빌딩은?" "몰라" 이러고 놀았지만 지금은 생각이 바뀌었어요.

꼬마 시절에야 높은 건물을 가진 나라가 멋져 보였죠. 하지만 초고층 빌딩은 화재만이 아니라 다른 문제도 있어요.

약점이 또 있어요? 허우대만 멀쩡하군요.

도시의 바람길을 막아요. 그래서 초고층 건물 주변에는 돌풍이 자주 불어요. 동시에 오염물질은 빌딩 사이에 갇혀 잘 빠져나가지 못해요. 도시의 열섬현상에도 취약해서 초고층 주상복합 아파트의 경우 다른 곳보다 폭염이 잦고, 열대야도 심해요.[22] 이런 초고층 빌딩을 계속 짓는 것은 부동산 열풍 때문이에요. 안전보다 돈, 쾌적한 삶보다는 투기를 목적으로 한 삶이 우리 자신을 위협하는 꼴이죠.

오늘도 많은 걸 배웠어요. 이제 마지막인데 삼겹살 파티 어때요?

끝으로 소방관 처우 문제에 대해서만 조금 더 말씀드릴게요. 소방관들은 위험을 무릅쓰는 게 직업이잖아요. 그래서 다치거나 죽는 소방관들이 많아요. 그런데 일부를 빼면 대부분 지방직 공무원이라서 예산이 없는 지방자치단체는 소방차를 포함한 각종 장비가 오래 되었거나 제때 지급되지 않아 사비를 들여 구입하는 일도 많다고 해요. 안전을 지키는 사람들을 존중한다면 '열정과 자긍심'만 강요할 게 아니라 합리적 처우를 제공해야죠.

✚ 재난안전을 위해 세상을 바꾸는 사람들

» 햇빛발전협동조합
주민들이 함께 출자해 소규모 태양광발전소를 협동조합 형태로 운영하는 '햇빛발전협동조합'이 빠른 속도로 늘어나고 있다. 처음 서울에서 시작했던 것이 지금은 전국으로 확산되어 수십 군데에 이른다.

» 에너지기후정책연구소 ecpi.or.kr
에너지기후정책연구소는 기후에너지 분야에 특화된 진보적 연구소다. 기후변화에 대처하는 과정에서 가난한 나라와 노동자·농민 등 사회적 약자들이 피해를 봐서는 안 되며, 이들의 참여가 보장되어야 한다는 것을 강조한다. 이를 위해 '정의로운 전환'에 대한 연구 등 다양한 활동을 펼친다.

» 환경운동연합 kfem.or.kr
대표적인 환경운동단체다. 탈핵 및 재생가능에너지 전환을 위한 운동, 에너지 소비를 줄이는 시민 실천 캠페인 등을 펼치고 있다. 또 4대강 반대 사업·국립공원케이블카 반대·습지 보호·바다 생태계 지키기 등 자연을 지키고 살리는 운동을 진행한다. 생활협동조합을 운영하고 있으며, 국가 정책을 모니터링·감시·제안하는 활동도 활발히 펼치고 있다.

» 녹색연합 www.greenkorea.org
1996년 백두대간 환경대탐사를 시작으로 백두대간 복원활동을 꾸준히 진행하고 있다. 백두대간, 비무장지대, 연안·해양의 3대 생태 축에 서식하는 야생동물 및 서식지 보호 활동도 활발히 한다. 정부의 기후변화 대응정책이 효과를 거둘 수 있도록 대안을 제시하며, CO_2를 줄이는 실천으로 '생활 속 재생종이 쓰기 문화 운동'을 펼치고 있다.

» 방사능 와치 nukeknock.net
투명 사회를 위한 정보공개센터가 제작한 사이트다. 핵발전소 및 방사능 관련 각종 정보를 얻을 수 있다. 특히 다양한 방사능 관련 정보가 인포그래픽으로 제작되어 있다.

나가는 말

안전하게 살 수 있는 권리는 쟁취하는 것

안전문제를 대하는 태도는 두 가지입니다. 하나는 알아서 조심하는 태도입니다. 사고는 늘 일어날 수밖에 없는 것이니 결국 자기 자신이 조심할 수밖에 없다는 이 논리는 사실 세월호를 일으킨 신자유주의 논리와 맥이 닿습니다.

신자유주의라는 말이 자주 나오긴 하는데, 무슨 뜻인지 잘 모르겠다는 분들이 많이 있습니다. 신자유주의는 한 마디로 '각자 알아서 살라'는 사상입니다. 국가의 의무, 사회의 역할보다 개인의 노력이 삶을 결정적으로 규정하는 사회가 신자유주의가 그리는 이상사회입니다.

신자유주의는 이 때문에 국가의 역할을 축소하고, 규제완화라는 이름으로 기업에 대한 공적 통제를 약화시켰습니다. 국민은 말로만 국가에 속한 사람이지 실제로는 오직 혼자인 개인으로 남겨져, 알아서 먹고살기 위해 스펙을 쌓아야 하고, 살아남기 위해 경쟁에서 승리해야 하는 처지가 됐습니다. 이 논리의 연장선에서 안전하게 살기 위해 해야 할 일은 '스스로 조심'하는 것입니다.

안전을 대하는 또다른 견해는, 모두가 안전하게 살기 위해서는 사회를 바꿔야 한다는 것입니다. 사회질서를 전혀 다른 원리로 변화시켜야만 우리 모두가 안전하게 살 수 있다는 생각은 바로 이 책을 쓴 이유이기도 합니다.

성장의 반대는 흔히 분배라고 이야기합니다. 그러나 안전에 관련해 말하자면, 성장의 반대는 분배보다는 참여입니다. 나의 안전을 위해서는 참여가 필요합니다. 안전하게 살 수 있는 권리는, 다른 모든 권리가 그랬던 것처럼 싸워서 쟁취해야 하는 것입니다.

그러므로 핵심은 민주주의입니다. 투표만이 민주주의의 전부는 아닙니다. 그보다 더 적극적으로 우리의 안전을 위해 참여하고 행동해야 합니다. 이런 참여와 행동이 진짜 민주주의입니다. 모두가 사회를 안전하게 바꾸기 위해 일단 딱 하나씩만 노력해봤으면 합니다.

주

chapter01 공장식 축산

1. 농림축산식품부,《농림축산식품주요통계》, 2014, 455쪽.
2. 박상표, 〈동물용 성장호르몬의 문제점과 건강 영향〉,《연구공동체 건강과 대안 이슈 페이퍼》, 2012, 19쪽.
3. 존 라빈스,《육식, 건강을 망치고 세상을 망친다》, 아름드리미디어, 2005, 109쪽.
4. 박상표, 〈비참한 공장식 축산의 실태와 개선방안은?〉,《동물사랑시민학교 교육자료집》, 생명체학대방지포럼, 2010.
5. 조희경, 〈양돈산업현장 조사를 통해 바라본, 농장동물복지 실태와 축산물의 안전성〉,《동물복지와 축산물 안전성의 관계 포럼》, 2007.
6. 위의 글.
7. 박상표, 〈동물용 성장호르몬의 문제점과 건강 영향〉,《연구공동체 건강과 대안 이슈 페이퍼》, 2012, 20쪽.
8. 박상표, "20년 후 당신의 딸이 광우병으로 쓰러진다면…", 프레시안, 2007. 10. 14.
9. 선명수, "가축 찍어내는 '동물 공장', 구제역 '부메랑'으로", 프레시안, 2011. 4. 6.
10. 박상표, 〈비참한 공장식 축산의 실태와 개선방안은?〉, 앞의 책.
11. 김기범, "세계인구 9억은 기아, 20억은 영양부족 … 그러나 15억은 과식", 경향신문, 2012. 9. 3.

12. 박상표, 〈비참한 공장식 축산의 실태와 개선방안은?〉, 앞의 책.
13. 위의 책.
14. 김기범, "EU서는 어미돼지 '금속 틀' 사육 금지 … 호주·미국도 소비자들 압박에 점진적으로 폐지 움직임", 경향신문, 2013. 3. 1.
15. 선명수, "동물복지, 구제역을 '구제'하라!", 프레시안, 2011. 4. 13.

chapter02 GMO

1. 김해영, "GMO 안전성은 관리될 수 있다", 사이언스온, 2010. 6. 2.
2. 정은주, "낚이셨습니다 '콩 100% 국내 제조 콩기름'", 한겨레21, 2013. 6. 20.
3. 정해훈, "GMO 표시제도 논의 확대… 업계 '시기상조'", 뉴스토마토, 2013. 5. 14.
4. 조규봉, "GMO 사용 고백, 식품사 하청업체들의 역습 … 소비자단체 '식품업체 비양심적 행동에 불매운동' 전개 맞불", 국민일보, 2014. 9. 4.
5. 마리-모니크 로뱅, 이선혜 옮김, 《몬산토: 죽음을 생산하는 기업》, 이레, 2009, 414쪽.
6. 김성훈, "유전자조작식품GMO의 대재앙, 실험용 쥐와 돼지의 신세가 된 사람들", 프레시안, 2013. 8. 22.
7. 정은주, 앞의 글.
8. 야스다 세츠코, 송민동 옮김, 《먹어서는 안 되는 유전자조작식품》, 교보문고, 2000.
9. 김현대, "GMO 많은 미·캐나다 유럽보다 생산성 낮아", 한겨레, 2013. 6. 20.
10. Friends of the Earth international, 〈Who benefits from GM crops?〉, 2008, 4쪽.
11. "Glyphosate-resistant weed problem extends to more species, more farms", Farm Industry News, 2013. 1. 29.
12. 하정철, "GMO 안전성 과연 문제없나", 사이언스온, 2010. 6. 2.
13. 이재덕, "밀 75%, 콩 99% … 미국 등 3개국에 편중", 경향신문, 2012. 8. 29.
14. 구영식, "항문 없는 장남, 사산된 장녀 … 나는 백혈병. 박근혜 당선인, 아버지 시대 그늘에 책임져야", 오마이뉴스, 2012. 12. 28.
15. 이경숙, "'농업계의 카피 레프트, 종자 나눔 운동 아세요?' 김은진 교수", 머니투데이, 2014. 6. 9.
16. 김은진, "GMO표시제 강화 당연한 소비자 권리", 사이언스온, 2010. 7. 1.

chapter03 방사능 오염

1. 전선경, 〈방사능안전급식조례안의 확산 의미와 실천 과제〉, 《방사능 안전급식 조례 제정 확산을 위한 정책 토론회》, 녹색당, 2013, 12쪽.
2. 전재우, "원전 사고 이후 후쿠시마 인근 8개현 수산물 8천 톤 수입", 쿠키뉴스, 2013. 9. 16.
3. 정연근 외, "원전사고 후 일 수산물 4327kg 급식사용", 내일신문, 2013. 9. 30.
4. 전선경, 〈방사능오염 급식대책을 위한 제안과 시민들이 할 일〉, 《방사능 시대, 안전한 먹거리를 위한 정책 토론회 자료집》, 2013.
5. 김여란, "日 원전 오염수 유출? 국산으로 둔갑한 일본산 수산물", 경향신문, 2013. 8. 23.
6. 김혜정, "정부의 식품 방사능 관리 정책의 문제점과 정책 제안", 시민방사능감시센터 발족 1주년 기념 기자회견, 2014. 4. 14.
7. 보도자료, "방사능 검출 수입식품 이중 잣대 논란", 남윤인순 의원실, 2014. 7. 9.
8. 고현석, "후쿠시마산 쌀 수입은 금지, 쌀로 만든 사케는 허용?", 뉴스1, 2014. 4. 10.
9. 환경보건시민센터, 2013년 10월 국세청감사자료(식약청): www.eco-health.org.
10. 최규진, "세슘에 노출된 먹거리, 과연 안전한가", 참세상, 2012. 5. 8.
11. 김혜정, 앞의 글.
12. 유세진, "후쿠시마 인근 어린이 70% 가까이에서 소변에 세슘 검출돼", 뉴시스, 2013. 10. 3.
13. 식품 중 방사능 물질 안전관리 홈페이지: http://fse.foodnara.go.kr/residue/rdg/jsp/frm_b_01_01.jsp.
14. 전선경, 앞의 책, 11~12쪽.
15. 일본 사설원자력정보실, 〈내부피폭에 관한 진실〉, 《방사능 시대, 안전한 먹거리를 위한 정책 토론회 자료집》, 2013, 68쪽.
16. 푸드뉴스팀, "일본 전 지역 수산물서 방사능 검출… 수입금지는 3개 현만?", 메디컬월드뉴스, 2013. 9. 8.

chapter04 식품첨가물

1. 이양우, "식약청의 황당한 '비즈니스 프랜들리'", 서울파이낸스, 2009. 2. 23.
2. 식품의약품안전처 식품첨가물 정보: http://www.mfds.go.kr/fa/index.do.
3. 환경정의 다음지킴이운동본부, "어린이가 먹어선 안 될 햄, 소시지, 어묵", 2009. 2. 26.

4. 오윤현, "바보야, 문제는 식품첨가물이야", 시사인, 56호, 2008. 10. 7.
5. 임종한, "어린이가 절대 먹어서는 안 되는 과자속의 식품첨가물 8가지", 환경정의 다음지킴이운동본부, 2009. 3. 3.
6. 환경정의 다음지킴이운동본부, "음료에 '타르색소, 안식향산' 언제 없어질까?", 2009. 3. 3.
7. 오윤현, 앞의 글.
8. 이양우, "식약청의 황당한 '비즈니스 프랜들리'", 서울파이낸스, 2009. 2. 23.
9. 서울대학교병원 의학정보: http://www.snuh.org.
10. 안은주, "달콤한 과자의 치명적인 위험 피할 수 없을까", 시사저널, 857호, 2006. 3. 17.
11. 허미숙, 〈식품첨가물 숨은 독 술술~ 배출법〉, 《건강다이제스트》, 2010.

chapter05 미세먼지

1. PM은 Particulate Matter를 줄인 말로 '입자상 물질', 그러니까 작은 낟알로 된 물질이라는 뜻이다.
2. 강헌 등, 〈타이어 및 브레이크 패드 마모에 의한 비산먼지 배출량 및 위해성 조사〉, 환경부/수도권대기환경청, 2012. 11, 111~118쪽.
3. 최예용, "지구촌 최악의 살인자, 여성과 아이 노린다", 오마이뉴스, 2014. 5. 22.
4. 김하윤, "마스크만 잘 쓰면 되는 줄 알았더니⋯ 미세먼지, 피부도 뚫고 들어온다", 헬스조선, 2014. 4. 9.
5. 이금숙·조우상, "미세먼지, 폐뿐 아니라 뇌, 심장도 공격한다", 헬스조선, 2013. 4. 17.
6. 환경부, 〈실내 미세먼지 관리 매뉴얼〉, 2014. 11. 2쪽.
7. 하은희, 〈대기오염이 태아의 건강에 미치는 영향〉, 대한의사협회지, 2006. 2. 12. 187쪽.
8. 김동영, 〈건강을 위협하는 미세먼지, 원인과 대책〉, 경기개발연구원, 2013. 11. 7쪽.
9. 구자룡, "中 네이멍구 53년 만에 최악 가뭄⋯ 한반도 초비상", 동아일보, 2014. 4. 5.
10. 김남일, "노동자의 폐로 정화하는 지하 공기", 한겨레21, 제883호, 2011. 10. 24.
11. 조계완, "지하철, 당신을 노리는 라돈!", 한겨레, 2005. 10. 11.
12. 조국현, "대기오염 대책 발표하면 끝? ⋯ 정부 미세먼지 대책 '하나마나'", MBC, 2013. 11. 14.
13. 문슬아, "이유진 녹색당 정책위원장, 경유택시 도입 재고해야", 환경미디어, 2014. 5. 12.

14. "디젤차 늘어나는 만큼 환경기준 더 강화해야", 국민일보, 2014. 7. 10.
15. 지식경제부, 〈제6차 전력수급기본계획(2013~2027)〉, 2013. 2, 34쪽.

chapter06 석면

1. 김경희, "부산도 '구보타 쇼크' 올 수 있다", 부산일보, 2013. 9. 25.
2. 최예용, "2200명 사망 9900억 배상, 석면기업 '에터니티'의 교훈", 한겨레 환경생태 전문웹진, 2013. 8. 27.
3. 안종주, "호스피스병동에서 희망의 끈을 놓지 않고 있는 환경성 석면피해자 원범재 씨", 함께 나누는 석면 이야기, 2011. 11.
4. 〈아시아석면추방에 앞장서온 석면암환자 이정림 씨〉, 환경보건시민센터, 35호, 2011. 12. 22.
5. "석면쇼크 chapter2. 제일화학 근로자 박영구 씨 '석면이 솜인 줄 … 이불 삼아 덮고 잤죠'", 부산일보, 2014. 10. 21.
6. 전상후, "부산 지역 석면피해자 총 41명으로 늘어나", 세계일보, 2013. 9. 24.
7. 하송이, "석면공장 노동자·주민 항소심서도 피해 인정받아", 국제신문, 2013. 9. 24.
8. 김정수, "'침묵의 살인자' 석면 위험성 온몸으로 알리고…", 한겨레, 2014. 3. 6.
9. 김상민, "슬레이트 석면 문제", 2013국정감사 김상민 의원실 보도자료, 2013. 10. 15.
10. 서미선, "지하철 28개역, 석면자재 남아 있어 건강 위협", 뉴스1, 2014. 9. 19.
11. 김종윤, "철도역사 167곳 석면 방치 코레일, 1급 발암물질 노출", 뉴데일리경제, 2014. 10. 21.
12. 이상길, "정부, 폐 석면광산 5년째 방치", 뉴스1, 2013. 10. 14.
13. 추적60분, "폐광오염 당신도 위험하다", KBS, 2013. 9. 3.
14. 이태수, "어린이 수영장 옆에 버젓이 석면 조경석… '건강 위협'", 연합뉴스, 2014. 8. 6.
15. "포스코, 현대제철 사문석원료 석면함유 확인!", 환경보건시민센터, 2011. 4. 11.
16. 남종영, "환경부 늑장에 '석면 운동장' 퍼져나갔다", 한겨레, 2011. 9. 26.
17. 김정수, "석면제품 125톤 불법수입… 정부 관리 '구멍'", 한겨레, 2014. 10. 8.
18. 최예용, "아시아를 떠도는 침묵의 살인자, 석면", 월간 함께 사는 길, 2013. 6.
19. 2013 한국 일본 석면피해자 교류 워크숍 참가자 일동, "2013년 한일석면피해자 워크숍 결의문", 2013. 6. 3.
20. Laurie Kazan-Allen 등, "Latest Global Asbestos Data", 2014. 11. 5.

21. 최예용, "세계 석면 소비 1위 중국, 노동자는 이러고 산다, 중국 석면광산 다오보", 오마이뉴스, 2014. 6. 13.

chapter07 유해물질
1. 환경정의·발암물질없는사회만들기국민행동·별일사무소, 《생활 속 유해물질 가이드》, 2014. 2.
2. 임화섭, "항균 물비누 '트리클로산' 간섭유화·암 유발 위험", 연합뉴스, 2014. 11. 19.
3. "대형마트 PB상품의 안전성 조사 결과 발표 보도자료", 환경정의, 2014. 10. 23.
4. 조형국, "초등생 사용 실로폰서 '기준치 201배' 납 검출", 경향신문, 2014. 4. 9.
5. 정가영, "아이를 키운다면 '프탈레이트'를 조심하라. 생활 속 곳곳에 스며든 유해화학물질 위험성 알아야", 베이비뉴스, 2014. 4. 4.
6. 〈커피전문점 및 패스트푸드점 일회용종이컵의 과불화화합물 오염실태보고서〉, 여성환경연대, 2013. 4. 5. 14~15쪽.
7. 박영신, "파라벤 위해성에 대한 정부의 대응", MeCONOMY Magazine, 2014. 12.
8. 엄해림, "'코끝이 쩡' … 드라이클리닝 옷에 발암물질 잔류", MBN, 2013. 3. 10.
9. 신원경, "우리 아이 옷에 발암물질이? 유아복 14종서 유해물질 검출. 기술표준원, 리콜 명령… 하반기에도 안전성 조사 실시", 한국일보, 2013. 5. 10.
10. 정재훈, "초등학교 87퍼센트, 아직도 발암물질 '석면' 천장", CBS노컷뉴스, 2013. 10. 15.
11. 박홍두, "'인조잔디 운동장 유해물질', 푹신하게 만들려고 뿌리는 '충진재'가 문제", 경향신문, 2013. 7. 3.

chapter08 교통사고
1. 〈2014년판 교통사고 통계분석〉, 도로교통공단, 2014. 8.
2. 희정, "'그들은 720원에 목숨을 건다'", 프레시안, 2012. 12. 7.
3. 황보연, "새마을호 기관사 '내 가족이 기차 탄다면 말리고 싶다'", 한겨레, 2014. 5. 20.
4. 제주항공 홈페이지: https://www.jejuair.net/jejuair/company/story.jsp.
5. 에어부산 홈페이지: http://rsvweb.airbusan.com/content/common/introduction/businessPhilosophy.

6. 이스타항공 홈페이지: http://www.eastarjet.com/main/eastarjet.htm?method=ceo.
7. 진에어 홈페이지: http://www.jinair.com/HOM/Company/Ceo.aspx.
8. 임세정, "저가항공 1대당 하루 6.4회 운항… 무더기 결항·지연 사태 부른다", 쿠키뉴스, 2011. 9. 27.
9. 진상훈, "세월호 참사 본 국민들, 저가항공 안전도 걱정… 낮은 항공기에 정비능력도 부족", 조선비즈, 2014. 4. 29.
10. 국정감사보도자료, "항공 안전감독관, 1인당 담당항공기 15.9대/프랑스는 1인당 2대", 이윤석 의원실, 2014. 10. 09.
11. 이대준, "딜레마에 빠진 아시아나, '실효성 없는 안전'에 승객 불편 가중", EBN, 2014. 8. 29.
12. 이윤석 의원실, 앞의 글.
13. "'카페리선박의 구조 및 설비 기준 고시' 일부 개정", 국토해양부고시 제2009-1095호, 2009. 11. 18.
14. 백승현, "여객선 선원 802명 중 602명이 비정규직", 한국경제, 2014. 5. 20.
15. 이슬기, "위험 내몰린 고속도로 안전순찰원", KBS뉴스광장, 2014. 1. 30.
16. 〈2014 지방정부 일자리 보고서〉, 지방정부와 좋은 일자리 위원회, 2014. 5. 15. 32쪽.
17. 보도자료, "항공기 조종사 10명 중 1명은 비정규직", 이노근 의원실, 2014. 10. 5.
18. 박철웅·강진구, "불안정한 고용, 직무 책임감 떨어뜨려… 육·해·공 모두 안전 위협", 경향신문, 2014. 5. 20.
19. 김민경, "인천공항 소방 비정규직 '불나도 문고리 하나 맘대로 못 부숴'", 한겨레, 2014. 5. 25.
20. 박수윤, "'비정규직 과다' 인천공항… '안전소홀' 우려", 뉴스Y, 2014. 9. 1.

chapter09 의료사고

1. 이재호, "심각해지는 응급실 과밀화… 예방가능 사망률 무려 50퍼센트", 메디칼업저버, 2013. 10. 2.
2. "종현이 엄마의 꿈, 환자와 의료진이 함께 만드는 환자안전병원(영상인터뷰)", 한국환자단체연합회.
3. 이상일, 〈환자안전 증진을 위한 제도적 개선 방안 개발〉, 질병관리본부, 2013. 4쪽.

4. 정용일, "의사들의 비밀, 수술 환자가 죽는 진짜 이유는…", 한겨레21, 2012. 6. 20.

5. 장성옥 등, 〈환자안전중심간호인력정책 도출을 위한 델파이 연구〉, 간호행정학회지, 20호, 2014. 3.

6. 김기태, "'숨어 있는 일상' 의료사고", 한겨레21, 2012. 6. 25.

7. 김명희, "간호인력 개편안의 영향", 〈간호인력 개편안 무엇이 문제인가-환자안전과 질 향상을 중심으로〉, 시민건강증진연구소, 2013. 9.

8. 김기태, 앞의 글.

9. 김명희, '숨어 있는 일상' 의료사고", 한겨레21, 2012. 6. 25.

7. 김명희, 앞의 글.

10. 김기태, 앞의 글.

11. 배준열, "4년제 간호사 많을수록 환자 사망 낮춰", 국민일보 쿠키뉴스, 2013. 9. 23.

12. 이재호, "환자치료 즐거워야 진료 향상, 의료종사자 근무환경 개선으로 환자안전 높여", 메디칼업저버, 2013. 10. 2.

13. 정용일, 앞의 글.

14. 김기태, "잠 못 자 졸며 시술했다. 음주운전과 다를 게 없다", 한겨레21, 2012. 6. 20.

15. 김진구, "'의료과실 사망자 연간 4만 명'의 진실", 코리아 헬스로그, 2012. 6. 4.

16. 김선호 등, 〈국내 병원에서 이루어지고 있는 인수인계 현황에 대한 조사연구〉, 임상간호연구, 제19권 제2호, 2013. 8.

17. 홍성익, "'잘못된 약물 투약, 시스템으로 없앤다' 인증원, 투약 오류 의료사고 예방지침 제정·배포", 의학신문, 2014. 4. 15.

18. 조홍준, "미국 모델, 그 파국적 종말 ①영리병원의 목적은 이윤 창출", 경향신문, 2009. 4. 2.

19. 정헌재·윤혜연, 《병원사용설명서》, 비타북스, 2013.

chapter10 노동사고

1. 신상도, 〈응급실 기반 직업성 손상 원인 조사 연구〉, 산업안전보건연구원, 2012, 70쪽.

2. 청소년노동인권네트워크, 《십 대 밑바닥 노동》, 교육공동체 벗, 23쪽.

3. 구경민·류지민, "잇단 인명 대형사고 '안전불감증 심각' … 대책마련 시급", 머니투데이, 2013. 5. 10.

4. 한종수, "LH공사·한전·도로공사, 사망재해 최다 기관 불명예", 뉴스1, 2014. 6. 5.
5. 허환주, "6미터 추락 반신불수, 책임자는 알 수 없어", 프레시안, 2012. 4. 2.
6. 희정, "우리는 일터에 죽으러 가지 않았습니다", 프레시안, 2012. 10. 24.
7. 남빛나라, "민주노총 '여수 산업단지 폭발사고는 기업 살인'", 프레시안, 2013. 3. 15.
8. 희정, "'빽' 없는 윤식이들은 '찍' 소리 못하고 죽었다", 프레시안, 2012. 11. 6.
9. 선명수, "(죽음을 감추는 조선소2) 조선소 사내하청의 불문율 '산재를 숨겨라!'", 프레시안, 2014. 12. 19.

chapter11 **직업병**

1. 서울시 공식 관광정보사이트: http://www.visitseoul.net/kr/article/article.do?_method=view&m=0006023001004&p=&art_id=74865&lang=kr.
2. 김대호, 〈뇌·심혈관계 질환의 이해〉, 2011. 10. 18. 54쪽
3. 노동건강연대, "뇌심혈관질환의 업무상 재해 인정 기준에 관한 고찰1", 노동과 건강, 2005년 겨울호.
4. 원종욱, 〈한국 근골격계 질환 현황, 문제점 및 관리 방안〉, 《노동 건강복지 시대, 노동자의 근골격계 질환 관리와 노동생산성 현황과 과제》, 한정애 의원실, 2014, 12쪽.
5. 이윤근, 〈학교 급식 조리원의 근골격계질환 발생 특성 및 작업환경 평가 결과〉, 《학교급식 조리노동자 건강실태 및 작업환경 개선 토론회》, 민주노총, 2012, 27~28쪽.
6. 희정, "'맨손으로 만진 반도체, 그리고 어린이날 시한부 선고'('죽음의 반도체 공장' 피해자 열전3) 이윤정·유명화 씨", 프레시안, 2010. 10. 26.
7. 희정, "우린 지금 매일 발암물질을 밥에 섞어 먹고 있다", 프레시안, 2012. 12. 28.
8. 희정, 위의 글.
9. 환경부, "화학물질 전체량과 1000톤 이상 유통현황", 환경부환경통계포털.
10. 국제암연구소 홈페이지: http://monographs.iarc.fr/ENG/Classification.
11. 최상준, 〈우리나라의 발암물질 관리의 문제점과 대책〉, 《발암물질목록 1.0 발표회 자료집》, 발암물질감시네트워크, 2010, 19쪽.
12. 위의 글, 16쪽.
13. 발암물질 없는 사회 만들기 국민행동 홈페이지: http://www.nocancer.kr/safe_car.
14. 희정, 앞의 글.

15. 전국금속노동조합·발암물질감시네트워크, "자동차 산업 발암물질 조사결과 발표 및 건강한 자동차 만들기 운동 선언 기자회견", 2011. 11. 16.

16. 손미아, "야간노동이 건강에 미치는 영향", 한겨레, 2011. 6. 13.

17. 임상혁, 〈장시간 노동과 노동자의 건강〉,《심야노동, 이제는 없애자!-노동자 건강권과 에너지 전환의 관점에서 본 심야노동의 폐해와 노동조합 요구》, 민주노총, 2011, 19~24쪽..

18. 홍석범, 〈노동시간 단축은 노동자 삶의 질을 어떻게 향상시키는가?: 주간 연속 2교대제 도입 전후 일가족 여가생활 변화 분석1〉, 금속연구원 이슈페이퍼, 2013. 11. 19쪽.

19. 민주노총,《심야노동, 이제는 없애자!-노동자 건강권과 에너지 전환의 관점에서 본 심야노동의 폐해와 노동조합 요구》, 2011, 19~24쪽; 76~77쪽; 83쪽, 94~95쪽.

20. 문해인, "산업재해 사망자 연 2000명… 하루 다섯 명꼴", 머니투데이, 2014. 5. 7.

21. 최상준, 앞의 글, 27~29쪽.

22. 곽현석, "발암물질 원인 직업성 암, 환경성 암 예방, 원칙이 중요하다", 일과건강, 2012. 3. 11.

chapter12 독성물질 누출

1. 물환경정책국 수질관리과, "유해물질 관리 불감증 대기업들도 마찬가지", 환경부 보도자료, 2013. 2. 19.

2. 환경보건관리과, "대구 안심연료단지 주변 주민 건강영향조사 결과 발표", 환경부 보도자료, 2014. 7. 2.

3. 심명남, "여수에 쏟아진 정체불명 검은 비, 이유 알아보니", 오마이뉴스, 2013. 6. 16.

4. 현재순, "'이웃의 살인자', 벌써 여럿 당했습니다", 오마이뉴스, 2014. 4. 14.

5. 채명락, 〈산업단지 노후설비 산재사고에 무방비로 노출된 플랜트 건설 노동자〉,《산업단지 노후설비 실태와 개선대책 토론회》, 이인영·전정희 의원실, 2014. 12. 3, 43~44쪽. 내용 중 일부 수정해 인용함.

6. 한인임, 〈장치산업 유지보수 현황분석과 개선대책〉,《산업단지 노후설비 실태와 개선대책 토론회》, 이인영·전정희 의원실, 2014. 12. 3, 24~25쪽.

7. 위의 글, 27쪽.

8. 채명락, 앞의 글, 44쪽.

9. 고도현, "구미 불산유출사고, 정부는 없었다", 프레시안, 2012. 10. 17.

10. 손광우, "금산군 군북면 주민 불산누출에 뿔났다", 뉴시스, 2014. 9. 5.
11. 김원, "주민들이 직접 기름방제…. 이건 아닙니다", 오마이뉴스, 2014. 4. 14.
12. 기후대기정책관실, "'15년 1월 1일부터 시행되는 대기배출시설 분류 및 배출허용 기준 해석지침", 환경부, 2014. 13. 수도권 대기환경개선에 관한 특별법 16조 및 대기환경보전법 22조. 국가법령정보센터.
14. 자세한 내용은 생태독성정보시스템 참조: www.biowet.or.kr.
15. 전국경제인연합회, 〈투자촉진 및 기업하기 좋은 환경조성을 위한 분야별 규제개혁 과제(안)〉, 2005. 3. 22, 77쪽.
16. 한인임, 앞의 글, 31쪽.
17. 생태독성정보시스템 사이트: www.biowet.or.kr/iwt/ko/intro/EgovIntroInstitution.do.
18. 이윤근, 〈화학물질과 지역사회 알권리-국내 화학물질관리법의 문제점을 중심으로〉, 《지역사회 알권리 보장을 위한 화학물질관리법 개정 국회 공청회》, 은수미 의원·화학물질 감시네트워크, 2014, 14쪽.
19. 김경태, "'화학사고 예방 위한 물질정보 공개해야' 심상정 의원 'OECD 수준 화학사고예방법 필요.'", 인터넷 환경일보, 2012. 10. 18.
20. 이유정·김남범·김기철·정지성, "미국에선 공개, 한국에선 비밀… 삼성의 두 얼굴", 뉴스타파, 2014. 12. 9.
21. 이윤근, 앞의 글, 15쪽.
22. 이윤근, 앞의 글, 16~17쪽.

chapter13 감정노동

1. 김병규, "화병환자, 연간 11만 5천명…여성과 40~50대 중년 많아", 연합뉴스, 2015. 2. 20.
2. 이성종, "백화점 매니저 증언 '매출 없으면 인격 없다'", CBS김현정의 뉴스쇼, 2013. 4. 30.
3. "백화점 노동자를 감시하는 수백 개의 눈…CCTV와 암행감시단", 참세상, 2013. 11. 17.
4. 위의 글.
5. 한상근, 〈감정노동의 직업별 실태〉, 한국직업능력개발원, 2013. 4. 30, 3쪽.
6. 남주주, "청소기 속 개똥까지 치우라고 해도 '고객님은 항상 옳습니다'", 한겨레, 2013. 12. 3.
7. 정재은, "삼성전자 직원 AS기사는 '죄인'입니다", 참세상, 2013. 11. 21.

8. 명순영·김헌주, "감정노동자도 고객도 상처 받았다", 매경이코노미, 1706호, 2013. 5. 9.
9. 정재은, "흰 옷에 가려진 통제의 그늘, 간호사", 미디어 충청, 2013. 11. 16.
10. "알바생 68퍼센트 '나는 감정노동자'", 일자리경제신문, 2013. 5. 31.
11. 박찬임, 〈서비스 산업의 감정노동 연구-판매원과 전화상담원을 중심으로〉, 한국노동연구원, 2012, 206쪽, 내용 중 일부 수정함.
12. 양우람, "콜센터 노동자 문제 사회적 의제로 인식해야", 매일노동뉴스, 2012. 5. 17.
13. 김성희 등, 〈콜센터 텔레마케터 여성비정규직 인권 상황 실태조사〉, 국가인권위원회, 2008. 12, 180~182쪽.
14. 이혜연, "사무금융노조, 콜센터 상담원 노동인권 토론회", 프라임경제, 2012. 5. 17.
15. 이종탁, 〈120 다산콜센터 위수탁 운영 실태 및 문제점-노동의 측면을 중심으로〉, 《120 다산콜센터 민간위탁 운영 실태 및 직접고용에 따른 사회경제적 효과 토론회 자료집》, 2012, 12~13쪽.
16. 김성희 등, 〈콜센터 텔레마케터 여성비정규직 인권 상황 실태조사〉, 국가인권위원회, 2008. 12, 196쪽.
17. 노동환경건강연구소, 〈민간·공공 서비스산업감정노동 종사자 건강실태조사〉, 한명숙의원실, 2013. 10. 31, 17쪽.
18. 위의 글, 9쪽.
19. 김영희, "밤 9시 그곳에선 '한밤의 인민재판'이 시작됐다", 한겨레, 2013. 12. 3.
20. 김종해 등, 〈사회복지사 인권상황 실태조사〉, 국가인권위원회, 2013. 12, 295쪽.
21. 위의 글, 294~295쪽.
22. 허남성, "분신 사고로 본 경비원의 '감정 노동' 실태 '언어·정신 폭력 시달려… 우린 감정 노동자'", 경향신문, 2014. 10. 14.
23. 이창배 등, 〈감시단속직 노인근로자의 인권상황 실태조사〉, 국가인권위원회, 2018. 8, 162쪽.
24. 김성희 등, 앞의 글, 189~190쪽.
25. 박찬임 등, 앞의 글, 74~85쪽.
26. 김종해 등, 앞의 글, 497쪽.
27. 노동환경건강연구소, 〈민간·공공 서비스산업감정노동 종사자 건강실태조사〉, 한명숙의원실, 2013. 10. 31, 14쪽.
28. 김성희 등, 앞의 글, 198쪽.
29. 김성희 등, 앞의 글, 198쪽.

30. 조혜순, "시민들에게 욕먹는 우리는 다산콜센터 상담원입니다", 프레시안, 2012. 12. 13.
31. 박장준, "박원순 시장, 120 누르고 '직접고용 이유' 물어보시라", 미디어스, 2014. 11. 19.
32. 태준식, "이상한 나라의 서비스"(영상), 민주노총 전국민간사회서비스연맹.

chapter14 **핵발전소**
1. 김익중, 〈방사능으로부터 안전한 급식을 위하여〉, 《방사능 시대, 안전한 먹거리를 위한 청책 토론회 자료집》, 2013, 5쪽.
2. Stephen Ansolabehere 등, 〈The Future of Nuclear Power〉, MIT, 2003.
3. 목정민·유희곤, "원전 영구정지 후 '즉시해체' '지연해체' 선택… 폐기물은 방사성폐기물처리장으로", 경향신문, 2014. 8. 3.
4. 김현우 등, 《포스트 후쿠시마와 에너지 전환 시대의 논리 '탈핵'》, 이매진, 2011, 28쪽.
5. 김익중, "핵이 정말 안전할까요?"(영상), 전교조 강의, 2012. 3. 22.
6. 김태훈, "원전마피아 수사 몸통 소식이 없네", 주간경향, 1079호, 2014. 6. 10.
7. 한겨레, "(사설)지진 예상지역에 방폐장 터 허가해줬다니", 2014. 8. 21.
8. 김익중, 〈방사능으로부터 안전한 급식을 위하여〉, 《방사능 시대, 안전한 먹거리를 위한 청책 토론회 자료집》, 2013, 13쪽.
9. 이지선, "원자력발전 안전성 '경고의 종' 울렸다", 주간경향, 918호, 2011. 3. 29.
10. 황일도, "영변 핵 유출사고 벌어지면… '주간동아' 피해 검증 컴퓨터 시뮬레이션… 초대형 재앙 아닌 평안도 일대 피해에 그칠 듯", 주간동아, 935호, 2014. 4. 28.
11. 최예용, "한반도 위협하는 중국원전, 원전 100기 새로 짓는다는 중국, 무섭다", 오마이뉴스, 2014. 3. 11.
12. 위의 글.
13. 김현우 등, 앞의 책, 87쪽.
14. 김범수, "원전 발전 단가 재생에너지 보다 한참 비싸다", 한국일보, 2014. 9. 18.

chapter15 **자연재해**
1. 신상영, 〈토지이용특성과 침수피해지역 간의 관계 연구〉, 서울연구원, 2012. 2. 15, 25~36쪽.

2. 서기동 등,《물 관리 어떻게 할 것인가》, 건설교통부, 2005, 100~102쪽.

3. 위의 책, 102~104쪽.

4. "4대강 살리기 사업 주요시설물 품질 및 수질 관리 실태 감사 결과 보도자료〉, 감사원, 2013. 1. 17.

5. 박상용, "4대강 사업이 홍수 피해 키웠다", CBS노컷뉴스, 2013. 10. 14.

6. 김정욱, "MB의 4대강사업, 박근혜의 세월호… 닮았다", 오마이뉴스, 2014. 8. 29.

7. 박조은, "광화문 또 물바다!", YTN, 2011. 7. 27.

8. 서기동 등, 앞의 책, 153~160쪽.

9. 우효섭 등, 〈기능을 상실한 보 철거를 통한 하천생태통로 복원 및 수질개선효과〉, 한국건설기술연구원, 2008. 3, 18~33쪽.

10. 오성남, 〈도시효과가 여름철 집중호우에 미치는 영향〉, 한국방재학회지, 11권 3호, 2011. 9. 7.

chapter16 기후변화

1. N. Stern,《The Economics of Climate Change: The Stern Review》, Cambridge University Press, 2006, 3쪽.

2. 한국국제협력단KOICA에서 2013년 11월 11일 벌였던 지구온난화 방지 캠페인에 사용했던 홍보문구.

3. N. Stern, 앞의 책, 8쪽.

4. N. Stern, 앞의 책, 6쪽.

5. 윤순진, "위험사회와 환경안전망 연속포럼2-기후재난으로부터 안전한 도시, 어떻게 관리하나?", 환경정의포럼, 2014. 7. 4.

6. N. Stern, 앞의 책, 7쪽.

7. Climate Change Vulnerability Index 2014, 메이플크로포트사 홈페이지: www.maplecroft.com.

8. 그린피스 서울사무소, "IPCC 보고서: 기후변화에 대한 10가지 사실들", 그린피스 블로그, 2014. 4. 3.

9. 이스마엘 베아, 송은주 옮김,《집으로 가는 길》, 북스코프, 2014, 189~191쪽.

10. 장경호, "자본은 기후변화도 돈벌이에 악용한다", 민중의 소리, 2013. 7. 5.

11. 김현우 등,《포스트 후쿠시마와 에너지 전환 시대의 논리 '탈핵'》, 이매진, 2011. 6,

166쪽.

12.《재생에너지백서》, 에너지관리공단, 2012, 42~51쪽.

13. 이정임, 〈민바이오디젤(폐식용유)을 활용한 차량연료 공급방안〉, 경기개발연구원, 2010. 12, 13~15쪽.

14. 김현우, 〈기후변화와 환경위기에 대한 노동조합의 대응〉, 에너지기후정책연구소, 2009. 11, 17~31쪽.

chapter17 도시형 재난

1. 서울시지반정보통합관리시스템: http://surveycp.seoul.go.kr:8080/Soil/main.do.

2. 서울시, "2013년 지하수 보조관측망 지하수 수위 분석결과 통보(물관리정책과-5335)", 서울정보소통광장, 2014. 4.

3. 서울시 석촌동 동공 발생원인 조사위원회, "석촌지하차도 동공 발생원인과 도로함몰 특별관리대책", 서울시, 2014. 8.

4. 이기영, 〈도시를 삼키는 싱크홀, 원인과 대책〉, 경기개발연구원, 2014. 8. 20, 13쪽.

5. 굴착공사정보지원센터 홈페이지: http://eocs.or.kr.

6. 최종희, "고압가스 배관서 미신고 굴착공사 '한해 1천 건'", 한국에너지, 2014. 8. 22.

7. 시민건강증진연구소·사회공공연구소, 〈국민안전과 규제완화, 양립 불가능한 정책 지향을 비판한다〉, 시민건강이슈, 2013. 5, 4~6쪽.

8. 송유나 등, 〈가스산업 안전관리 규제완화의 문제점과 공공성 구축방안〉, 사회공공연구소·전국도시가스노동조합협의회, 2013. 5, 68~90쪽.

9. 송주명 등, 〈소매 도시가스산업의 공공성 및 노동조합의 발전전략 수립〉, 사회공공연구소·전국도시가스노동조합협의회, 2009. 6, 165쪽.

10. 송유나 등, 앞의 글, 146쪽

11. 박창근, "규제완화가 죽인 대학생들", 경향신문, 2014. 2. 23.

12. 이미경, "野 '판교 사고, 안전규제 완화한 안행부 탓' 맹공, 안전관리대상 지역축제 인원 1000명→3000명으로 완화", 고발뉴스, 2014. 10. 27.

13. 신정운, "시설물 부실 찾아낼 안전점검이 부실하다, 국토부 정밀점검용역, 정부 고시금액의 30퍼센트 대 낙찰", 건설경제, 2014. 5. 12.

14. 위의 글.

15. 장기창, "시설물안전, 사후 대응 아닌 '예방'에 무게 둬야", 아시아경제, 2014. 7. 4.

16. 최명선, 〈역주행하는 안전규제 완화 무엇이 문제인가〉, 《세월호 참사 이후 정부의 안전대책과 문제점》, 세월호참사국민대책회의·민주노총, 2014, 14쪽.

17. 국가법령정보센터, 소방시설 설치·유지 및 안전관리에 관한 법률(2011.08.04. 일부 개정) 제·개정 이유.

18. 박중석, "'인력 없다' 민간자율에 맡긴 소방점검, 결과는…", CBS노컷뉴스, 2012. 5. 8.

19. 유길용, "정부가 주도한 '나쁜' 규제철폐 20選-안전규제 풀면서 '참사 도미노' 잉태 됐다!", 월간중앙, 2014. 6. 17.

20. 문해인, "노래방·고시원 화재 매년 700여 건… 끊이지 않는 이유는?", 머니투데이, 2014. 5. 12.

21. 조득진, "초고층에 산다는 것 '인공재해' 각오", 주간경향, 896호, 2010. 10. 19.

22. 위의 글.

대한민국에서 안전하게 살아남기

1판 1쇄 펴냄 2015년 10월 10일
1판 2쇄 펴냄 2015년 10월 30일

지은이	강상구
펴낸이	정혜인
편집주간	성한경
기획위원	고동균
편집	성기승 천경호 배은희
디자인	김수연 한승연
책임 마케팅	심규완
경영지원	박유리
제작처	영신사

펴낸곳	알마 출판사
출판등록	2006년 6월 22일 제406-2006-000044호
주소	(우)03990 서울시 마포구 연남로 1길 8, 4~5층
전화	02) 324-3800(판매) 02) 324-2845(편집)
전송	02) 324-1144
전자우편	alma@almabook.com
페이스북	/almabooks
트위터	@alma_books

ISBN   979-11-85430-78-2 03300

- 이 책의 내용을 이용하려면 반드시 저작권자와 알마 출판사의 동의를 받아야 합니다.
- 이 도서의 국립중앙도서관 출판시도서목록(CIP)은 서지정보유통지원시스템 홈페이지 (http://seoji.nl.go.kr)와 국가자료공동목록시스템(http://www.nl.go.kr/kolisnet)에서 이용하실 수 있습니다.(CIP제어번호: 2015025656)

알마 출판사는 아이쿱생협과 더불어 협동조합의 가치를 구현하기 위한 출판공동체입니다. 살아 숨 쉬는 인문 교양, 대안을 담은 교육 비평, 오늘 읽는 보람을 되살린 고전을 펴냅니다.

종이 표지_한강 실키카펫 210g/㎡ 본문_전주 미유 95g/㎡